NE RENONCE JAMAIS !

Patrick VIEIRA

NE RENONCE JAMAIS !

Traduit de l'anglais (Grande-Bretagne)
par Joseph Antoine

Michel LAFON

Titre original :
Vieira
Publié par Orion en Grande-Bretagne.

7-13, bd Paul-Émile-Victor – 92521 Neuilly-sur-Seine Cedex

www.michel-lafon.com

À Rose, ma mère, à mon frère Nicko, et à Mario pour tout ce que nous avons vécu ensemble. Notre union est notre force.

À Cheryl, ma merveilleuse femme. Pour le soutien qu'elle m'a apporté durant ces années de bons moments et d'heures difficiles. Et pour toujours plus de bonheur à venir avec sa fille, Cheries.

Patrick Vieira
par Arsène Wenger

Chaque année que Patrick a passée à Arsenal, il a mûri un peu plus. J'étais encore entraîneur au Japon quand j'ai fait le voyage à Milan. J'avais déjà croisé Patrick quand il jouait à Cannes et que j'étais à Monaco, mais il est vrai que nous ne nous étions pas vraiment parlé à cette époque-là. La première fois qu'il m'a vraiment impressionné, c'était lors d'un match de fin de saison, en Coupe de la Ligue. Monaco rencontrait Cannes qui évoluait alors en Deuxième division. J'avais Claude Puel en milieu de terrain, un gars très fort qui gagnait toujours au un-contre-un. Lors de ce match, Patrick est entré sur le terrain en deuxième période. Et Puel, face à lui, avait soudain l'air d'un gosse. Je me suis dit tout de suite que ce garçon-là serait un jour un grand footballeur. Une mi-temps de rencontre en Coupe de la Ligue avait suffi à m'en convaincre. J'ai décidé d'aller le voir à Cannes. Mais je n'ai pu mettre ce projet à exécution à cause de mon départ pour le Japon. En janvier de l'année suivante, George Weah a été élu par la FIFA Meilleur Joueur de l'année au niveau mondial. Il m'a invité à lui rendre visite. Il jouait à Milan. Et c'est là qu'a vraiment eu lieu la rencontre avec Patrick : sur le banc, pendant un match. Le fait de ne pas jouer le démoralisait complètement. Il avait l'air perdu. J'imagine ce qu'il devait ressentir, lui qui aimait tellement se retrouver sur la pelouse ! À Milan, il était soit sur le banc, soit dans les tribunes – ce qui était encore pire, évidemment. Une vraie torture. Je me suis efforcé de le réconforter : « Il faut tenir bon, mon ami ! Tu finiras par descendre sur le terrain. Et tu fais tout de même partie du Milan AC ! »

C'était pitié de le voir aussi abattu. Un jeune homme qui avait de telles capacités d'investir et de dominer le milieu du terrain ! Il est vrai que le Milan AC, à cette époque, regorgeait de talents en milieu de terrain.

Tout cela doit remonter à janvier 1996. En juillet, j'ai été approché par Arsenal. Patrick Vieira se trouvait en Hollande, en train de négocier avec l'Ajax d'Amsterdam. Je l'ai appelé du Japon. Je lui ai dit que j'étais sur le point de signer avec Arsenal. Et voilà comment s'est opéré son transfert. Un transfert franc et honnête, puisque la somme fixée par le Milan AC était de cinq millions de dollars – trois millions et demi de livres de l'époque –, quel que soit l'acheteur. J'ai expliqué à David Dein, le vice-président d'Arsenal, qu'il pouvait signer sans la moindre hésitation. Je lui ai même dit que s'il voulait Vieira dans son club, il fallait qu'il l'achète tout de suite – ou il le perdrait. Je me suis employé aussi à convaincre les agents de Patrick, lesquels à vrai dire étaient ravis de le voir partir pour Arsenal plutôt que pour l'Ajax. Les Hollandais leur donnaient du fil à retordre au niveau financier. Ils tiquaient sur le salaire de Patrick. Alors qu'à Arsenal, les agents obtenaient tout ce qu'ils voulaient sans même avoir besoin de discuter le bout de gras !

J'ai rejoint les Gunners le 1er octobre 1996. Patrick y était déjà depuis juillet. Ses débuts dans le club n'avaient pas été faciles. Tout le monde m'avait répété à Arsenal que le meilleur, c'était Rémi Garde. Et puis il y avait eu les jeux Olympiques, auxquels Patrick n'avait pu prendre part, car il s'était foulé un genou à quelques jours de l'ouverture de la compétition. Il avait même dû subir une intervention chirurgicale, laquelle avait été suivie d'une rééducation. Bref, en juillet 1996, Patrick n'était sûrement pas au mieux de sa forme. En tout cas, ce n'est pas un joueur à cent pour cent de ses capacités qui était entré sur la pelouse de Highbury. Voilà pourquoi le staff ne l'avait pas trouvé bon du tout. Arsenal avait une structure spéciale, mixte, dans laquelle équipe première et équipe réserve n'étaient pas vraiment séparées. Tout le monde s'entraînait plus ou moins ensemble. Il y avait tantôt quinze joueurs en équipe réserve, tantôt dix. Patrick s'entraînait quelquefois avec l'équipe première, mais davantage avec l'équipe réserve. Trop, en fait. Personne ne le soutenait. On imagine combien c'était difficile pour lui. Et ce n'était pas l'idéal non plus pour Arsenal. C'est alors que j'ai débarqué. J'étais un entraîneur français. J'arrivais du Japon. Personne ne me connaissait.

J'ai tout de suite eu à cœur de faire jouer Patrick. Je n'avais jamais eu le moindre doute à son sujet. Nous jouions en 3-5-2 à ce moment-là. En milieu de terrain, j'avais Patrick Vieira, David Platt et Paul Merson. En 1996, pour prendre la balle à Vieira, un homme ne suffisait pas. Ni deux. Il en fallait au moins trois ! Et encore, à trois, ils n'étaient pas sûrs d'y arriver. Pour moi, Patrick était un géant.

Le football qui se jouait alors en Grande-Bretagne était bien plus physique qu'aujourd'hui, et aux yeux des Anglais le joueur français avait la réputation de pratiquer un jeu plutôt romantique, en évitant le contact. Alors, quand les spectateurs ont vu ce type aux longues jambes et à l'air dégingandé laisser tout le monde sur place, ils n'en ont pas cru leurs yeux. Patrick répliquait aux attaques du mieux qu'il pouvait. Si l'adversaire revenait à la charge, il répliquait encore. Et pareil la troisième fois. Les gens ont tout de suite aimé ça. Patrick avait touché d'emblée le cœur du public.

Cela étant dit, plus le temps passait, moins il cherchait le contact avec les autres, alors même que les autres ne cessaient de lui rentrer dedans toujours davantage. Croyez-moi, il en a pris, des coups, durant toutes ces années. Je lui tirerai toujours mon chapeau pour ça. Souvent les joueurs d'en face le prenaient pour cible au début du match. C'était le joueur qu'ils allaient essayer de casser. Sauf qu'il ne se laissait pas faire. Il ne reculait jamais. Jamais il n'évitait le contact. Même dans un match de fin de saison. Même si on jouait juste pour jouer. S'il y avait un contact physique, il l'assumait.

Il a eu tôt fait de gagner mon estime, comme il gagnait celle de tout le monde. Pour une raison, notamment. Alors qu'au Milan AC on l'avait laissé sur la touche, maintenant il se développait, il s'améliorait. Cette métamorphose me procurait une grande satisfaction. Quand j'allais à San Siro, les Milanais me disaient : « Pourquoi tu nous as pris Vieira ? Comment on a pu le laisser partir ? »

À Arsenal, nous n'avons pas tardé à nous rendre compte que nous avions réussi un coup formidable en signant avec ce joueur – même si nous allions être obligés de regarder ce genre d'affaires de façon un peu plus réaliste à l'avenir. Patrick avait une puissance de jeu exceptionnelle. Il dominait les matchs. Il était capable de détruire une offensive adverse, de contre-attaquer et de redistribuer la balle, tout cela en une seule et même action. Quoi qu'on en dise, les joueurs de ce calibre ne sont pas si nombreux en Europe – moins de quelques dizaines. Comme l'a fait un jour observer Lauren, « c'est le poumon de notre équipe ».

Résultat, nous nous disions chaque année que la saison allait être chaude. On n'allait pas manquer de nous mettre une pression terrible. Au point qu'à la fin, nous finirions par vendre notre joueur. Car nous ne sommes pas un club doté de ressources infinies. D'un côté, bien entendu, c'était fantastique d'avoir dans le club un joueur de cette trempe ; en même temps, il nous donnait des soucis. Aussi avions-nous l'habitude de dire : « S'il s'en va, comment ferons-nous pour le remplacer ? »

En 2002, quand Tony Adams a mis un terme à son exceptionnelle carrière, j'ai décidé de nommer Patrick capitaine de l'équipe. Pour moi, cette option tombait sous le sens. Tony arrêtait de jouer, mais je n'étais pas sûr à cent pour cent qu'il prenait définitivement sa retraite. Je savais que Dixon n'était plus un choix automatique. Je m'en suis expliqué avec les hommes de mon staff, et notamment avec Pat Rice, qui était au service d'Arsenal depuis de longues années et qui, du fait de son expérience, m'aidait beaucoup à donner une forme à mes pensées.

– Nous n'avons plus de capitaine, lui ai-je dit. Alors qui allons-nous nommer ? Pour moi, je ne vois qu'une possibilité : Patrick

Vieira. Il a de l'autorité sur l'équipe. Il est dans le club depuis assez longtemps.

Pat était de mon avis. C'était le bon choix, à l'évidence. Je tenais à connaître son opinion, car c'était une personnalité au sein du club – il y avait passé sa vie. J'avais craint que certains ne soient choqués de voir un étranger devenir capitaine de l'équipe, mais cette innovation fut acceptée par tout le monde avec une incroyable facilité. Apparemment, l'évidence s'était imposée à tous. C'était la bonne décision. Le charisme de Patrick comme joueur était déjà grand à ce moment-là. Et puis tout le monde l'adorait pour son sens de la camaraderie. Enfin, je me disais que cette nomination serait aussi une bonne chose pour lui : elle l'aiderait à progresser encore du point de vue de son rôle et de son comportement sur le terrain. En effet, devenu capitaine, il a encore gagné en autorité, alors même qu'il se mettait davantage à l'écoute des autres. Voilà pourquoi j'ai pu être amené à dire que sa maturité n'avait jamais cessé de progresser d'année en année. Durant sa dernière saison avec nous, il a fait encore mieux, il est parvenu à prendre du recul vis-à-vis de ce qui arrivait. Après tout, c'était quelqu'un d'assez impulsif, qui réagissait au quart de tour dès qu'il était contrarié. À la fin, il se maîtrisait beaucoup mieux.

C'est quelque chose que j'ai du reste observé à mon propre niveau. Le travail, quelquefois, révèle un nouvel aspect de votre personnalité – ou, plus exactement, un aspect de votre personnalité dont vous ignoriez même l'existence, soit parce que vous n'aviez pas entièrement confiance en vous, soit parce que personne ne vous avait offert l'occasion de l'exprimer. Quand vous possédez des ressources intérieures, vous progressez au sein même de ce qu'exige votre boulot. C'est pourquoi je pense que cette nomination au poste de capitaine a eu sur Patrick une influence considérable. Il avait un grand sens des responsabilités. Comme capitaine, il n'a été expulsé que deux fois. Des cartons rouges dus à son tempérament impulsif. Il estime que répondre à la provocation est un acte de courage. Il est du genre : « Si tu me cherches, tu me trouves ! » Cela dit, dans

90 % des cas, c'est lui qui était provoqué. Hélas ! c'est souvent le provoqué qui est puni – parce qu'il a répondu, tout simplement.

Une chose est claire, les trophées qu'il a remportés pour la France lui ont donné énormément d'assurance. À mon avis, les victoires de la France en Coupe du Monde, puis dans l'Euro l'année suivante, ont marqué un tournant dans sa vie. Bien sûr, c'est un gars qui a toujours douté de lui-même, mais je dirais que le fait de douter représente plutôt un avantage chez lui. Les doutes que Patrick entretient sont de ceux qui produisent des questionnements très positifs. Ce n'est pas le genre de doute susceptible de le paralyser pendant un match ; au contraire, c'est celui qui déclenche un processus de réflexion et une remise en cause. Patrick a toujours analysé ses performances avec une grande lucidité. Et je pense même qu'il s'agit là d'une de ses principales qualités. Il est extrêmement précis quand il revient sur ses matchs, et il en profite pour examiner en détail tous les problèmes qui se posent à l'équipe. Devenu capitaine, il a pris l'habitude d'adapter son comportement et sa façon de penser à la vie du club considérée comme un ensemble. C'était très intéressant, pour moi, de discuter avec lui, tellement il avait une juste perception des difficultés qui surgissaient devant nous. Car il n'analysait pas seulement ses propres performances. Il se penchait aussi sur celles de l'équipe. Et toujours avec beaucoup de discernement. Jamais il ne débarquait avec une opinion toute faite. Il préférait avancer des hypothèses, des suggestions : « Tel joueur à fait ceci ou cela, mais il a aussi obtenu tel résultat. D'accord, il joue un peu trop perso, mais il est jeune... »

Quatre ans plus tôt, il aurait plutôt dit : « Ce gars-là, il ne sert à rien. »

Patrick était bien moins radical que Thierry Henry quand il étudiait l'ensemble des performances de l'équipe et des individus qui la composaient.

Sur le plan technique, il faisait un boulot remarquable. Il avait indéniablement l'instinct du jeu. L'adversaire avait beau le marquer de près, ça ne lui faisait pas peur, il s'emparait de la balle quand même. C'est le genre de joueur qui tire son équipe vers l'avant.

Quand il se retrouvait face à un adversaire, il bifurquait soit sur la droite, soit sur la gauche. En principe, un joueur qui reçoit la balle d'un défenseur central la renvoie aussitôt quand il est marqué de près. Patrick, non. Lui, il préfère attaquer. Cet instinct du jeu, vous l'avez ou vous ne l'avez pas. Ça ne s'apprend pas. Lui, il n'avait jamais peur. Quand il jouait, c'était toujours pour essayer de monter en avant. Sa lecture du jeu était stupéfiante. En milieu de terrain, le joueur marqué de près essaie de s'en sortir par un jeu court. Patrick, lui, faisait demi-tour et créait une ouverture avec une passe longue vers l'autre côté du terrain. C'était une de ses grandes qualités.

Avant de partir finalement pour la Juventus, Patrick avait déjà failli nous quitter plusieurs fois. À l'été 2004, par exemple, il y a eu cette saga avec le Real Madrid – Patrick n'avait jamais été aussi près de signer ailleurs. Ce qui m'a déçu, à ce moment-là, ou plutôt attristé, c'était de voir s'écrouler des années de travail. Il faisait partie de ces gars qui donnent tellement d'eux-mêmes, et si longtemps, qu'ils finissent par inspirer aux fans une immense gratitude. Le footballeur s'est battu. Il a bossé dur. Il a réalisé des exploits inconcevables pour le commun des mortels. Et tout à coup, adieu... Ce qui m'a énervé aussi, c'est que ça tombait pile au mauvais moment pour moi. J'ai appris que le contact s'était établi entre Patrick et le Real en plein milieu de l'Euro 2004, au moment où je m'attendais le moins à rencontrer ce genre de problèmes. Je me suis interrogé. Remplacer un garçon comme Patrick ! Au beau milieu d'une compétition internationale de première importance ! Le moins que je pouvais faire, c'était de me préparer à ce départ. De prendre mes dispositions. Je devais assumer ma responsabilité envers le club. Le club ne roulait pas sur l'or, et il était en train de perdre du jour au lendemain un de ses meilleurs éléments. La passe était délicate à franchir. Je me suis raisonné. Je me suis dit qu'il allait partir, et que c'était à moi d'assurer le coup, de trouver des solutions. Patrick nous poussait à négocier avec le Real. En définitive, un accord financier a été trouvé avec le club madrilène. On avait même échangé des contrats. Et soudain, à la veille de son départ, Patrick décide de rester ! J'avoue que je ne me suis jamais vraiment expliqué ce revirement... Je sais pourtant qu'un élément a joué dans sa décision : il venait de commencer l'entraînement préparatoire à la saison suivante. S'il avait été séparé de l'équipe, tout aurait été différent. Mais ce n'était pas le cas. Il passait du temps avec les autres. Et les autres essayaient sûrement de le persuader de rester. Lui se rendait compte que les jeunes jouaient bien. Ils jouaient un football de qualité – et Patrick le voyait bien. Il a commencé à se dire qu'en restant il était sûr de jouer un excellent football et qu'il risquait de perdre beaucoup en quittant Arsenal.

Alors il est resté ! Mais il traînait cette blessure à la cuisse, qui l'a empêché de suivre jusqu'au bout l'entraînement préparatoire avec le reste de l'équipe. Je dois préciser que les supporters lui en voulaient. Mais les gens ont eu tôt fait de lui ouvrir leur cœur à nouveau. Ils sont comme ça, les Anglais. Ils ont cette qualité incroyable, ils pardonnent à ceux qui ont donné le meilleur d'eux-mêmes. On le voyait avec Dennis Bergkamp. Il suffisait qu'il fasse trois belles passes en fin de saison à Highbury, lors d'un match contre Everton, pour que le public se mette à chanter dans les gradins : « Un an de plus ! » C'est une forme de gratitude que j'apprécie vraiment beaucoup. Surtout dans le monde qui est le nôtre aujourd'hui, où l'on se débarrasse des gens avec une telle facilité ! Il n'y a qu'en Angleterre que l'on peut observer des réactions pareilles.

Mais Patrick a finalement signé avec la Juventus. Et je comprends que nos supporters en aient conçu de la tristesse quand la nouvelle est tombée. Selon moi, ce qui symbolise le mieux la dernière saison de Patrick à Arsenal, plus encore que son tir au but victorieux en finale de la Coupe d'Angleterre contre Manchester United, c'est ce qui s'est passé en février, lors du quart de finale contre Sheffield United. Là encore, nous avons gagné après une séance de tirs au but. Nous avions une équipe décimée : Thierry était blessé, et Dennis suspendu – pour ne citer qu'eux. C'est alors que Patrick s'est littéralement métamorphosé en général sur le champ de bataille... On l'imaginait brandissant son sabre, se battant comme un démon et criant : « Sus à l'ennemi ! » La semaine suivante, nous affrontions à domicile le Bayern de Munich. C'était un match de la Ligue des Champions. Un rendez-vous d'une importance capitale, puisque nous avions besoin d'une victoire avec deux buts d'avance pour pouvoir rester dans le tournoi. Or, Patrick semblait le prendre à la légère ! Mais dès qu'il a été sur le terrain, dans le feu de la bataille, rien ne l'arrêtait plus. Voilà pourquoi j'ai tellement de respect pour lui. Patrick, bien entendu, a beaucoup de talent. Comme j'étais son coach, je savais quand il commençait à baisser un peu la garde. Mais je lui pardonnais tout, sachant qu'il donnerait le meilleur de lui-même quand le jeu en vaudrait vraiment la chandelle ; il se battrait alors jusqu'au bout, y compris dans la situation la plus désespérée. Car Patrick, c'était aussi cela. Il pouvait lui arriver d'être un peu lent au démarrage, mais une fois lancé, c'était une bombe !

Arsenal est le club le plus *british* que l'on puisse imaginer. Patrick est noir. Et français. Pourtant il a fini par devenir le symbole des Gunners. Cela ne m'a pas surpris, d'ailleurs. Car ici les gens aiment leur club par-dessus tout. Donc ils adorent tous ceux qui se donnent pour leur équipe et pour leur club. C'est pourquoi je persiste et signe : je n'ai jamais décelé aucune trace de racisme en Angleterre. Je ne parle pas de la société en général, car je ne connais pas suffisamment le sujet. Je parle du milieu du football. Ce à quoi nous avons assisté ces dernières années, notamment en Espagne et en Italie, est complètement anormal. Je pensais que nous avions réussi à nous débarrasser de ces comportements, mais il semble bien que non.

Les Anglais ont beaucoup de gratitude envers ceux qui se jettent dans la bataille, car ils appartiennent à une nation de combattants. Patrick, plus que n'importe quel autre étranger, symbolisait le guerrier – au sens sportif du mot, bien entendu. Et quand il ne jouait pas, il ne vous laissait pas tomber pour autant. Voilà pourquoi les supporters lui pardonnaient volontiers ses escapades, si l'on peut dire ; ils savaient qu'une fois de retour sur le terrain, il donnerait tout. Comme il l'a prouvé une fois de plus lors de la saison

2004-2005, quand il a joué de nombreux matchs avec une cheville bien loin d'être remise. Ceux qui l'ont alors critiqué se sont montrés trop sévères. Car Patrick avait beau avoir mal, il répondait présent. Il mettait son corps en danger pour le bénéfice du club. Sans jamais se plaindre. Il aurait plutôt mérité des éloges. Et puis j'ai aimé cette finale symbolique de la Coupe d'Angleterre. Patrick se préparant à tirer son penalty. Contre Manchester United. Sous les yeux de leurs supporters. Et cette victoire qu'il nous apporte ! Quel symbole de l'amour qui l'unissait à Arsenal ! C'était la dernière fois qu'il tapait dans le ballon pour ce club. Double signification, donc. Et fin de partie historique.

Quand je l'ai engagé en 1996, je croyais dur comme fer qu'il ferait un bon joueur – mais qui peut jamais être sûr ? Pour être plus exact, je jugeais *possible* que Patrick devienne un grand footballeur. C'est ce qu'il est devenu – il a même dépassé mes espérances. Comme Thierry Henry, d'ailleurs. Je ne croyais pas que Thierry atteindrait le niveau auquel il est parvenu aujourd'hui. En fait, la remarque s'applique à Thierry plus encore qu'à Patrick. Quand j'ai nommé Thierry au poste d'avant-centre, il m'a dit : « Mais coach... Je ne marque pas de buts ! »

Les deux hommes ont des personnalités différentes. Ils sont même à l'opposé l'un de l'autre. Patrick, il faut constamment le pousser. Il incline par nature à se tenir dans la zone où il se sent à l'aise. Mais aussitôt qu'il est en situation d'avoir à se bagarrer, il se sent stimulé. Dès lors, ce qui l'aiguillonne le plus, c'est le défi. Le fait d'avoir à se battre pour quelque chose. Quand vous le faites entrer sur le champ de bataille, il se débrouille pour creuser et trouver au plus profond de lui-même les ressources dont il a besoin. Et tout cela repose sur sa haine de la défaite, sur la fierté qu'il éprouve à l'idée d'être le meilleur. Voilà pourquoi Patrick Vieira est Patrick Vieira. Et voilà pourquoi il est devenu un des plus grands footballeurs de toute l'histoire de notre club.

1

La Juve : un transfert en noir et blanc

Je suis sûr qu'on ne voudra pas me croire, mais j'ai été parmi les derniers à apprendre que la Juve cherchait à me recruter. C'était au début de l'été 2005. Cheryl et moi avions décidé de nous marier à Vence, ce beau village médiéval sur les hauteurs de Nice. La saison anglaise de football était bouclée, et elle n'avait pas été mauvaise. Je n'aspirais plus qu'à m'envoler pour une lune de miel d'un mois dont la première moitié se passerait aux Bahamas et la seconde à Miami. Ce qu'il y avait de formidable aux Bahamas, c'est que mon mobile ne fonctionnait pas. J'y jouissais d'une paix royale, et c'était un luxe assez rare pour être apprécié. Résultat, des centaines de messages m'attendaient à notre arrivée à Miami, du style : « Tu ne m'avais pas dit que tu quittais Arsenal », ou bien : « Alors, c'est la Juve ? ». Quelle mouche les avait tous piqués ? En réponse, je leur demandais où ils étaient allés chercher une idée pareille. Bref, des bêtises !

Rentré à Londres début juillet, j'ai commencé avec mon entraîneur personnel une semaine de préparation en vue de la prochaine saison. Souvent je travaille ainsi – quand je n'ai pas été blessé, évidemment. J'ai besoin de me dérouiller après quelques semaines de farniente. J'en profite pour perdre deux ou trois kilos. L'idée est d'avoir retrouvé une forme raisonnable au moment d'attaquer l'entraînement proprement dit.

Un soir, j'ai discuté longuement au téléphone avec l'entraîneur du club, Arsène Wenger. J'avais envie de connaître ses idées sur nos objectifs de la prochaine saison. Comment il jugeait l'équipe. Quels plans il avait en tête. En gros, l'échange a porté sur l'avenir d'Arsenal. Arsène ne m'a pas parlé de la Juventus, et je n'en ai pas dit un mot non plus. Il n'y avait pas de raison de le faire. Pour moi, tous ces bruits n'étaient que leurres et diversions. Et Dieu sait que ce n'étaient pas les premiers ! Des rumeurs disant que tel club cherchait à m'approcher, il y en avait tout le temps, et elles n'étaient pas toujours fondées. Les médias se faisaient d'ailleurs un plaisir de les alimenter. Bref, il n'y avait pas lieu de mettre la question sur le tapis. D'autant que j'avais été à deux doigts de partir pour le Real l'été précédent.

Mais moins de vingt-quatre heures plus tard, je recevais un appel de David Dein, le vice-président d'Arsenal, le vrai chef opérationnel du club, l'homme qui avait recruté Arsène :

– Alors, Patrick ? Qu'est-ce que tu comptes faire ? La Juventus te veut.

Cette remarque m'a complètement déstabilisé :

– Qu'est-ce que tu racontes ? Je ne comprends pas. Bon, j'ai entendu la rumeur, évidemment. Mais ils t'ont parlé ? C'est ce que tu es en train de me dire ?

– Oui, m'a répondu David.

Le directeur général de la Juventus, Luciano Moggi, était venu à Londres pour évoquer la possibilité d'un transfert. Et David de poursuivre : « Ils proposent un bon contrat. Et nous avons l'obligation de t'en informer, quand un contact est pris avec le club. »

Ce que j'entendais ne me faisait pas particulièrement plaisir. Ainsi des tractations s'étaient engagées dans mon dos. Jusqu'ici, le club n'avait pas jugé utile de me prévenir à chaque manœuvre d'approche. Ce n'était pas plus mal, en fait : s'ils m'avaient convoqué chaque fois qu'un club s'était intéressé à moi, ça ne m'aurait pas laissé beaucoup de temps pour penser à autre chose. Mais cette fois, la situation était manifestement différente. David a repris :

– On est neutres. On te donne le choix. À toi de voir.

À ce point de la discussion, j'ai commencé à me fâcher – ou à déployer des efforts intérieurs pour que le ton ne monte pas, disons.

– Comment ça, vous êtes neutres ? Vous êtes neutres ! Vous me donnez le choix !

David a répété ce qu'il venait de me dire. Il a aussi répété que l'offre était généreuse. C'était à moi de décider si je quittais Arsenal ou si je restais. Tout en l'écoutant, je réfléchissais. Je me disais : *Tu es dans ce club depuis neuf ans. Si un club a vraiment envie de garder un joueur, il se bat bec et ongles pour y arriver. En tout cas, il ne dit pas :* À toi de voir. *En aucun cas !* Car tel était le problème selon moi. La question n'était pas de savoir si le contrat était bon ou mauvais. La question, c'était la réaction du club. Or le club se déclarait neutre ! On me demandait de trancher moi-même. Voilà ce qui me gênait. J'ai décidé de conclure rapidement cet entretien : « Si c'est comme ça, je pars. Je décide de partir. C'est mon choix. »

Et voilà comment David a été informé de ma décision.

On ne peut pas dire que nous avons traîné pour finaliser l'accord ! Le 14 juillet, tout était signé. Une date symbolique, car c'était bien une révolution dans ma carrière. J'allais quitter Arsenal dans un bref délai, cette maison formidable où je venais de vivre neuf années glorieuses ! Mais en définitive, je crois que tout le monde était ravi. Le club Arsenal, parce qu'il avait reçu une grosse somme d'argent. La Juventus, parce qu'elle avait obtenu le joueur qu'elle voulait. Et moi, parce que j'avais désormais la possibilité de développer ma carrière au sein d'un des plus grands clubs de football d'Europe.

Par la suite, en réfléchissant à la façon dont tout s'était passé, j'ai compris qu'il ne s'agissait de rien d'autre que d'un transfert typique. Un jeune joueur, un garçon qui démarre et qui cherche à atteindre son potentiel, son club fera tout pour le garder. Et même pour l'empêcher d'aller voir ailleurs, s'il en a la possibilité. Mais quand ce même joueur a mûri et acquis de l'expérience, quand il est bien avancé dans sa carrière, alors le club est moins enclin à se montrer transparent sur ce qui se passe en coulisses à son sujet. Blâmer un footballeur qui a décidé de partir, les clubs aiment ça. Mais ils sont plus réservés quand il s'agit de dire comment ils ont eux-mêmes géré l'affaire. C'est le business du foot. En résumé, un club est obligé de chercher à rester dans les meilleurs, exactement comme un joueur. Et s'il veut se débarrasser d'un élément, quelle qu'en soit la raison, alors autant que l'intéressé le sache. Les jeunes footballeurs ne comprennent pas forcément ce mode de fonctionnement. Mais à mon âge, on le sait. Le problème, ce sont les supporters. Trop souvent ils se retrouvent perdus au beau milieu de l'affaire, entourés d'un nuage d'incompréhension que viennent épaissir encore les inévitables rumeurs et l'inconséquence des journalistes. Je comprends ce que ressentent les fans. Tout leur échappe. Ils sont lâchés de tous les côtés. Cela dit, dans mon cas précis, c'est l'attitude du club qui a été déterminante au bout du compte : ils n'ont rien fait pour me convaincre de rester.

Je n'ai rien à reprocher à David Dein, ni à Arsène Wenger. Je continue de les tenir tous les deux en immense respect. Nous nous sommes d'ailleurs quittés en bons termes. Le jour même de mon départ, je suis allé voir Arsène dans son bureau. J'avoue que les adieux ont été éprouvants. Nous avions partagé tant de choses ! Nous étions arrivés presque en même temps. J'avais été son premier joueur recruté. Et j'étais devenu le capitaine de son équipe. Mais nous avons eu une bonne discussion : il m'a dit comment il m'avait perçu durant la dernière période. Il m'a parlé des progrès que j'avais accomplis, non seulement en tant que joueur mais en tant qu'homme. Il m'a donné aussi son opinion sur ce que je devais faire pour m'améliorer encore. Il a eu ce jour-là des propos particulièrement généreux à mon égard. Des propos qui m'ont touché. Quant à moi, je savais qu'il me manquerait. Je savais que je lui devais beaucoup. Comment pourrais-je jamais le remercier ?

Ce fut encore plus dur de dire au revoir à mes joueurs, et à tout le staff d'Arsenal. J'ai dû me rendre au terrain pour vider mon casier. Je l'ai fait juste avant que les joueurs ne partent pour l'entraînement. J'ai vu tout le monde, l'équipe technique, le club au complet, tous ces gens avec qui je travaillais de longue date, et qui avaient toujours tout fait pour que j'arrive sur le terrain au meilleur de ma forme. Avec eux aussi, j'avais partagé nombre d'épreuves – dont les efforts qu'ils avaient déployés pour me remettre en condition après mes blessures. Beaucoup de moments formidables aussi. Bien souvent loin des caméras. Je savais que je n'oublierais pas nos échanges, quand nous nous retrouvions de bonne heure pour prendre ensemble un petit déjeuner et régler les affaires courantes. Et puis les joueurs, bien sûr. Ashley Cole, Sol Cambell, Dennis Berkamp, Robert Pires – des gars que je ne reverrais plus de sitôt. Thierry, je ne pouvais pas le perdre de vue puisque nous étions coéquipiers en équipe de France. Mais Robert n'était pas sélectionné. Il figurait parmi les joueurs dont je risquais de m'éloigner. C'est dire si les adieux furent chargés d'émotion. Je partais vers l'inconnu, en laissant derrière moi tout ce que j'aimais, et tous ceux que j'aimais depuis bientôt dix ans – autrement dit, presque toute ma vie adulte. Et le changement s'était enclenché si vite ! Je n'avais pas eu le temps de peser le pour et le contre. Ni de réfléchir calmement à ce départ. Bref, ce fut dur, pour moi, de fermer la porte. Je me suis retrouvé incapable de prononcer un mot. Et cela n'avait rien d'étonnant.

Dans les vingt-quatre heures qui ont suivi mon arrivée à Turin, une rencontre de présentation s'est tenue dans la salle des trophées de la Juventus, en présence de nombreux médias italiens et étrangers. J'étais le nouveau *Bianconero* – ainsi appelle-t-on familièrement les joueurs de la Juve. Il est apparu que je porterais le maillot numéro 4, comme à Arsenal. Cela mis à part, le dépaysement était complet. J'étais vraiment très heureux de revenir en Italie.

« Je suis là pour gagner, dis-je à l'assemblée. C'est pour ça que j'ai rejoint la Juventus. J'ai remporté de nombreux trophées avec Arsenal, et je n'ai pas l'intention de m'arrêter en si bon chemin. »

J'avais toutes les raisons d'y croire, puisque la Juve était le club qui cumulait le plus grand nombre de victoires dans le championnat italien – le *Scudetto.*

On n'a pas manqué de m'interroger sur une déclaration que j'avais faite quelques années plus tôt, affirmant alors ne pas avoir envie de jouer dans un pays où l'expression du racisme dans les gradins était monnaie courante.

– Ces manifestations concernent une minorité de gens répondis-je. Ça ne devrait pas m'empêcher de jouer ici. Au pire, si je suis victime de ce genre de choses, j'aviserai.

Depuis, j'ai constaté qu'en Italie les fauteurs de troubles ne craignent rien ni personne. Il y a des problèmes dans quatre-vingt-dix pour cent des stades. Les sanctions devraient être plus dures, comme autrefois en Angleterre.

Convaincu d'avoir intégré le bon club, celui qui me permettrait de franchir l'étape suivante de ma carrière, j'avais signé pour cinq ans avec un salaire garanti, mais l'important était ailleurs. L'important pour moi, c'était d'abord et avant tout d'appartenir à un club porté par une grande tradition, et par une éthique de travail particulièrement exigeante – la même que la mienne. En plus, je connaissais déjà très bien plusieurs joueurs de la Juve : David Trezeguet, Lilian Thuram, Jonathan Zebina. Sans parler du coach en chef, Fabio Capello, qui m'avait tellement encouragé au Milan AC, à une époque où les choses étaient loin d'être faciles pour moi. Jouer pour Fabio à ce stade de ma carrière ! L'idée était vraiment réjouissante. Je devinais que j'allais trouver là une vraie famille, comme à Arsenal. Et c'était une condition vitale si je voulais m'y sentir bien. Telles étaient les principales raisons qui m'avaient poussé à choisir la Juve, entre tous les clubs susceptibles de s'intéresser à moi.

Je venais de vivre deux folles journées, ce 16 juillet, quand j'ai commencé l'entraînement avec mes coéquipiers à Salice Terme, à une heure et demie de Turin. Quelle ne fut pas ma stupéfaction de découvrir que j'étais attendu là-bas par une foule de trois mille personnes enthousiastes ! Jamais je n'aurais imaginé un tel accueil !

J'avais tout simplement oublié ce qu'est un *tifoso* – un supporter italien.

Tout en attaquant ma première séance d'entraînement, j'ai essayé de me remémorer mon italien. J'avais appris cette langue dix ans plus tôt à Milan. Là encore, un bon dérouillage s'imposait. Assez vite, les mots ont commencé à me revenir. Par chance, l'italien n'est pas très éloigné du français. En cas d'hésitation, j'avais toujours la possibilité de jouer sur les deux langues, en collant un « o » ou un « a » à la fin du mot français, avec l'espoir de tomber juste. À ma grande surprise, bien souvent, ça marchait !

À Salice Terme, je partageais ma chambre avec Lilian Thuram ; c'était génial, car nous nous étions toujours bien entendus. Après la première séance d'entraînement, je me suis changé. J'ai dîné en bas avec les autres. Et je suis remonté me coucher. Au réveil, j'étais en pleine confusion. En me tournant vers l'autre lit, j'ai vu Lilian qui dormait à poings fermés. Je me suis demandé ce qu'il faisait là. D'habitude, j'avais Thierry comme compagnon de chambre ! Où était-il passé ? J'ai commencé à échafauder une théorie d'où il ressortait que si je dormais dans la même chambre que Lilian, c'est que nous nous préparions à disputer un match international avec l'équipe de France... Mais j'ai fini par recouvrer mes esprits – au bout d'un certain temps, je l'avoue. Je me suis rappelé alors que j'étais à la Juve. D'où la présence de Lilian. Étrange expérience...

Ironie de l'affaire, chaque fois qu'il m'était arrivé de rencontrer Lilian, nous avions discuté ensemble de son avenir en Grande-Bretagne ! Nous rêvions depuis des années du jour où il viendrait me rejoindre là-bas. Pas nécessairement à Arsenal. Mais au moins en Angleterre. Et voilà que la vie en avait décidé tout autrement. C'est moi qui étais venu le rejoindre en Italie. L'histoire ne manquait pas de nous faire rire de bon cœur.

Quand a commencé l'entraînement proprement dit, je me suis aperçu que le travail ressemblait à ce qui se passait à Arsenal. Ici aussi nous avions nos deux séances par jour. Le matin était consacré à l'aspect physique du programme : la forme, l'endurance, la souplesse. On courait. On faisait des étirements. L'après-midi, on se concentrait sur la maîtrise du ballon, les remises en jeu et les actions tactiques. La principale différence, dans la session matinale, portait sur les étirements. Chez les Gunners d'Arsenal, chacun les faisait individuellement, en insistant lui-même sur les parties de son corps qui en avaient spécifiquement besoin. À la Juventus, on s'étirait en groupe, tout le monde étant soumis aux mêmes exercices. Pas question de choisir ses étirements ! C'est la conception italienne de la préparation physique. Dans le même ordre d'idées, j'ai redécouvert une tradition déjà en application au Milan AC : lorsque nous prenions un repas ensemble, il était interdit aux joueurs de quitter la table tant que le capitaine n'avait pas fini de manger. En Italie, la notion de groupe est fondamentale. J'imagine que ça aide les joueurs à gérer la pression quand elle commence à monter. Car là-bas, la pression est forte. Quotidienne. Alimentée par les médias. L'objectif est de gagner à chaque fois. En définitive, la seule chose qui compte vraiment, c'est le résultat. En Angleterre, quoi qu'on en pense, les fans sont plus cools sur cette question de gagner ou non. Les médias aussi d'ailleurs. Cela peut paraître incroyable, c'est pourtant vrai. On peut me croire !

J'ai trouvé à la Juventus des joueurs merveilleux. Certains étaient déjà des légendes, en Italie comme dans leur propre pays ; cela ne les a pas empêchés de m'accueillir tous à bras ouverts. Sur le terrain, je devais évoluer en tandem avec Emerson, l'ex-capitaine brésilien. C'est un joueur magnifique, combatif. J'étais sûr que nous formerions un duo particulièrement efficace, après un temps d'adaptation bien sûr, et en travaillant dur. Le défenseur Fabio Cannavaro, le capitaine de l'équipe d'Italie, est quelqu'un avec qui le courant est tout de suite passé. Et pas seulement parce que c'était un des grands amis de Lilian Thuram. Aujourd'hui qu'il m'a été donné de partager avec lui de bons moments en dehors du terrain, je peux dire qu'il aime rire et s'amuser. Comme joueur, il fait figure de survivant après sa fracture du tibia, et il a prouvé qu'il est un arrière central parmi les plus efficaces du pays, en dépit de son mètre soixante-seize. Le capitaine, Alessandro del Piero, était à la Juve depuis douze ans. Il s'est montré dès le départ particulièrement chaleureux avec moi. Il est d'une compagnie très agréable. Il est simple et tolérant. Il n'a pas la grosse tête. Par le plus grand des hasards, nous nous étions rencontrés aux Bahamas pendant ma lune de miel, sans nous douter que nous nous reverrions aussi vite, et dans ces circonstances.

Quant à mes deux compatriotes, David Trezeguet et Lilian Thuram, j'étais ravi de les avoir dans mon équipe. David, je l'appelle Trezegoal tellement il marque de buts. Je n'ai jamais vu un buteur aussi doué. Sur le terrain, il est aussi discret qu'efficace. Pendant un quart d'heure, on ne remarque pas sa présence, et tout à coup il surgit avec une passe ou un tir qui change la physionomie du jeu. En dehors du terrain aussi, il est discret. Le fait est que j'adorais sortir dîner avec lui, car il ne cherchait jamais à se faire de la publicité. Lilian aussi est un grand ami. Avec lui, je peux parler de tout. Né en Guadeloupe, il s'intéresse à ce qui se passe autour de lui, par conséquent à ses propres droits. Il s'implique dans les causes justes, il se bat pour ses idées. Chose plus importante que tout, nous partageons lui et moi une même vision de la vie. En tout point, nous sommes sur la même longueur d'onde. Et naturellement il fait un magnifique défenseur. C'est un des piliers de l'équipe de France – au point qu'il a accepté de mettre fin à sa retraite pour reprendre du service pendant la Coupe du Monde. Je pense que lui et Fabio Cannavaro formaient la meilleure défense d'Europe.

Avec les années, la France avait produit nombre de footballeurs qui avaient porté le maillot noir et blanc de Turin. Michel Platini et Didier Deschamps avaient tous les deux eu leur heure de gloire à la Juve. David et Lilian avaient pris la relève. Mon espoir, en les rejoignant, était simplement de me montrer digne de cette tradition. Et j'avais hâte de me mettre au travail.

2

Diambars et « mon » Sénégal

Le wolof est la langue la plus parlée au Sénégal et, dans cette langue, *diambar* signifie « guerrier ». L'idée de l'Académie Diambars est née dans la tête de deux footballeurs : Jimmy Adjovi Boco et Bernard Lama. Bernard, d'origine guyanaise, a été gardien en équipe de France. Jimmy, lui, a ses racines au Bénin. Ils se sont connus au Football Club de Lens, où s'est nouée entre eux une profonde amitié. Bernard devait partir ensuite pour divers clubs dont le Paris Saint-Germain, et même West Ham où il n'a joué en définitive qu'une saison en 1997. Mais il est toujours resté en contact avec Jimmy. Ils partageaient ce même vieux désir de faire un jour ou l'autre quelque chose pour ce sport qui leur avait tant donné. D'où l'idée des Diambars. Quand ils m'en ont parlé, voilà dix ans, leur décision était prise. Ils voulaient que l'école soit située en Afrique. Ils avaient même déjà choisi le Sénégal, car c'était le pays politiquement le plus stable du continent.

En fait, la question était de savoir si j'acceptais de me joindre à eux. Inutile de dire que j'ai trouvé l'idée géniale. Même si elle était onéreuse ! L'Académie Diambars coûtait deux à trois millions d'euros. La somme n'a pas été facile à trouver. C'est un travail qui a pris du temps. Il a fallu rencontrer des donateurs. Finalement, plus de la moitié des fonds nécessaires sont venus du sponsoring, des donations privées et des milieux d'affaires. Étant sous contrat avec Adidas, j'ai pu leur parler du projet. Ils ont rapidement accepté de fournir les équipements. Mais surtout, ils nous ont apporté une aide financière. C'était formidable. Nous avions le soutien d'Adidas France et d'Adidas Royaume-Uni.

Le concept initial de Diambars – il n'a pas changé – était de créer une école de football qui dispenserait aussi un enseignement au sens large. La vie au Sénégal n'est plus aussi difficile que par le passé, mais ce pays compte encore des régions très défavorisées. Nous sentions combien il était nécessaire de mettre l'accent sur l'éducation. Il existe d'autres écoles de football en Afrique, mais leur seul objectif consiste généralement à sélectionner de jeunes joueurs qui seront ensuite achetés par des clubs étrangers. Mais ces jeunes n'obtiennent pas toujours leurs galons de footballeurs professionnels, soit en raison d'une blessure, soit parce qu'ils ne sont pas assez bons. Résultat, quand ils quittent leur club, ils n'ont bien souvent aucune position de repli. Ils ne savent rien faire d'autre que jouer au ballon. Voilà précisément ce que nous avons voulu éviter à Diambars. Notre ambition était d'ouvrir une école capable de former des jeunes dans tous les domaines ; une école qui leur permette de se développer, puis de s'orienter dans une voie choisie par eux, qu'il s'agisse du sport ou d'autre chose. C'était la condition pour qu'ils puissent s'aider eux-mêmes et, au bout du compte, aider l'Afrique. Par-dessus tout, nous voulions les amener à comprendre qu'ils allaient devoir bosser dur s'ils espéraient connaître des succès dans leur vie. Diambars, au début, accueillait des enfants qui ne savaient ni lire ni écrire ; aujourd'hui, tous fréquentent les livres et écrivent. Ça ne les empêche pas de jouer au football ! Nous insistons beaucoup sur le fait qu'il est incroyablement difficile de devenir un sportif professionnel. Dans ce domaine comme dans nombre d'autres, il y a beaucoup d'appelés et peu d'élus. Aussi doivent-ils prendre conscience de l'importance de l'éducation. L'éducation est un capital qu'ils possèderont toujours, quoi que leur réserve leur carrière. Grâce à Diambars, certains d'entre eux pourront venir en Europe poursuivre des études universitaires, et rentrer un jour au

Sénégal. Ainsi, en même temps qu'ils se construiront un avenir, ils construiront celui de leur pays. Je crois passionnément en ce que nous faisons à Diambars.

Cela dit, il m'a moi-même fallu beaucoup de temps avant de pouvoir retourner au Sénégal. Presque vingt ans, en fait. Pourquoi ? je ne saurais le dire exactement. Pendant plus de cinq ans, je n'ai pas cessé de différer ce voyage. Chaque année, je le programmais, et à la dernière minute je choisissais une autre destination. Parce que des amis m'invitaient dans un endroit génial. Ou parce qu'un tournoi important me réclamait, la Coupe du Monde par exemple. Avais-je peur, inconsciemment, d'affronter la réalité ? Le fait est que je me débrouillais toujours pour me persuader qu'il existait une bonne raison de remettre à plus tard ce « voyage dans le passé ». Je pense que j'éprouvais une appréhension – celle de décevoir ces gens qui m'avaient si longtemps attendu. Mais peut-être n'étais-je tout simplement pas prêt à vivre cette expérience. Puis est arrivée l'année 2001. J'atteignais un âge auquel nombre de questions exigent une réponse. J'ai fini par comprendre que quelque chose n'allait pas. Il me manquait un élément, en fait. Jusque-là, je n'en avais pas eu conscience – question de maturité, sans doute. J'avais vécu en France sans jamais m'interroger sur les premières années de ma vie, ni sur mes racines. À croire que je n'avais pas envie de les connaître ! Je dois le préciser, je me sentais tout à fait français. En effet, contrairement à ce que j'ai pu lire ici et là, je n'ai pas eu à choisir cette nationalité. Mon grand-père ayant combattu dans l'armée française, j'étais franco-sénégalais de naissance. Bref, ma nationalité ne me posait aucun problème. Il n'y avait aucun choix à assumer. En grandissant, je n'ai pas eu à m'interroger sur ce sujet puisque ma vie se déroulait dans cette espèce de bulle nommée football.

L'année 2001, donc. L'année où tout a changé. Le déclic s'est produit pendant la Coupe des Confédérations. J'ai eu à ce moment-là l'occasion de passer des soirées avec d'autres joueurs français qui tous avaient des origines différentes. Je pense à Robert Pires, qui venait du Portugal. À Marcel Desailly, à Laurent Robert, à Nicolas Anelka, ou encore à Sylvain Wiltord. Je me suis rendu compte que, tout en étant français, une part de moi-même restait fortement ancrée dans le pays où j'avais vu le jour. C'est alors que j'ai vraiment voulu accomplir ce voyage. Mais revoir le Sénégal était une chose. C'en était une autre de savoir ce que je pouvais lui apporter. C'est alors que Diambars m'est apparu comme un projet extraordinaire. L'opportunité parfaite.

Mon premier retour au Sénégal date de 2003 – donc, un an après la Coupe du Monde. Je me souviens du choc ressenti en voyant le nombre d'enfants qui mendiaient dans les rues de Dakar. Ces gosses avaient à peine de quoi s'habiller et se chausser ! Je n'avais pas imaginé qu'ils seraient si nombreux. J'en étais bouleversé. J'ai mesuré combien il était important de ne pas débarquer les mains vides. Heureusement, j'apportais quelque chose au Sénégal ; ce quelque chose, c'était le projet Diambars.

Alors que se rapprochait la date du départ, je m'étais senti envahi par le doute. Comment mon séjour se passerait-il ? Quel accueil me serait réservé ? Ma mère ne pouvait pas m'accompagner. Je savais qu'il me faudrait partir seul. À l'heure dite, j'étais incroyablement tendu, et cette tension m'a accompagné jusqu'à l'arrivée à Dakar. Mes mains transpiraient. L'angoisse était là. L'émotion aussi. Revenir au pays de sa prime enfance est une véritable épreuve !

À l'aéroport, il y avait foule. À croire que les gens s'attendaient à voir le président de la République en personne descendre de l'avion ! C'était impressionnant. Parmi les cinq cents admirateurs présents, j'ai vu des enfants de mon école à Dakar. Ils applaudissaient. Les tam-tams résonnaient. L'atmosphère était électrique. J'ai le souvenir de minutes surprenantes, puissantes. Personne ne m'a vu pleurer, car j'ai réussi à retenir mes larmes, mais j'étais débordé par l'émotion. J'ignore si les gens s'en sont aperçus. En tout cas, c'est la vérité.

Ma marraine et des oncles étaient là pour m'accueillir. Ma marraine ! Depuis combien de temps ne l'avais-je pas vue ? Elle était venue nous rendre visite une fois en France, mais cette rencontre remontait à dix années. J'ai gagné l'hôtel, je me suis changé. Il ne nous restait plus qu'à aller dîner tous ensemble.

Je suis resté une semaine au Sénégal, et je crois bien avoir rencontré chaque habitant du pays ! J'ai pu parler au président de la République, Abdoulaye Wade, à son Premier ministre, au ministre des Sports, et au président de la Fédération de football. En fait, j'ai eu des échanges avec tous les dirigeants du pays. La fierté de mes parents, quand ils ont appris que j'avais parlé avec le président de la République ! Leur joie aussi ! Le football est un sport génial. Sans lui, jamais je n'aurais pu connaître toutes ces personnalités. Cela dit, c'était presque trop : durant mon séjour, je n'ai pas eu un seul instant à moi.

Je me suis rendu dans le quartier où j'avais grandi. J'y ai retrouvé mes tantes, mes voisins et nombre d'adultes qui m'avaient porté sur leurs épaules quand j'étais petit. Tout le monde était dehors. On aurait dit une grande fête. Rue Dara, tel était le nom de ma rue. Je l'ai reconnue aussitôt, bien sûr. *Dara*, en wolof, signifie « zéro ». Eh bien, oui je viens de la rue Zéro ! C'est une petite voie bien tenue, du reste, longée tout au plus par une trentaine de maisons, située non loin de cette banlieue appelée Grand Dakar.

Inévitablement, je me suis trouvé devant la petite maison où j'avais vécu enfant. Un détail m'a foudroyé : la porte du garage d'en face. Elle nous servait de but quand nous tapions dans le ballon ! Le même chiffre 7 y était peint, exactement comme des années auparavant. À cette vue, j'ai fait un grand bond en arrière et vécu des minutes intenses. J'étais en train de revivre les instants qui avaient vu naître mon amour – ou mon obsession – du football. Tout avait commencé ici. Devant cette porte de garage marquée du chiffre 7. Autour de moi, se pressaient les gens qui avaient peuplé mes jeunes années, et qui me racontaient maintenant toutes sortes d'histoires.

C'était étrange. J'étais là, au Sénégal, avec mes amis d'enfance. Ils savaient qui j'étais. Et moi, je ne les reconnaissais pas tous ! Je me demandais même si je les avais vraiment fréquentés, ces hommes pressés de me montrer les endroits où nous avions coutume de nous cacher, disaient-ils, quand nous avions fait une bêtise. Un habitant du quartier vêtu du costume traditionnel avait sorti des photos sur lesquelles nous figurions tous les deux. Des femmes affirmaient que je m'amusais à leur faire peur quand nous étions petits. Ces épisodes ne m'avaient laissé aucun souvenir. Je regardais autour de moi des visages empreints d'émotion. Mes vieux camarades étaient devenus adultes. Physiquement, ils avaient changé. Nos routes s'étaient séparées quand nous avions sept ou huit ans. Et vingt ans avaient passé depuis ! Étions-nous encore les mêmes ? D'un autre côté, je ne voulais pas qu'ils pensent : « Il a changé. Il nous a oubliés. Il a oublié son pays. Et même la rue où il est né. » Cette scène a fini par me plonger dans une gêne immense. Un peu plus tard, en regagnant l'hôtel, je me répétais en boucle : « Comment peux-tu avoir tout oublié ? » Comment des souvenirs, et plus particulièrement des souvenirs d'enfance, pouvaient-ils s'effacer ainsi de la mémoire ? Certes, j'étais très jeune quand j'avais quitté le Sénégal, mais il me semblait que ce n'était pas une question d'âge. À la vérité, j'avais trop vécu pour un homme de vingt-huit ans. Et cela, à cause du football. Le football m'avait précipité à grande vitesse, et dès mon tout jeune âge, dans des expériences que bien des gens ne connaissent pas de toute leur vie. Le football m'avait tout donné ; en échange, je lui avais tout donné moi aussi, lui vouant chaque journée de mon existence. Je ne dis pas cela pour me chercher des excuses ; j'essaie seulement de comprendre.

Mon séjour a été marqué aussi par de grandes joies, comme la visite de cette école dont les élèves avaient préparé un spectacle en mon honneur. Ils avaient même organisé un mini-tournoi de foot. Les filles ont chanté. Les garçons ont tapé dans le ballon. C'était extraordinaire. Cette rencontre reste le moment le plus émouvant de mon voyage. J'étais si heureux de voir les yeux des enfants étinceler de bonheur ! Ils m'ont fait comprendre que j'étais des leurs – non pas seulement un étranger venu leur dire bonjour. J'ai retrouvé chez eux une part de moi-même. Comme eux, je savais me contenter de l'essentiel, avoir de quoi manger et pouvoir jouer au football. En Afrique, les gens savent se satisfaire de ce qu'ils ont ; j'ai été élevé dans cet esprit, et je ne m'en suis jamais éloigné.

Et quel honneur, pour moi, de poser la première pierre de Diambars ! D'autant que le projet avait exigé de gros efforts. Mais les encouragements ne nous manquaient pas. Et le Sénégal nous aidait sérieusement. À peine l'affaire était-elle officialisée que le pays nous cédait un terrain où construire le centre. Le complexe, situé à Saly, à trois quarts d'heure de Dakar, s'enorgueillit aujourd'hui de quatre terrains d'entraînement. Je me rappelle encore l'émotion des gens le jour de l'inauguration ; ils étaient touchés au plus profond d'eux-mêmes par notre initiative.

Car les Africains, en général, sont déçus de voir que les footballeurs se font quelquefois tirer l'oreille pour leur venir en aide. Ils aimeraient que les joueurs soient plus nombreux à suivre l'exemple du Libérien George Weah et du Ghanéen Abedi Pelé, tous deux devenus de merveilleux ambassadeurs de leur discipline sportive et de leur continent. Tous deux ont connu de grands succès en Europe, et ils se dévouent pleinement pour leur pays. Au Sénégal, les gens apprécient ce genre d'attitude – ils me l'ont dit clairement durant mon séjour.

Bien sûr, mon retour en Europe fut un déchirement. La semaine avait passé si vite ! J'ai repris l'avion avec le sentiment de n'avoir rien vu, rien visité. Je me suis consolé en me promettant de revenir dès que possible. Je savais que j'en aurais l'occasion grâce à Diambars, ce projet dans lequel je souhaitais m'investir toujours davantage. *Si Diambars est un succès*, me disais-je, *nous nous donnerons pour objectif d'ouvrir sur le même modèle une école dans chaque pays d'Afrique.*

Aussi loin qu'il m'en souvienne, la couleur de ma peau ne m'avait jamais posé de problème. Et je n'ai pas ressenti non plus comme un problème le fait d'être noir et capitaine de l'équipe de France. Après tout, je n'étais pas le premier dans ce cas ! Et je ne serai sûrement pas le dernier. J'avais déjà été capitaine dans les tournois des moins de vingt et un ans. Je n'avais jamais considéré qu'il y avait là matière à réflexion particulière. En fait, je n'avais jamais eu à souffrir de la couleur de ma peau.

Enfant, je n'avais pas été victime du racisme. En tant que joueur non plus. Bon, il y avait bien eu cet incident avec Mihajlovic pendant une rencontre entre Arsenal et la Lazio. Et cet autre, en Espagne, contre Valence. Mais en France, je n'avais jamais rien connu de tel. Je sais bien que le racisme existe. Je ne suis pas naïf ! Le racisme est un fléau universel. Mais si je me réfère à ma propre carrière et à ma vie quotidienne, je l'ai peu rencontré. Quant à moi, je n'ai jamais fait de différence entre les Blancs et les Noirs. Je traite tout le monde sur le même pied. En tout cas, Diambars n'a pas pour objectif de lutter en faveur d'une cause particulière. C'est un projet positif, un centre destiné à faire avancer les choses, non à prouver quoi que ce soit.

Le 3 février 2005, un gala a été donné à Londres, au Landmark Hotel, pour lever des fonds. Ce fut une soirée formidable. De nombreux joueurs s'étaient déplacés pour l'événement, dont plusieurs de mes coéquipiers : Sol Campbell, Ashley Cole, Robert Pires et Thierry Henry. Mais beaucoup d'autres aussi avaient répondu présent : Mikaël Silvestre, William Gallas, Salif Diao, Andy Cole et Brad Friedel. Le dîner était somptueux. On a mis aux enchères des maillots de tous les clubs européens ainsi que différents objets, y compris une guitare de Charlene Spiteri – elle devait être emportée par ce débrouillard de Titi. Le maillot de Maldini a donné lieu à une lutte terrible entre Sol et Ashley... de même que les chaussures de Ronaldinho. Un maillot Diambars avait été créé pour l'occasion, et édité en série « collector » à mille exemplaires. Le maillot numéroté se vendait entre mille et dix mille livres, selon le nombre d'exemplaires achetés. C'est Abdoulaye Wade, le président du Sénégal, qui a acheté le maillot numéroté « 1 », et ce geste m'a empli de fierté. Le président Jacques Chirac et Tony Blair ont acheté respectivement le « 2 » et le « 3 ». C'était incroyable ! C'était la première soirée de gala de Diambars, et le succès était total ! J'ai eu l'impression que de nombreux footballeurs soutenaient le projet, non parce qu'ils étaient mes amis mais parce que l'idée leur semblait bonne. C'était nouveau, disaient-ils, c'était différent. Leur appui m'allait droit au cœur. Et la réception a permis de récolter deux cent mille livres.

Avec Bernard Lama et Jimmy Adjovi Boco, tout se passe au mieux. Jimmy voyage entre le Sénégal, la France et l'Angleterre. C'est lui qui supervise le projet. Il a l'œil à tout. Bernard, lui, est le président de Diambars France. Pour ma part, je suis le président de Diambars Royaume-Uni. Autrement dit, Bernard est mon équivalent en France. Il cherche des sponsors et des partenaires. Il prend contact avec les marques qui croient en nous et en notre école. Mais son rôle va bien au-delà de la recherche de fonds. Déjà, au temps de mes débuts dans l'équipe de France, il m'aidait à réaliser de nombreux projets. Il me disait toujours : « Celui qui ne sait pas d'où il vient a du mal à savoir où il va. » Il m'a ouvert les yeux. Comme il a ouvert les yeux de Lilian Thuram. Il m'a permis de mesurer l'importance des racines. Et de comprendre que je devais absolument retourner dans le pays où j'étais né. J'ai su grâce à lui que je ne pourrais pas me contenter éternellement des photos du Sénégal et des anecdotes de ma mère.

« Former des champions de foot et aussi de la vie. » C'est un des mots d'ordre de Diambars, et je l'aime beaucoup. De même celui-ci : « Apprendre à lire le jeu et les livres. » Ou encore : « Apprendre au petit porteur d'eau à porter aussi ses rêves. » Ces phrases expriment tout ce en quoi nous croyons. Le football n'est ni un prétexte ni un but en soi. C'est la clef qui permet de bâtir. Diambars occupe une très grande place dans ma vie. C'est une part de moi-même. Ce projet symbolise les liens que j'entretiens avec le Sénégal et que rien ne saurait briser.

3

Mon enfance

Je n'ai gardé que peu de souvenirs de Sicap, le quartier de Dakar où j'ai grandi, car j'avais sept ans quand j'ai quitté le Sénégal. Là-bas, nous avions de la chance, nous possédions un téléviseur. Nombre de nos voisins ne pouvaient pas en dire autant ! Nicko, mon frère, avait un an de plus que moi. Quand il invitait ses copains à venir regarder la télé à la maison, je refusais de les laisser entrer. Je leur jetais des pierres en leur criant de retourner chez eux ! Mes parents et mes grands-parents me répétaient que je n'étais pas un cadeau. Aujourd'hui encore, ma mère se souvient de moi comme d'un « vrai garnement ». Au Sénégal, nous vivions dans une rue modeste, longée de petits espaces abrités où les enfants allaient jouer au foot. Je retrouvais aussi mes copains sur un terrain couvert de sable, à quelques minutes de chez nous. Nous organisions des matchs. Je jouais dans mes petites chaussures en plastique. Les dégâts que nous faisions ! Nous avions quoi ? Cinq, six, sept ans... On jouait pour le plaisir du jeu. Aussi loin que remontent mes souvenirs, j'ai toujours adoré taper dans un ballon.

Je n'ai jamais connu mon père, un étudiant venu du Gabon, semble-t-il. Mes parents ont divorcé lorsque j'étais très jeune. Vieira, en fait, est le nom de ma mère, dont le prénom est Émilienne, et que la plupart des gens appellent « Mama Rose ». Ma mère est originaire du Cap-Vert, un archipel situé à trois cent miles environ de la côte sénégalaise. Elle s'est remariée en 2004, après avoir vécu plus de quinze ans avec mon beau-père, un homme qu'elle avait rencontré en France, que j'ai toujours considéré comme mon papa, et qui s'est montré très bon avec mon frère et moi.

On m'a raconté que mon père biologique est venu un jour me voir à Dakar. J'étais très jeune alors. Aussitôt, j'ai voulu repartir avec lui ! Après cet incident, je ne l'ai jamais revu. Je serais incapable de dire aujourd'hui à quoi il ressemble. S'il était parmi dix hommes alignés devant moi, je ne pourrais pas l'identifier. Il a un jumeau. Ce jumeau est venu me voir un jour. Il m'a dit que son frère souhaitait reprendre contact avec moi. C'était après une compétition internationale. Une fois déjà, un autre de mes oncles m'avait remis une lettre de mon père demandant à me rencontrer. Le besoin de me voir l'avait poussé à prendre la plume. Je n'ai pas donné suite. Car de mon côté, le même besoin ne s'était jamais spécialement manifesté. J'avais grandi dans une maison avec quatre oncles et un grand-père : les modèles paternels ne m'avaient pas fait défaut ! Non, il n'y avait pas chez moi de manque particulier sur ce point. Mon enfance s'est déroulée dans une ambiance harmonieuse, au sein d'une vraie famille. Ma mère s'est montrée très forte dans les moments difficiles que nous avons dû traverser. Elle a tenu à la fois les rôles du père et de la mère.

Nous sommes venus en France en quête d'une vie meilleure, parce que l'existence était trop dure dans cette ancienne colonie qu'est le Sénégal. L'exil permettait d'échapper à la pauvreté et aux privations. Nous sommes partis avec ma mère et des oncles. Au début, nous avons vécu chez le frère aîné de ma mère, dans un appartement de la banlieue parisienne. Cet oncle était le premier à s'être établi en France. La perspective de ce départ n'a pas été un choc pénible pour moi. J'étais surtout excité à l'idée de prendre l'avion et de faire un grand voyage.

Ce frère de ma mère, arrivé bien avant nous, habitait à Trappes, en banlieue ouest. Nous avons tous débarqué chez lui. Ce ne fut pas facile au début. Certes, nous avions notre langue en commun, mais la vie était si différente ! Et nous avions tout laissé derrière nous – nos amis, nos proches, notre mode de vie et la culture africaine. Il faut du temps pour s'installer, trouver ses repères, prendre des habitudes. Et il faut apprendre aussi à s'endurcir. En définitive, c'est une bonne leçon de vie. Et les liens se renforcent chez ceux qui sont déracinés et forcés de se battre pour se tailler une place ; c'est pourquoi notre famille est aussi unie, sans doute.

Ma mère a commencé par faire des ménages. Puis elle a suivi des cours de secrétariat. Elle a réussi à obtenir son diplôme, et cela lui a permis de changer de travail.

Je ne me rappelle pas avoir rencontré de problèmes particuliers à mon arrivée en France. Il est vrai que Trappes était peuplé d'immigrants dont beaucoup venaient d'Afrique. Les gens n'y étaient certes pas aisés, mais le quartier était sûr à l'époque. Je n'ai pas souffert du racisme. Personne ne nous a jamais insultés. Nous participions à des bagarres, comme tous les garçons du monde, mais les conflits n'allaient jamais bien loin. Tout naturellement, je me suis inscrit au club de football de Trappes. J'avais peut-être huit ou neuf ans. À l'époque, c'était pour le plaisir de jouer au ballon, rien de plus. J'avais toujours aimé le foot, comme je l'ai dit. Le sport en général m'attirait. J'avais besoin de participer à une activité de groupe. C'était aussi une façon de me faire des amis. J'ai joué à Trappes quelque temps, puis nous avons déménagé à Dreux. Ma mère y avait trouvé un emploi plus stable. Ce fut un départ assez précipité. À Dreux, nous devions retrouver mes grands-parents. Mon frère avait comme moi l'habitude de jouer au foot, mais il n'a jamais pris cette activité au sérieux. Ce qui comptait pour lui, c'étaient ses copains. Pourtant, il était plus doué que moi ! Mais c'est un fait qu'il se fichait du foot. Il préférait se balader avec ses potes et discuter avec les filles.

Du reste, il m'a fallu un certain temps, à moi aussi, pour prendre le sport au sérieux. J'aimais le jeu, mais en le considérant d'abord et avant tout comme une source de plaisir. À Dreux, on jouait sur un terrain couvert, sous la férule d'un garçon qui dirigeait aussi le football-club local. Il m'a demandé si j'avais envie d'entrer dans le club. J'ai répondu que je n'étais pas contre, à condition que mes copains puissent y entrer aussi. C'est avec eux que j'avais envie de jouer ! Voilà comment je me suis mis sérieusement au football. Dreux est la ville de mes vrais débuts et de mon premier véritable apprentissage.

J'avais toujours été beaucoup plus grand que les autres garçons de mon âge. Cette particularité n'était pas sans poser quelques problèmes lors des matchs entre équipes, ou quand nous participions à des tournois. Car ma date de naissance était considérée comme imprécise. En effet, les documents officiels indiquaient : « Date présumée... » C'était dur à accepter, d'autant que ma date de naissance était parfaitement établie, au contraire ! Ce n'est pas toujours le cas, il est vrai, chez les joueurs d'origine africaine. Cette affaire reste gravée dans ma mémoire comme le pire souvenir de toute cette période. Je détestais que l'on me demande mes papiers sous prétexte que j'étais plus grand que les autres. Bien sûr, personne ne m'a jamais empêché de jouer. J'ai pu prendre part à tous les tournois. Mais un soupçon pesait sur ma personne, et je le vivais mal. J'avais le sentiment qu'on me prenait pour un tricheur, alors qu'au foot je ne triche jamais.

Comme beaucoup de jeunes footballeurs, j'aspirais à jouer attaquant. J'étais le meneur de jeu. Mais j'avais aussi l'esprit d'équipe. Petit, déjà, je savais me débrouiller pour garder la balle, dribbler en courant vers les buts, et faire à un coéquipier la passe qui lui permettrait de marquer. C'est une attitude innée, chez moi. J'ai autant de plaisir à voir un autre joueur marquer qu'à marquer moi-même. À Dreux, j'ai joué avec les moins de quinze ans. Puis avec les moins de dix-huit ans. J'ai quitté le club l'année même de notre accession au championnat des moins de dix-huit ans – les « cadets nationaux ». Un choix s'est alors présenté. Soit je rempilais pour une année à Dreux, soit je partais à Tours. Châteauroux aussi me voulait. Et bien d'autres clubs. Mais l'un d'eux m'intéressait plus, le FC Tours en raison de son excellente réputation.

J'ai vécu à Dreux des années merveilleuses. On partait dans le minibus de quinze ou vingt places. Les matchs se déroulaient l'après-midi. Comme le voyage pouvait être long, on emportait nos sandwichs tout prêts à être dévorés avant ou après la partie. Ah, les sandwichs « à la catalane », thon et tomates ! Les bêtises échangées en route ! Les coups échangés pour s'amuser ! C'était génial. Le bon temps qu'on a passé ensemble. Les copains et les matchs, voilà ce que je préférais au monde.

Lorsque je repense aux succès extraordinaires que nous avons obtenus en équipe de France, je suis persuadé qu'un des facteurs déterminants de la victoire tient à l'ambiance dans l'équipe. Quand elle est bonne, quand les joueurs sont heureux d'être ensemble, alors l'esprit de solidarité joue à fond et montre son efficacité. Alors on accepte de se mettre en position défensive rien que par amour, pour soutenir l'action d'un autre joueur. Avec les Bleus, l'aventure était humaine autant que sportive – et c'était une aventure formidable. Mais pour revenir au FC Tours, c'était mon premier club professionnel. Le club jouait alors en deuxième division. Nous avions pour entraîneur Philippe Leroux, qui a énormément compté pour moi. Il m'a été d'une aide considérable quand il s'est agi de trouver ma place au sein du groupe, et de progresser dans mon jeu ; c'est lui qui a fait de moi un milieu de terrain défensif.

Tours a représenté dans ma carrière une étape décisive. Je me suis soudain retrouvé en pension, loin de mes parents. Et c'était dur, même avec mon mètre quatre-vingt-dix ! Après tout, je n'avais que seize ans. L'atmosphère familiale me manquait – la maison, la délicieuse cuisine africaine que maman préparait exprès pour moi. Je me sentais très africain, à ce moment-là. Du reste, c'est une culture que je n'ai jamais perdue. Elle est enracinée en moi. Aujourd'hui encore, j'adore les réunions de famille autour du plat traditionnel de riz et de poisson – le *tié bou dienne*. C'est un mets extraordinaire. Rien que d'en parler, j'en aï l'eau à la bouche. Ça se mange dans un grand bol unique pour sept ou huit hommes, chacun tapant dedans avec sa petite cuillère, pendant que les femmes mangent entre elles. C'est typiquement sénégalais. J'accorde une grande importance au fait de cultiver cette tradition où que je sois, quoi que je fasse.

Mais à Tours, donc, je n'étais pas entouré de ma famille. Je partageais ma chambre avec Armand Rimbaud, qui était gardien. Nous nous entendions à merveille. Cependant ce n'était pas une école de foot ordinaire. Nous n'étions que huit en pension. Les autres vivaient à proximité et pouvaient rentrer chez eux tous les soirs. Cela dit, de fortes relations ont fini par se nouer entre les internes. Armand, Vincent, Stéphane... Nous étions très proches. Je n'ai jamais perçu entre nous de différence fondée sur nos origines respectives. C'est lors de mon passage à Tours que j'ai rencontré José Touré, un garçon qui n'avait pas toujours eu la vie facile, et à qui le club offrait une chance unique de s'en sortir. Du strict point de vue de l'apprentissage du football, le centre était un endroit fabuleux, mais le plus important... c'est que nous nous y amusions comme des fous.

Il nous arrivait de faire le mur pour gagner le centre ville, à une heure de marche. Et quand quatre copains s'entendent comme larrons en foire... Nous avions envie d'aller en boîte, de rencontrer des filles. Alors, nous nous échappions à la faveur de la nuit. Un seul problème, le centre était gardé par un chien alsacien – ou quelque berger du même genre. Nous étions obligés d'attendre que l'animal se trouve tout à fait à l'autre bout de la propriété. Quand c'était le cas, il ne nous restait plus qu'à courir à toutes jambes. Il était 11 heures du soir, parfois minuit. Nous étions censés dormir depuis longtemps. D'ailleurs tout était éteint. On escaladait le mur, et en route ! Tout cela pour aller passer un moment en boîte. Ils nous laissaient entrer. Ils commençaient à nous connaître ! La première fois, j'ai cru qu'on n'y arriverait jamais. Puis l'habitude s'était installée. On s'amusait jusqu'à des 4 ou 5 heures du matin. Après, nous avions encore notre heure de marche pour rentrer au bercail. Ces virées nocturnes aussi sont un de mes grands souvenirs. Jamais nous n'avons été pris. Il faut croire que nous étions particulièrement doués. Aujourd'hui, quand je pense que j'étais capable de faire une heure de marche rien que pour aller en boîte ! C'était complètement fou... mais tellement marrant !

Avec les filles, j'ai toujours été timide. C'est seulement après avoir rencontré quelques succès au foot et dans la vie que j'ai pris un peu d'assurance. Au début, je ne pouvais adresser la parole à une fille que si j'étais absolument sûr de mon coup. Au départ, je suis quelqu'un d'assez réservé. Pas du tout un baratineur. Mais dès que je suis passé à l'action, on ne m'arrête plus. Je sais ce que je veux et pourquoi je suis là. Ma détermination est totale. Je n'ai plus du tout peur de dire ce que je pense.

J'avais dix-sept ans quand je suis parti pour Cannes. Tours venait de déposer le bilan, après avoir connu de graves difficultés financières. Cannes me voulait. Ce club m'avait déjà fait des propositions. Auxerre et Nantes aussi, d'ailleurs. Mais deux raisons m'on poussé à signer avec Cannes. D'abord, ils étaient les premiers à avoir envoyé quelqu'un parler à mes parents : Richard Bettoni avait fait le déplacement. Ensuite, Cannes, c'était le Sud, la Méditerranée, la mer, le soleil. Je reste attaché à cette ville aujourd'hui encore. Pourtant, le moment venu, j'appréhendais de m'y rendre. C'était si loin ! Tours n'était qu'à deux heures de TGV de Paris, et à trois heures de chez mes parents. Quand je serais à Cannes, je ne pourrais plus les voir aussi souvent. Mais Richard Bettoni a su me convaincre, et mes parents aussi. Il nous a expliqué que ce n'était pas seulement une affaire de contrat. Il s'engageait à veiller sur moi comme sur un fils, il se chargeait de superviser ma formation – on se doute que ma mère était particulièrement sensible à ces arguments.

À Tours, quand un tournoi se présentait, je ne restais jamais sur le banc de touche. De même quand j'ai été sélectionné dans l'équipe d'Eure-et-Loir. En somme, j'avais commencé à tracer ma route, même si je l'avais fait d'une façon, disons, nonchalante. À Cannes, Richard Bettoni et le jeune entraîneur Guy Lacombe avaient décidé de nous répartir en deux équipes, une pour la troisième division, une pour la quatrième. La sélection se faisait sur des critères physiques, au moyen de tests. Et les miens étaient désastreux ! Tout cela était complètement nouveau pour moi. Je ne suis pas quelqu'un qui aime courir. Lacombe a observé mon comportement pendant les exercices, et s'est dit : « Lui, ce sera pour l'équipe réserve. » Il m'a mis en quatrième division. Les deux groupes étaient formés selon le choix du club. Je n'avais rien à dire. Je ne me suis même pas demandé si c'était juste ou non.

Mais je n'ai pas fait de vieux os en quatrième division. J'y suis resté quelques semaines au maximum. Car je n'y étais pas à ma place, tout simplement. Je méritais mieux. Oh, je n'essayais pas de prouver quoi que ce soit ! Je jouais comme j'avais toujours joué. Les entraînements, qui se déroulaient à La Bocca, étaient dirigés par Guy Lacombe et Richard Bettoni. Ce dernier s'intéressait en particulier à l'aspect discipline du travail.

À mes débuts à Cannes, j'allais tous les soirs nager dans la Méditerranée. C'était si merveilleux d'avoir la mer à sa disposition ! Puis l'effet de nouveauté s'est estompé. Après trois semaines, je me suis lassé de ce loisir. Cannes était important, surtout du point de vue de la camaraderie. Je partageais ma chambre avec Frédéric Malayeude – le portrait tout craché de Richard Gere. J'avais dans le club deux de mes meilleurs amis : Jimmy Capoue et Bernard Lambourde, le défenseur né en Guadeloupe qui devait par la suite jouer à Chelsea. Jimmy et Bernard avaient appartement et voiture. Ils venaient me chercher le soir pour aller en boîte. Comme à Tours, je faisais le mur ! Après, je rentrais me coucher. Là non plus, je ne me suis jamais fait prendre. Personne ne s'imaginait que je me permettais ce genre d'incartades. Il faut dire que je cachais mon jeu aussi bien à Dreux qu'à Tours, ou sur la Croisette !

Les premières semaines, surtout, ont été dures. Les autres joueurs étaient clairement un cran au-dessus de mon niveau. Mais j'apprenais vite. Je n'ai pas mis longtemps à améliorer mes performances, tant en jeu de position qu'au un-contre-un. Je gagnais aussi en puissance physique. Guy Lacombe était un coach exceptionnel. Avec lui, on ne s'ennuyait jamais à l'entraînement – bon, à part le mardi, peut-être, jour où nous allions courir dans les bois ou autour du parcours de golf. C'est un des meilleurs entraîneurs qu'il m'ait été donné de rencontrer. Le football était toute sa vie.

Après l'entraînement, chacun rentrait chez soi, mais lui restait. Arrivé à 8 heures du matin, il ne repartait pas avant 20 heures. Il passait sa vie dans son bureau, à visionner des matchs. Cannes devait finir par produire une surprenante génération de footballeurs, et Guy est pour beaucoup dans ce succès ; grâce à lui, nombre d'entre nous ont fait une brillante carrière.

Il m'a fallu attendre un an avant de pouvoir intégrer l'équipe première qui venait juste d'entrer en première division. À ce moment-là, Luis Fernandez était l'entraîneur. Luis était un ancien milieu de terrain défensif, auréolé de ses soixante sélections en équipe de France et de sa victoire en Championnat d'Europe des Nations de 1984, au côté de Michel Platini. Après des années au Paris Saint-Germain, il avait fini sa carrière à Cannes. C'était, à l'évidence, un des joueurs qui m'avaient inspiré le plus d'admiration. Et j'ai pu me rendre compte qu'il faisait aussi un entraîneur formidable. Un jour, il est venu voir jouer l'équipe réserve et je me suis montré particulièrement mauvais sur le terrain. Cela ne l'a pas empêché de venir m'attendre à la sortie des vestiaires pour me dire : « Lundi, tu commences avec l'équipe première. »

J'ai suivi toute la semaine l'entraînement avec eux ; le samedi, j'étais des leurs, pour la première fois dans un match.

Un rêve ! C'était inespéré, pour un joueur de mon âge. Ils avaient Franck Priou comme principal buteur, mais aussi Mickaël Madar, qui devait faire ensuite une saison à Everton. Il était déjà affublé de plusieurs sobriquets – dont Mad Mike, ou encore Ma-Darlin, à cause de ses longs cheveux noirs, je suppose. Ils avaient pour gardien François Lemasson. Et naturellement mes camarades Lambourde et Capoue, sans oublier Franck Durix – le capitaine de l'équipe. Que des figures étonnantes, en somme ! Comment oublierais-je nos parties de rigolades ? Se retrouver à mon âge propulsé dans une ambiance pareille ! C'était extraordinaire. Ils m'avaient adopté d'emblée. Il me mettaient la pression, cela dit. Tous, ils voulaient tous la balle ! Si je passais à Madar, Priou me gueulait après. Et si je passais à Priou, Madar me traitait de tous les noms. Ils étaient dingues. Dingues et géniaux !

À l'entraînement, on se changeait au vestiaire, et il fallait reprendre la voiture pour gagner le terrain et attendre Luis qui arrivait toujours le dernier. On apportait les ballons. Les joueurs commençaient à tirer des buts. Un jour, Luis nous appelait les uns après les autres, mais personne ne l'écoutait. Il en a eu assez et s'est écrié : « On s'en va ! »

On était là depuis cinq minutes...

Au vestiaire, je l'ai vu qui jouait aux cartes avec des gars, comme s'il ne s'était rien passé. Nous disposions d'un petit terrain couvert d'une pelouse artificielle, où nous faisions d'incroyables parties à cinq par équipe. Le niveau du jeu était véritablement exceptionnel.

Nantes-Cannes : 1-1. Je me rappelle très bien cette rencontre, même si la mémoire n'est pas vraiment mon point fort. Je n'avais encore jamais joué en première division. À la fin de la deuxième mi-temps, Georges Eo, l'entraîneur adjoint de Nantes, s'en est pris violemment à l'arbitre. La scène s'est déroulée sous mes yeux, et m'a incroyablement choqué. L'arbitre n'a même pas sifflé le penalty. Je ne savais pas qu'on avait le droit de traiter un officiel de tous les noms en plein match !

Mais ce fut un moment formidable. Les supporters de Nantes, le match – tout était extraordinaire, et ce fut un grand jour pour moi. J'étais heureux. Ma mère était pleine de fierté. Elle n'était pas dans les gradins, mais je sais quel bonheur était le sien.

Je savais aussi que ce n'était qu'un début. Je me rendais compte que le centre de formation de l'AS Cannes avait représenté pour moi une occasion en or. J'étais venu là en me disant que c'était l'endroit où apprendre à considérer le football autrement que comme un jeu. Où j'aurais des chances de devenir professionnel. Jusque-là, j'avais considéré le foot comme un moyen de prendre du bon temps entre copains et de faire un peu de sport. Là, j'étais en train de passer aux choses sérieuses. Il est vrai que je préparais aussi un diplôme de comptabilité – je l'ai obtenu, d'ailleurs. Mais mon objectif était de devenir footballeur professionnel. Et c'est ce qui allait arriver. Après ce premier match, je n'ai plus jamais joué dans l'équipe réserve.

Quelle fierté est la mienne, quand je pense aujourd'hui au Sénégal, à Cannes et à tant d'autres choses ! J'ai fait des efforts pour progresser, et ces efforts ont trouvé leur récompense. J'en suis très fier. Car on ne m'a jamais rien apporté sur un plateau. C'est vrai, j'ai eu la chance de rencontrer les bonnes personnes. Dans tous les clubs où je suis passé, quelqu'un était là pour me guider – à Dreux, à Tours, à Cannes. Il y avait à chaque fois un guide à qui m'attacher. À Dreux, ce fut Jacques Autef. Il venait me chercher à la maison pour me conduire à l'entraînement, et il me ramenait après. Il lui arrivait même de m'inviter à passer le week-end chez lui en compagnie de son fils Tony. Il me faisait des petits cadeaux. Il veillait sur moi comme si j'étais son propre fils.

À Tours, ce rôle fut joué par Philippe Leroux, le responsable du centre. Il ne m'a pas ménagé ses conseils. C'est lui qui m'a fait comprendre que je possédais ce qu'il fallait pour réussir, et qu'il ne tenait qu'à moi de saisir ma chance. Il me parlait de mon jeu sur le terrain, mais aussi de toutes sortes de problèmes liés à la vie quotidienne. Nous étions très proches.

À Cannes, ce fut Richard Bettoni. Puis il y eut Guy Lacombe, un homme habité par sa passion. Et Luis, véritablement un grand allumé. Ce que j'apprécie, chez Luis, c'est qu'il ne te met jamais la pression. Il t'amène doucement à comprendre ce qu'il attend de toi. Et il est tellement dingue, tellement drôle, qu'il m'est impossible de penser à lui sans avoir envie de rire. Ses indications, il les donnait toujours pendant le jeu. Car il jouait avec nous. En gros, si tu voulais gagner, il fallait être dans son équipe. Contre lui, on ne gagne pas ! Ou alors il ne rigole plus.

C'est à Strasbourg que j'ai marqué mon premier but – un tir de la tête. Et j'ai gardé tant de merveilleux souvenirs de mon passage à Cannes que ça me rend malade de voir l'état du club aujourd'hui. Comment a-t-il pu dégringoler ainsi dans les profondeurs des basses divisions ?

Ma mère et mon grand-père ont gardé les coupures de presse où il était question de moi, et ceci depuis le début de ma carrière. Ils ont des albums. Ils y collent des articles, des photos – tout ce qu'ils peuvent trouver. Et mes petits cousins font la même chose. Pour ma part, je ne suis pas du genre à archiver les papiers ou à conserver les maillots comme des reliques. Que racontait le premier article publié sur moi ? Je ne m'en souviens plus. Et je ne m'y intéresse pas spécialement. Je me dis que tout cela est accompli et appartient au passé. Ce dont il faut se préoccuper, c'est de l'étape suivante. De toute façon, de nombreuses personnes autour de moi se chargent de la conservation des articles. Alors, pourquoi m'en mêler ? Ce qui me plaît, à moi, c'est le football pour lui-même. Aussi je ne garde rien. Je sais que je devrais ! Car c'est une mine de merveilleux souvenirs. Mais non. Je ne me soucie même pas de visionner mes propres matchs.

Je le répète, j'aime le foot pour lui-même. Et je ne crois pas que je serais capable de jouer dans un club où ne règnerait pas une bonne ambiance. Ce serait une dure épreuve pour moi d'appartenir à une équipe où chacun ne serait là que pour lui-même.

C'était d'ailleurs le problème à Milan. Voilà pourquoi j'ai trouvé l'expérience si pénible. Chacun jouait pour lui seul. Arsenal, en revanche, était un club familial. Les joueurs passaient du temps ensemble – ils allaient au restaurant, ils se recevaient. Et je préfère ce deuxième cas de figure. J'en ai besoin pour réussir, pour me sentir détendu et pour être heureux d'aller tous les jours à l'entraînement.

Avec Cannes, j'ai gagné à Issy-les-Moulineaux la Coupe Gambardella, le championnat junior. Ma première coupe ! Je jouais déjà régulièrement en tant que professionnel, pourtant cette victoire s'est révélée très importante pour moi. Elle concernait vraiment les footballeurs de ma génération, mes amis et mon centre. Pour nous tous, ce fut une consécration. La récompense de nos durs efforts. La preuve apportée au club qu'il pratiquait la bonne méthode d'entraînement. La joie était à son comble quand nous avons défilé au Parc des Princes en brandissant notre trophée. Bien sûr, ce n'était pas mon premier succès. J'en avais déjà quelques-uns à mon actif. Mais la première coupe revêt forcément une signification particulière. Un joueur ne doit pas hiérarchiser les victoires dans sa tête, car elles n'obéissent pas nécessairement à un ordre logique. D'ailleurs la Coupe Gambardella est toujours inscrite dans ma mémoire comme un événement considérable. Elle m'a procuré une émotion impossible à oublier.

4

Un vrai kidnapping !

J'étais toujours à Cannes quand l'équipe de France m'a sélectionné pour le championnat d'Europe des moins de vingt et un ans. L'entraîneur chargé de nous préparer était l'ancien international Jean-François Jodar, un homme qui devait présider un jour aux destinées de l'équipe des Émirats Arabes Unis, et qui est actuellement sélectionneur national au Mali. Jodar savait parfaitement quels joueurs il voulait. Et il n'avait jamais exprimé le souhait de faire appel à moi. Même si j'étais à dix-huit ans le plus jeune capitaine évoluant en France à un niveau supérieur. Même si je jouais aux côtés de Mickaël Madar, de Franck Priou et de Franck Durix. Même si j'avais pour coach Luis Fernandez. En fait, il avait été obligé de me prendre parce que je jouais en première division. Bref, il m'avait recruté à contrecœur. Tout se passait comme si quelqu'un lui avait dit : « Tu prends Vieira, c'est tout ! ». J'admets qu'on ne lui facilitait pas la tâche. Il avait mis trois ans à préparer son équipe pour ce championnat d'Europe, et voilà qu'il se retrouvait avec sur les bras un joueur venu de nulle part, dont il n'avait aucune envie, qui jouait déjà au premier niveau... Ça le rendait malade, de m'avoir avec lui. Résultat, il ne m'adressait pas la parole.

Juste avant le premier match, il m'est arrivé un truc dingue. Mes chaussures m'ont lâché ! Je n'en avais pas de rechange. En plus, c'étaient des chaussures à crampons moulés. Et je chausse du 44 ! Nous avons essayé de faire la tournée des magasins de sport – sans résultat. Il ne me restait plus qu'à consolider mes chaussures fichues avec des bandes, et à jouer dans cet équipement. Comme on s'en doute, j'ai été condamné au banc de touche pour tous les matchs suivants.

J'étais jeune encore en cet automne 1995. Je ne protestais pas. Mais je ne crois pas que le coach avait la bonne attitude à mon égard. Cela dit, je n'ai pas perdu confiance en moi. Car du côté de l'AS Cannes, tout allait bien. J'y jouais régulièrement en première division. À ce moment est survenu mon départ pour Milan. Ce fut une décision incroyablement précipitée, prise dans des circonstances extraordinaires.

Peu de personnes savent ce qui s'est vraiment passé.

Un jour que j'arrivais à l'entraînement, on me dit :

– Pas d'entraînement pour toi aujourd'hui. Tu pars pour Milan. Tu vas signer avec eux.

– Quoi ? Signer avec qui ?

On ne m'a pas laissé le temps de comprendre. Ni de digérer la nouvelle. Une voiture m'a conduit à l'aéroport le jour même. Je me suis embarqué dans un jet privé. Un vrai kidnapping !

Plusieurs personnes sont montées dans ce jet avec moi. L'agent Alain Migliaccio, par exemple. Ainsi que Francis Borelli, le président du club cannois. Il y avait même le maire de Cannes, Michel Mouillot – fait pour le moins inhabituel ! La situation était tout sauf claire. En tout cas, il se passait quelque chose d'important. J'avais dix-neuf ans. J'étais un gamin. Et le Milan AC était un club illustre qui me faisait rêver. Alors je me disais : *Je vais signer avec Milan ! C'est supercool.*

Le siège du club était envahi par les photographes. Il y avait des joueurs partout. Une réception était prévue. Nous avons gagné le bureau d'Ariedo Braida qui était alors le patron du Milan AC. Aussitôt assis, j'ai eu besoin de téléphoner à mes parents.

Je me suis tourné vers Migliaccio pour lui dire :

– Il faut que je parle à ma mère. Je veux lui dire que je suis à Milan, et que je vais signer avec eux.

J'avais l'impression de demander quelque chose de simple, et d'assez légitime. N'était-il pas naturel que les miens soient au moins informés ? Après tout, j'allais déménager. Vivre un tournant de ma carrière. Bref, je ne réclamais pas une faveur exorbitante. Surtout que je m'étais montré jusque-là plutôt docile et coopératif. Pourtant, ce coup de fil m'a été refusé. On m'a répondu : « Non ! Allez, signe. Tu es au Milan AC. Et c'est une chance qui ne se présentera pas deux fois. »

Ils sont tous sortis du bureau. Je suis resté assis dans un fauteuil, seul avec moi-même. Je réfléchissais à toute vitesse. Le Milan AC, c'était Paolo Maldini, Franco Baresi, George Weah et Marcel Desailly. Alors j'ai signé. Un contrat de quatre ou cinq ans, je ne me souviens plus. Question salaire, je n'y comprenais rien. Les montants étaient exprimés en lires. Je ne savais absolument pas combien valait la lire italienne. Je n'avais donc aucune idée des sommes mentionnées. Mais ce détail ne m'avait pas empêché d'apposer ma signature au bas du document.

Superficiellement, j'étais heureux et fier d'avoir signé avec le Milan AC. En effet il n'était pas fréquent, à l'époque, d'entrer à dix-neuf ans dans un club aussi prestigieux. Mais je n'avais pas besoin de creuser beaucoup pour me rendre compte que je n'avais pas vraiment la conscience tranquille. Quelque chose me tourmentait. Quelque chose ne tournait pas rond. Était-ce d'avoir agi sans en avoir d'abord parlé avec ma mère ? Je n'avais pas du tout l'habitude de prendre des décisions sans la consulter. Oui, c'était cela qui me gênait. Je m'étais mal conduit. Je me suis senti envahi soudain par un profond malaise.

Ensuite il a fallu retourner à Cannes. Je devais mettre de l'ordre dans mes affaires. J'avais alors pour agent un gars du nom de Marc Roger. Personne ne l'avait consulté ! On ne m'avait même pas laissé le temps de discuter avec lui. Au siège du Milan AC, j'avais dit à Braida et à Miggliaccio que je travaillais avec Marc. Ils m'avaient répondu qu'ils se chargeaient de lui expliquer la situation. Je n'en restais pas moins affreusement gêné vis-à-vis de lui. Aussitôt rentré à Cannes, je l'ai appelé à Paris :

– Écoute, Marc... Je crois que j'ai déconné. J'arrive de Milan. Je viens de signer avec eux. Je n'ai pas encore vraiment réalisé. Mais c'est fait. Tu ne voudrais pas regarder le contrat ?

Marc n'était pas franchement heureux de la nouvelle. Je lui ai envoyé le document. Il y a jeté un coup d'œil, et m'a répondu qu'il allait l'étudier sur-le-champ.

J'ai sauté dans un vol pour Paris. J'ai rejoint directement Marc dans son bureau. Les journaux diffusaient déjà l'information. *L'Équipe* en faisait même son gros titre : « Où est passé Vieira ? ». J'avais signé pour la prochaine saison. Autrement dit, il me restait à finir ma saison à Cannes. Tout le monde me cherchait. Et moi, j'étais dans le bureau de Marc...

Marc a rencontré les gens de Cannes et ceux de Milan. Il leur a dit que ce n'était pas une façon de procéder. Ils n'auraient jamais dû m'enlever. Ni m'expédier à Milan pour me faire signer un contrat au débotté. C'était *lui* mon agent. Et j'étais *son* client. Il a ajouté : « De deux choses l'une. Soit on reprend tout à zéro, soit je vous colle un procès. »

En étudiant attentivement le contrat, nous nous sommes rendu compte qu'il n'était pas du conforme à ce qui m'avait été annoncé. Et comme les chiffres étaient indiqués en lires, je n'avais pas compris ce que signifiaient tous ces zéros. En fait, je n'avais aucun moyen de déchiffrer seul le document qui m'avait été présenté. Et l'offre n'était pas très généreuse, en définitive.

Un autre contrat a donc été signé, pour quatre ans. Et cette fois, je savais exactement combien j'allais gagner ! À Cannes, j'avais signé un contrat d'apprentissage dont certaines clauses avaient été modifiées par le président Borelli du fait que je jouais avec des professionnels. Je gagnais environ soixante mille francs par mois – disons l'équivalent de cent dix mille euros par an. Au Milan AC, mes revenus allaient être multipliés par quatre. Mais je m'entendais bien avec Borelli qui me traitait comme un fils. Il se conduisait d'ailleurs de la même façon avec les autres joueurs. Il avait une merveilleuse relation avec tout le monde. Et le football était chez lui un amour absolu, une passion. Cela dit, c'est l'homme le plus superstitieux qu'il m'ait été donné de rencontrer.

Borelli avait compris que mon intérêt était à Milan. Ma mère, en revanche, était devenue littéralement folle en apprenant que j'avais signé sans savoir ce que je faisais. Elle n'arrivait pas à croire une chose pareille. Comme je la comprends ! On ne pouvait tout de même pas lui demander de se mettre à la place d'un gamin débarqué du jour au lendemain dans un club où figurent tous les grands noms du football ! Surtout qu'elle me percevait comme un garçon très timide. Elle se disait qu'ils m'avaient fait monter dans un jet plein d'inconnus ! J'avais dû vivre une expérience atroce ! Mais l'aventure n'avait pas été si douloureuse. Je ne me doutais même pas que l'opération pouvait avoir son mauvais côté. Et c'est précisément l'aspect négatif des choses qui ne devait plus tarder à me sauter aux yeux.

Cela dit, j'ai dû attendre plusieurs années pour comprendre véritablement ce qui s'était passé. J'ai été éclairé sur le sujet à mon retour à Cannes, quand j'ai eu la possibilité de reparler de ce transfert. Il m'est apparu alors que le Milan AC m'avait acheté deux millions de livres, et qu'une petite partie de cette somme seulement était parvenue dans les coffres de l'AS Cannes. Quand je pense aux commissions qui ont été versées sur le moment, et à l'état dans lequel se trouve aujourd'hui le club cannois, je suis atterré.

Que l'on songe seulement aux joueurs qui ont appris leur métier à Cannes : Zinedine Zidane, Johan Micoud, Sébastien Frey, David Jemmali, Gaël Clichy... Et Cannes, pourtant, joue toujours en national, autrement dit en troisième division. Un pur scandale, selon moi. Ce n'est tout simplement pas possible ! Voilà pourquoi j'appartiens à une fondation qui essaie d'aider au redressement de l'AS Cannes. Ce club le mérite bien, il a formé tant de grands footballeurs !

Au moment du transfert, les critiques ne m'ont pas été épargnées. Les journaux me décrivaient à longueur de pages comme « le jeune joueur parti pour le Milan AC ». Je n'avais pas joué longtemps en première division. Autrement dit, j'avais pris des risques en rejoignant un grand club européen. D'autant que la loi Bosman – qui autorise entre autres les footballeurs de l'Union européenne sous contrat à changer librement de club à l'intérieur de l'Europe – n'était pas encore passée. Mais à mon arrivée, j'étais le sixième étranger inscrit au Milan AC. Le club avait déjà attiré l'international portugais Paulo Futre, dont la carrière devait être écourtée par de lancinants problèmes de genoux. Il y avait aussi Dejan Savićević, qui venait du Monténégro, Zvonimir Boban, le milieu de terrain croate et auteur de poèmes, George Weah, originaire du Libéria, sans parler de Marcel Desailly, le futur capitaine de l'équipe de France. Bref, le club accueillait déjà quelques très grands noms étrangers. Sur les six que nous étions, trois seulement figuraient sur la feuille de match et bénéficiaient d'une sélection quasi automatique : Desailly, Weah et Savićević. Quand l'un d'eux était blessé, on faisait souvent appel à Boban – alors capitaine de son équipe nationale. Et il est parvenu à hisser cette équipe à la troisième place de la Coupe du Monde 1998. C'est dire quel joueur c'était. Paulo Futre, le futur joueur de West Ham, se blessait fréquemment lui aussi, de sorte que j'étais amené à le remplacer trois ou quatre fois dans la saison. La situation, en fait, était très étrange.

J'ai quitté Cannes le cœur lourd, comme on laisse derrière soi une famille merveilleuse. À ce point de mon récit, je souhaite m'acquitter de ma dette envers un joueur qui a accompagné mes premiers pas dans ce club : Franck Durix. J'ai joué à ses côtés. J'ai joué contre lui. Jamais je n'ai connu de footballeur plus résistant. Je garde de formidables souvenirs de Franck. Qu'il pleuve ou qu'il vente, ou même qu'il neige, que le terrain soit sec ou détrempé, il était là, fidèle au poste, dans ses chaussures à crampons moulés. Durix ? Un magicien.

D'autres magiciens m'attendaient à Milan, à commencer par le coach en personne, Fabio Capello, un homme surprenant. Il avait parfaitement compris que je n'étais pas prêt, mais il ne cessait de m'encourager : « Continue de bosser ! Travaille ! Le boulot, ça finit toujours par payer. »

Jamais il ne me laissait à l'écart. Au contraire, il faisait tout pour que je m'intègre à l'équipe. Le samedi matin, par exemple, quand on étudiait les tactiques. Il entraînait au jeu de position les onze joueurs qu'il avait sélectionnés pour le match du lendemain. Il me plaçait toujours derrière le milieu de terrain, Albertini ou Desailly. Et je devais copier chacun de leurs déplacements. Je devais les suivre comme leur ombre, en les imitant avec exactitude. J'ai ainsi appris les tactiques défensives. J'étais le seul joueur à qui Fabio Capello accordait ce privilège. Quel bonheur était le mien ! J'étais jeune. Capello savait que j'avais tout à apprendre. Mais, surtout, j'avais vraiment l'impression de faire partie de l'équipe. À la fin de la séance d'entraînement, Capello me conseillait de rester pour continuer à travailler mes mouvements, ou pour entretenir ma forme avec mon entraîneur personnel. Et je l'écoutais, je suivais son conseil.

Il me demandait aussi quelquefois de rester avec d'autres joueurs pour travailler un point précis. Là encore, je l'écoutais. Je restais avec les autres. J'avais toujours le sentiment de compter pour lui. Toute son attitude montrait que je lui inspirais de l'estime. Et je considère que son comportement était celui d'un authentique professionnel. Jamais je ne me sentais oublié ni exclu. Je n'avais pas de raison de céder au découragement. Certes, il y avait des moments difficiles. Quelquefois, je jouais mal. Ou je n'arrivais pas à courir. Ou bien je manquais de souffle. Ces jours-là, je rentrais dans mon appartement accablé de solitude. Ma mère avait beau venir me voir aussi souvent que possible, cette impression de solitude ne me quittait jamais. J'habitais un immeuble appartenant à Berlusconi, non loin du stade San Siro, à un quart d'heure du centre ville. Je ne sais pas comment les autres clubs italiens géraient ces questions d'intendance, mais le Milan AC se débrouillait pour procurer à ses joueurs ce qu'il y avait de mieux. Ariedo Braida, à mon arrivée, m'avait fait visiter les bureaux et présenté à tout le monde. Ensuite il m'avait emmené à Milanello, à une quinzaine de kilomètres de la ville. C'était le centre d'entraînement. Un endroit fantastique. Ariedo Braida m'avait montré ma chambre personnelle. Et il m'en avait remis les clefs. J'avais même droit à une petite télévision ! En fait, j'avais tout ce que je pouvais désirer.

Au début, je n'étais pratiquement pas resté à l'hôtel, chose extrêmement rare pour un footballeur fraîchement recruté et venant de l'étranger. Mais le club souhaitait que je puisse m'installer rapidement dans cette résidence appartenant à Berlusconi – ceci parce que j'étais jeune. Du reste, plusieurs joueurs vivaient là dont Roberto Baggio et Marcel Desailly, entre autres. On m'avait fait visiter plusieurs appartements somptueux de trois ou quatre pièces en me priant de choisir celui qui me plaisait. Quelques jours plus tard, on m'emmenait dans les boutiques choisir une vidéo, une télé et tout ce qui pouvait me faire plaisir. En l'espace d'une semaine, l'appartement était entièrement équipé – des couverts aux draps de lit. J'avais une femme de ménage, si bien que la maison restait en ordre. Ensuite, il y a eu une voiture dans le garage. Une Opel. Cette marque sponsorisait officiellement le club. Les joueurs anglais, eux, avaient une Vauxhall.

Au moindre problème, je disposais d'un numéro que je pouvais appeler 24 heures sur 24, sept jours sur sept. Quand mes parents venaient me voir, une voiture allait les chercher à l'aéroport. Bref, je n'aurais pu être mieux traité. Je n'ai jamais rencontré aucun joueur dont le club puisse rivaliser avec le Milan AC en termes d'organisation de la vie des footballeurs. De ce point de vue, on peut vraiment dire qu'ils font des merveilles. Ariedo était convaincu que le rôle du club était de se concentrer à cent pour cent sur les besoins des joueurs, afin qu'ils puissent se donner à cent pour cent sur le terrain. Quant à Berlusconi, je l'ai rencontré deux fois seulement : j'avais dix-neuf ans, je ne me rendais pas compte de tout ce qu'il représentait.

Bref, le Milan AC s'est occupé de me rendre la vie aussi facile que possible. Hélas ! la saison que j'y ai passée m'a laissé un peu d'amertume. J'ai dû jouer deux matchs en restant sur le banc de touche au début de la partie. En fait, je crois bien qu'il ne m'a été donné qu'une fois de jouer entièrement les deux mi-temps. Au total, j'ai dû jouer à Milan une douzaine de matchs, plus les deux de Coupe d'Europe contre Bordeaux.

Et je n'ai pas gardé de ces deux matchs un souvenir agréable. Nous avions gagné le premier à domicile, à San Siro, sur un score de 2-0. Nous avions l'impression que le plus gros du travail était fait. En plus, c'était un de mes premiers matchs. Et j'avais joué contre Zizou. En le marquant un peu à la culotte, puisque nous occupions plus ou moins la même zone de jeu. Nous avions gagné calmement. J'en étais fou de joie ! Au match retour, j'étais demi droit. Et ils nous ont écrasés 3-0. La catastrophe était arrivée si vite qu'on n'en croyait pas nos yeux. Un des plus beaux matchs des Girondins en Coupe d'Europe ! C'est ce soir-là que Zidane a pris une envergure extraordinaire. Et ce même soir, Christophe Dugarry a marqué les deux buts qui devaient l'amener à signer pour la saison suivante... au Milan AC !

Roberto Baggio et moi étions voisins, et dans le même immeuble. Dès mon arrivée, il m'a invité à dîner. Sa femme était là. Et ses gosses. Il n'était pas prétentieux pour deux sous. On ne se serait jamais cru chez Roberto Baggio ! Comme je l'ai dit, je n'avais que dix-neuf ans. À peine rentré chez moi, j'ai appelé mes copains : « Devine avec qui j'ai dîné ! »

J'étais tout fier ! Roberto m'avait invité parce qu'il savait que j'étais seul. Souvent il proposait que nous allions boire un café ensemble. Ou bien il m'invitait à dîner. La classe qu'il avait ! Et il n'était pas le seul.

Avec George Weah, c'était encore autre chose, puisque j'étais son protégé. À Milanello, nos chambres étaient voisines. C'est lui qui m'a appris à faire un nœud de cravate – chose essentielle quand on joue dans le Championnat italien. George était toujours derrière moi. Si j'avais besoin de quelque chose, il s'en occupait. Je n'ai pas été surpris d'apprendre, il y a quelque temps, qu'il était candidat à la présidence du Libéria. Il est né pour être chef, et ça se voit. Depuis qu'il a arrêté le football, il a fait énormément pour aider son pays à panser les plaies laissées par la guerre. Même le légendaire Pelé a pu le citer récemment parmi les 125 plus grands footballeurs vivants.

Paolo Maldini compte aussi parmi ceux qui m'ont donné un bon coup de main à mon arrivée au Milan AC. Il jouait arrière gauche. Il est resté vingt ans au top niveau du football. Il a remporté tout ce qui peut être gagné dans ce sport. Pourtant, quand j'ai débarqué dans le club, il s'est montré très amical avec moi – alors que je n'étais rien. Comment pourrais-je oublier cela ? Il était génial. C'est l'un des joueurs que j'admire le plus. Car un grand footballeur n'est pas grand seulement sur le terrain, il l'est aussi « dans le civil ». Et c'est le cas de Paolo Maldini.

Parmi ceux qui ne se sont pas montrés particulièrement aimables avec le nouveau que j'étais, figure Marcel Desailly. Marcel, à ce moment-là, était déjà une icône du foot français. Il avait gagné la Ligue des Champions avec l'OM. Il m'impressionnait un peu. J'espérais qu'il m'aiderait à faire mon trou, qu'il me donnerait un ou deux conseils, qu'il me soutiendrait. Mais il n'en a rien été. Au début, en tout cas. Et son attitude m'a surpris. Après tout, si le Milan AC m'avait fait venir, c'est que j'avais le talent pour ça ! Est-ce que je ne méritais pas de faire partie de cette équipe ? Si j'étais là, c'est que j'avais ce qu'il fallait. Et ce que je n'avais pas encore, je pouvais l'acquérir. Mais bon, Marcel est comme ça. Aujourd'hui, je l'adore. Il me faire rire aux larmes. Aller dîner avec lui est un bonheur. Je sais qu'on s'amuse en sa compagnie. En fait, c'est un mec génial. Il a une façon bien à lui – qu'il est le seul à comprendre, d'ailleurs – de voir les choses. Cela dit, à mon arrivée à Milan, j'étais tout seul. Or, lui et moi parlions la même langue. Ne parlons même pas de nos racines, qui n'étaient pas si éloignées : n'étions-nous pas tous les deux des Africains venus grandir en France ? Pourtant, nous n'étions pas très amis. Il m'a peut-être invité deux fois chez lui – pas plus. George, c'était autre chose. Et Paolo. Et Roberto. Mais j'attendais plus de Marcel, car il incarnaità merveille l'exemple que je souhaitais suivre. Nous avions cet héritage africain en partage. Il y avait de quoi créer du lien, j'ai donc été un peu déçu. D'ailleurs je le lui ai fait plus ou moins savoir. Puis j'ai mûri. Et j'ai commencé à le connaître mieux. J'ai compris alors que je ne lui étais pas du tout indifférent. Encore une fois,

Marcel est comme ça. C'est sa façon à lui de vivre sa vie. Je suis sûr qu'aujourd'hui il n'a pas le moindre regret à l'idée de ne pas m'avoir donné un petit coup de main à mon arrivée à Milan !

Franco Baresi aussi se montrait assez distant. Il ne parlait pas beaucoup. C'était même probablement le moins bavard de tous. Cela dit, quand il prenait la parole, tout le monde l'écoutait. C'était un leader. Et il était respecté comme tel. Quand je suis arrivé au club, sa carrière touchait à sa fin. Il avait fait depuis 1982 un extraordinaire arrière central dans l'équipe nationale d'Italie. Puis était venue la victoire de l'Italie dans la Coupe du Monde 1994 – et son penalty manqué en finale. Franco est quelqu'un qui sait lire un jeu, et contrôler le rythme d'un match. Comme Maldini, il a fait toute sa carrière à Milan. Quand il a raccroché ses crampons, en 1996, il avait joué 444 matches pour le club – un chiffre incroyable. Ses fans l'idéalisaient tellement que le club a retiré son maillot numéro 6, chose rarissime dans le football italien.

Mais le footballeur qui m'a stupéfié, c'est Dejan Savićević. Les fans du Milan AC l'ont surnommé *il Genio*. C'était lui le plus talentueux. Mais il ne s'entraînait pas beaucoup, en fait. Il préparait le match du dimanche en faisant une apparition sur le terrain le vendredi. Je ne l'ai jamais vu s'entraîner une semaine entière. Ses fans le traitaient même parfois de joueur léthargique. Pourtant, le dimanche venu, c'était presque toujours sur ses passes et ses tirs que le match se gagnait. Sa façon de dribbler et sa créativité faisaient vraiment de lui un footballeur à part. Cependant, il avait un problème avec l'autorité. Il ne l'acceptait pas facilement. En plus, il détestait rester sur le banc de touche. Le rôle de remplaçant, très peu pour lui ! Capello était assez intelligent pour le laisser agir à sa guise, sachant qu'il avait affaire à un joueur d'exception.

Car Capello était un grand entraîneur. Ce n'est pas un scoop, tout le monde le sait. Outre le Milan AC, il a aussi été l'entraîneur du Real Madrid lors des coupes d'Europe. Sans parler de ses victoires dans les championnats nationaux avec quatre clubs de premier plan : Milan, Rome, Madrid et Turin. On ne saurait rêver carrière mieux accomplie ! Ce qui m'a le plus étonné, chez lui, c'est sa façon de gérer nos écarts de conduite. Il réagissait avec la même vigueur, quel que soit le joueur qui avait franchi la ligne jaune. Il était capable de s'engueuler avec Maldini ou avec Panucci en plein entraînement. Il avait le caractère pour cela. Quand nous prenions un repas ensemble, il n'était pas question de quitter la table sans son accord. Il faisait régner à Milan un fort esprit de discipline. Je pense que Christian Panucci considérait Capello comme son mentor ; en tout cas, il l'a suivi au Real, puis à l'AS Rome.

Au début de l'été 1996, j'ai su que Milan souhaitait mon départ. En fait, ils cherchaient à vendre un de leurs joueurs étrangers, et parmi ceux-là j'étais celui qui avait joué le moins souvent, et le moins connu. D'un autre côté, Braida avait vraiment envie de me voir rester – c'est lui qui m'avait acheté à Cannes. Cependant il fallait qu'un étranger s'en aille. Et ce serait moi.

Plusieurs propositions se présentaient. Je pouvais aller jouer à l'Ajax d'Amsterdam. Je pouvais aussi rejoindre Bordeaux dont l'entraîneur était Rolland Courbis. À Milan, il m'était arrivé plus d'une fois de tomber sur Arsène Wenger dans les tribunes de San Siro. Nous avions discuté à plusieurs reprises. Il m'avait dit qu'il allait reprendre Arsenal. Étais-je intéressé ? « Et comment ! », avais-je répondu. On était en 1996. Deux ans plus tard, la Coupe du Monde se jouerait en France. Je savais que j'avais des chances de faire partie de l'équipe nationale, encore fallait-il que je puisse jouer et me préparer ! Je mourais d'envie de descendre sur le terrain. Arsène connaissait mon jeu – il avait dirigé Monaco. Cette raison a pesé dans ma décision. En plus, je sentais que la relation entre nous était bonne. Un seul problème : j'étais pratiquement engagé à l'Ajax. J'avais déjà passé trois jours à Amsterdam et rencontré les directeurs du club. Nous avions abordé tous les détails. Seul l'aspect financier du contrat demeurait en suspens. La somme qu'ils offraient était ridicule, comparée à ce que me donnait Milan. Louis van Gaal était encore dans le club, mais leurs meilleurs joueurs commençaient à partir. En définitive, une incroyable aventure m'attendait à Arsenal...

5

Arsenal : les premiers pas

Comme je l'ai dit, c'est à Milan que j'ai fait la connaissance d'Arsène Wenger. C'est assez étonnant, quand on y pense, puisqu'il était l'entraîneur de Monaco lorsque je jouais à Cannes. Une soixantaine de kilomètres seulement nous séparaient, et nos routes ne s'étaient jamais croisées ! À Milan, en revanche, nous avons souvent fait la causette ensemble. Je lui parlais de ma situation, du foot, de tout et de rien. Jusqu'au jour où il a évoqué l'Angleterre. Il voulait savoir si j'étais intéressé. Il se préparait à devenir l'entraîneur d'Arsenal. Et j'envisageais déjà de changer de club. J'en avais même touché un mot à Raymond Domenech qui entraînait alors l'équipe de France Espoirs ; il m'avait confié être pressenti au poste de sélectionneur de l'équipe de France pour la Coupe du Monde 1998. En un mot comme en cent, il fallait à tout prix que je joue. Or, je n'avais aucune chance de jouer régulièrement au Milan AC. Cette conversation avec Raymond Domenech m'avait marqué. Elle m'avait permis de prendre conscience de la valeur qui était la mienne – je méritais d'appartenir à un club où l'on me compterait parmi les principaux joueurs. Dès lors, j'ai eu envie de m'imposer. Je voulais absolument gagner ma place dans l'équipe nationale, en prévision de cette Coupe du Monde qui se jouerait en France.

Je regardais donc du côté d'Arsenal... mais pas seulement. L'Ajax me tentait pour ses équipements, et pour le genre de foot qui s'y pratiquait. Malheureusement, il restait cette question du salaire. Ils ne m'offraient pas assez. En outre, j'avais été contacté par Rolland Courbis, l'entraîneur de Bordeaux, qui souhaitait me voir participer dès que possible au championnat français.

Arsenal est sorti victorieux de cette bataille, et l'élément décisif ne fut autre qu'Arsène Wenger. Arsène m'avait convaincu. Il s'était intéressé à moi en tant que personne, avant de penser à son équipe. Arsène avait réellement envie de me voir évoluer chez lui, et il a fait tout ce qu'il a pu pour que les négociations soient finalisées au plus vite – et elles le furent.

Le contrat s'est discuté avec David Dein, car Arsène n'avait pas encore pris ses fonctions à Highbury. David m'a engagé pour quatre ans. Il s'est alors passé un truc fou. Et je garderai toujours cet épisode en mémoire, vu son effet sur moi. Des années après, il conserve encore à mes yeux l'intégralité de sa valeur symbolique. Je veux parler du numéro de maillot que j'afficherais sur le terrain. La discussion a éclaté alors que le contrat était déjà signé. Quel numéro, donc ? Le détail peut paraître insignifiant. Sauf qu'il m'a permis de comprendre que le club croyait vraiment en moi. En effet, à mon arrivée à Arsenal, il ne restait que peu de numéros de libres – dont le 14 et le 18. Mais entre le 1 et le 11, seul le 4 était disponible. Et le 4, justement, ne me disait rien de bon. Je ne me rappelle plus pourquoi. Je ne le sentais pas. Je préférais le 14, ou un chiffre approchant. Alors, David Dein m'a dit : « Chez nous, tu seras automatiquement placé en tête de liste. Alors prends-le, ce numéro 4. Puisque tu seras en première ligne de toute façon. »

J'ai dit « accepté ». Et j'ai porté le maillot numéro 4 pendant toute la durée de mon engagement chez les Gunners. C'était mon numéro. Et je l'aimais.

À mon arrivée, le club ne comptait aucun autre joueur français. Écrire cette phrase me semble si étrange aujourd'hui ! En fait, nous étions deux joueurs français fraîchement recrutés : Rémi Garde et moi. Je me rappelle encore nos difficultés au début. Pour ma part, je ne parlais pas l'anglais. À Londres, c'est le genre de handicap qu'on a intérêt à dépasser rapidement, car les Britanniques s'imaginent qu'on leur manque de respect si on ne parle pas leur langue. D'ailleurs ils n'ont pas vraiment tort, à bien y réfléchir. Rémi, lui, la comprenait un peu ; alors il traduisait pour moi.

Arsenal traversait une période un peu particulière. Ils venaient juste de virer leur entraîneur, Bruce Rioch. L'équipe première était confiée provisoirement à Stewart Houston et Pat Rice, lesquels nous ont complètement laissé tomber. Nous nous entraînions avec l'équipe de réserve. On jouait avec eux, tout en étant autorisés à participer quelquefois à l'entraînement de l'équipe première. Résultat, il nous arrivait de faire la navette entre les deux. C'était vraiment désagréable. Je me sentais frustré. Je n'avais pas du tout envie de revivre ce qui m'était arrivé à Milan. Alors, j'ai décidé de téléphoner à Arsène qui se trouvait encore au Japon. Il m'a conseillé de ne pas m'en faire, et de continuer à me battre : « Ce ne sera pas un problème longtemps. Sois fort. Tiens bon. »

Quelques semaines plus tard, il était là. Le premier match dont il a eu la responsabilité s'est joué en Coupe UEFA. Arsenal devait rencontrer le Borussia Mönchengladbach, un club qui comptait dans ses rangs un milieu de terrain réputé, l'international allemand Steffen Effenberg. Comme l'ambiance nous semblait bizarre, totalement britannique ! L'équipe, uniquement composée de footballeurs anglais et irlandais, avait la réputation de jouer un football très défensif.

Juste après mon arrivée dans le club – avant même la venue d'Arsène, donc –, un événement considérable s'était produit. Après un entraînement, Tony Adams a réuni tout le monde dans les vestiaires puis s'est planté au milieu de la salle. Et il a commencé à parler. Je ne comprenais pas un traître mot de son propos ! Tout ce que je voyais, c'est qu'il s'exprimait avec le plus grand naturel. Après son speech, l'assistance l'a applaudi. Pourquoi ? J'aurais été bien en peine de répondre à cette question. J'avais l'impression de m'être échoué sur la planète Mars. J'ai interrogé Rémi qui comprenait quelques mots d'anglais. Mais il n'en savait pas assez, apparemment ! Il n'avait rien compris. Nous avons dû demander des explications aux autres joueurs : Tony Adams venait de nous informer qu'il était alcoolique. Tout son discours avait tourné autour de ses problèmes avec la bouteille. Je me suis dit qu'il fallait être un sacré capitaine, pour s'adresser ainsi à ses joueurs et leur faire un pareil aveu. L'incident ne m'a pas du tout amené à remettre en cause ma présence dans ce club. Au contraire, je me suis dit que j'étais bien tombé. Car Tony ne s'était pas contenté de nous confier ses problèmes, il nous avait aussi invités à l'aider dans la mesure du possible. Dès lors, Tony Adams a incarné Arsenal à mes yeux. Arsenal, *c'était* Tony. Il symbolisait exactement l'esprit des Gunners – par sa carrière, par son aura, par son insatiable volonté de gagner. J'ai été très surpris de sa démarche mais, surtout, il m'avait impressionné.

À cette époque, l'équipe misait tout sur ses quatre arrières – Nigel Winterburn à gauche, Lee Dixon à droite, et Tony Adams au centre avec Steve Bould ou Martin Keown. David Seaman était dans les buts. C'était un jeu typiquement anglais, dur et puissant. Un jeu de guerriers, vraiment, qui ne se fondait ni sur la technique ni sur une stratégie d'attaque. L'équipe gagnait en verrouillant sa défense et en tirant des balles longues. En 1998, quand nous avons réussi notre premier doublé Coupe d'Angleterre et Championnat, la qualité du jeu venait des individualités – Dennis Bergkamp, ou quelquefois Marc Overmars. Tout le reste reposait sur le mental et sur l'organisation. Nous avons gagné alors une série de matchs 1-0. En 1998, notre force résidait principalement dans le fait que nous ne laissions passer aucun but.

Nous nous entraînions sur un terrain situé à Barnet, près de leur stade d'Underhill. J'avoue avoir reçu un choc. Je m'étais entraîné à Milanello où tout était incroyablement bien organisé, et fait pour nous faciliter la vie, où chacun avait sa chambre, où les terrains étaient fantastiques. À Arsenal, il fallait se changer à cinq ou six dans des préfabriqués. En hiver, on gelait. Une fois, les préfas ont pris feu ! Désormais, on allait se changer au Sopwell House Hotel. C'est un country club de rêve installé dans un manoir du XIXe siècle, avec un spa et des terrains immenses. Un minibus faisait la navette jusqu'au terrain. On prenait nos repas à l'hôtel. Puis Arsenal a pris de l'importance et bien des choses ont changé. À l'époque, le club vivait une phase de transition. Aujourd'hui, il est reconnu.

J'avais à peine vingt ans quand j'ai rejoint Arsenal. Mes premiers mois n'ont pas été une partie de plaisir, même si les choses se sont arrangées avec l'arrivée d'Arsène. J'ai eu besoin de temps pour m'acclimater et j'ai traversé des moments très durs. D'abord, j'ai vécu quatre mois à l'hôtel. Une personne « normale » trouverait impensable de vivre si longtemps dans une chambre d'hôtel. Pour un footballeur, c'est presque monnaie courante. Tous les clubs ne possèdent pas leurs propres équipements et résidences, comme Silvio Berlusconi à Milan. Et c'est souvent un vrai parcours du combattant que de trouver à se loger dans une ville inconnue, surtout quand on vient d'un autre pays. À Milan, j'avais toujours quelqu'un à qui m'adresser dès que j'avais besoin de quelque chose. À Londres, ce n'était pas du tout le cas. J'étais obligé de me débrouiller pour gérer mes problèmes. D'un autre côté, cela signifiait que je bénéficiais d'une liberté pleine et entière. J'ai apprécié, les premiers temps, de jouer les touristes et de visiter la capitale, cette ville toujours si vivante qui m'est immédiatement apparue comme un univers fantastique.

J'ai attendu de connaître un peu Londres et ses environs pour choisir l'endroit où je souhaitais m'établir, mais j'ai fini par m'installer. Cependant, je n'étais pas au bout de mes peines. J'avais aussi beaucoup de mal à m'adapter au mode de vie londonien. La mentalité des Anglais m'était étrangère, leur culture aussi. Et au début, je ne parlais pas la langue, ce qui rendait mon intégration particulièrement ardue. En Angleterre, les gens apprécient d'aller boire une bière à 2 heures de l'après-midi. Ce n'est pas vraiment le cas en France ! De sorte qu'à mon arrivée à Londres, c'est dans la vie quotidienne que je rencontrais le plus d'obstacles. Mais cela dit, je dois admettre que j'ai adoré le mélange des populations. Le journal télévisé et les émissions grand public étaient présentés par des Noirs et des Asiatiques ! Ce n'était pas le cas en France, ni en Italie. L'Angleterre est un pays particulièrement tolérant.

Et Londres l'est davantage encore. Et je pense qu'il en ira toujours ainsi, en dépit des attentats de juillet 2005.

Sur le terrain, je m'adapte facilement aux circonstances, quel que soit le lieu où je joue. Aussi les choses allaient-elles très bien pour moi, de ce point de vue, à Highbury. D'autant que j'avais de formidables coéquipiers. Tous faisaient leur possible pour faciliter mon intégration : Martin Keown, David Seaman, Ian Wright et Dennis Bergkamp – qui était là depuis un an. Chaque matin, ils venaient à l'entraînement avec le sourire. Et à la fin de la journée, ils repartaient dans les mêmes dispositions. Il n'est pas difficile de se faire une place au milieu de tels amis. Souvent, nos entraînements étaient marqués par de franches parties de rigolade. Avec eux, tout était simple !

Je dois ici dire un mot des particularités du football anglais. Je ne parle pas des matchs, dont chacun peut constater qu'ils n'ont rien à voir avec ceux des autres championnats. Tout le monde le sait : une équipe anglaise est une équipe impliquée, acharnée à gagner et hautement technique. Non, je veux parler de la façon qu'ont les joueurs de s'entraîner. Par exemple, les équipes bénéficient d'un jour de repos au milieu de la semaine ; et les joueurs ne vont pas dormir à l'hôtel à la veille d'un match. Éviemment, j'appréciais beaucoup cet aspect des choses. D'ailleurs j'en ai parlé avec nombre de joueurs venus de l'étranger, tous étaient agréablement surpris. Dans le championnat français, c'est autre chose. Tu joues le samedi, tu te coltines une session de relaxation le dimanche, tu as ton lundi de repos, et tu sais que tu vas devoir dormir à l'hôtel la nuit qui précède ton prochain match.

En Angleterre, quand le match a lieu à 15 heures, l'équipe se retrouve à l'hôtel à 10 heures. On partage un repas. Et à 11 heures, on se rend directement sur le terrain. Personnellement, ce rythme me convient. Le joueur venu d'Italie est un peu désorienté par ce programme, habitué qu'il est à ses deux jours sans entraînement avant un match ; en ce qui me concerne, je n'ai pas eu aucune difficulté à m'y faire.

Si je devais décerner une médaille au joueur qui m'a le plus fait rire dans les vestiaires, elle irait sans la moindre hésitation à Ian Wright. Lui et Martin Keown formaient une sacrée paire ! Un type comme Ian Wright est capable d'insuffler au groupe une pêche incroyable. Mais il ne s'agissait pas seulement de mettre de l'ambiance, en fait. C'était un pur bonheur qui se répandait dans les vestiaires. Lors du match contre le Borussia Mönchengladbach – le premier d'Arsène –, je n'étais pas sur le terrain mais sur le banc. Nous avions perdu à domicile 3-2. Le match retour fut perdu aussi, sur le même score. Eh bien ! il y avait quand même de la musique dans les vestiaires ! Et ça aussi, c'était nouveau pour moi. Ian Wright dansait sur des morceaux de Michael Jackson ! Arsène le regardait s'agiter. Il m'a demandé si Ian était toujours comme ça. J'ai acquiescé, je ne pouvais que confirmer. Depuis que j'étais à Arsenal, les matchs se terminaient toujours dans la même folle atmosphère, que l'on ait gagné ou perdu.

Connaissant Arsène comme je le connais à présent, j'imagine sa surprise en assistant à cette scène. Mais c'était ainsi. Il n'y avait rien à y faire. Ian Wright ne changerait jamais. Qu'il joue en Coupe du Monde ou en match amical, il aurait toujours le même comportement. Arsène, et c'est là son grand mérite, a très vite compris qu'il ne devait pas essayer de tout révolutionner. Vouloir imposer au club des usages « continentaux » n'aurait eu aucun sens. Arsène était là pour apporter de la rigueur, certes, mais il devait avancer pas à pas et le savait. Lui aussi a su s'adapter au football anglais. Et chacun sait avec quel succès !

Une histoire me revient toujours à l'esprit quand je pense à Ian Wright. C'était en 1998, l'année de notre doublé Coupe d'Angleterre et Championnat. Pour le dernier match de la saison, les supporters avaient envahi notre stade de Highbury. Il y avait du monde partout. Après le match, on a fait une grande fête dehors avec les fans. Et Ian Wright est apparu au-dessus de la foule à la fenêtre du vestiaire. Les gens se sont mis à crier son nom. Là, Ian s'est complètement lâché. Il a pris tous nos vêtements et les a jetés sur les fans par la fenêtre ! Son geste a déclenché une véritable émeute. La police a dû intervenir pour nous calmer. Après ça, le club a fait verrouiller les fenêtres des vestiaires. On ne pouvait plus les ouvrir de l'intérieur... tout ça à cause de ce dingue de Ian ! C'est vraiment quelqu'un d'extraordinaire. Au sens littéral du terme. Jamais il ne fait rien d'ordinaire. Ça l'ennuie trop. Sur le terrain, il est capable de piquer une énorme crise de rage à tout moment. Si on ne lui a pas passé la balle assez vite, il vous agonit d'insultes ; mais à la fin, après le coup de sifflet, il vient vous embrasser et tout est arrangé.

Tony Adams était un autre genre de personnage. Monsieur Arsenal, c'était lui – c'est toujours lui, d'ailleurs. Quand je suis arrivé au club, il a eu à cœur de me faire bon accueil et de s'assurer que je me sentais bien chez moi. J'ai eu l'occasion de m'apercevoir par la suite qu'il procédait toujours ainsi avec un nouveau venu. Il se chargeait d'accompagner ses premiers pas, comme par souci de respecter une tradition. J'avais un immense respect pour lui. Surtout quand je pensais aux graves problèmes qu'il avait rencontrés dans sa vie. Ces problèmes qu'il avait réussi à dépasser pour démarrer une nouvelle carrière. Chapeau !

Mais Tony avait aussi ses mauvais côtés. Il était persuadé que l'équipe souffrirait quand il ne serait plus là. Or, nous avons remporté de grands succès sans lui. Et il en a conçu une certaine jalousie. Cette réaction m'a déçu. Une grande icône du club Arsenal devrait être fière, au contraire, des succès remportés par ses anciens coéquipiers. Après tout, Tony est une légende. Est-ce que ça ne lui suffit pas ? Arsenal sera toujours Arsenal, quoi qu'il arrive. Arsenal est bien plus grand que ses joueurs. Mais bon... Tony était un athlète étonnant. Les choses n'ont pas dû être faciles pour lui, quand il a cessé de jouer, de réussir et de gagner des matchs et des coupes. Tout cela devait lui manquer terriblement. Il était sans doute frustré d'avoir dû laisser sa place aux autres, voilà pourquoi il se montre parfois trop critique avec certains joueurs, dans ses interviews. Cela ne me plaît pas trop. D'autant que je ne partage pas son appréciation. Un jour qu'il parlait de mon style de jeu, il a insinué que je risquais d'être à la peine, si je voulais participer à trente ans à des compétitions de haut niveau. Et là, je ne suis pas du tout d'accord.

La vérité, c'est que je comprends le jeu. Je possède une technique. Et je suis déterminé à rester en haut. Je crois dur comme fer à ces qualités. Je le sais, ça ne sera pas facile ! Vu ce qu'est le football moderne, un milieu de terrain tel que moi doit forcément fournir de gros efforts pour être encore parmi les meilleurs à mon âge. Cela dit, je prends soin de moi. Je fais attention. Et mon envie de jouer me tire en avant. À un niveau plus profond, je dirais que je n'ai rien à reprocher à Tony. J'ai personnellement beaucoup appris en jouant à ses côtés. Il a un tel charisme ! Bien sûr, j'ai été surpris de découvrir son problème d'alcoolisme, stupéfait même quand il l'a rendu public. Un peu mal à l'aise aussi. Je n'étais pas habitué. Ce genre de chose ne se fait pas en France. Mais les années ont passé. Je me suis rendu compte qu'il n'était pas le seul dans son cas au sein du championnat anglais, même si la chose reste rarissime. Paul Merson, c'était la drogue. Comme je l'ai appris par la suite, plusieurs autres footballeurs d'Arsenal rencontraient eux aussi des difficultés avec l'alcool – des difficultés que rien ne permettait de soupçonner quand on regardait leurs performances sur le terrain : ces gars avaient l'air d'évoluer normalement. Je n'ai jamais compris comment ils arrivaient à se préparer, physiquement et mentalement. En fait, ils avaient cette envie de jouer chevillée au corps. C'était vital. Ils voulaient être sur le terrain à tout prix. Peu importait les coups qu'ils avaient encaissés, et les problèmes qu'ils traînaient avec eux. Et ça, c'est le football anglais. Voilà ce que j'ai appris lors de mon passage à Arsenal.

Et en un sens, je leur ressemble, à ces joueurs. Moi aussi, j'ai toujours eu cette envie de jouer, de gagner la bataille du mental. Même losque j'étais blessé, l'envie était là. Plus j'avance en âge, plus j'accumule de l'expérience, plus je me rends compte d'une chose : rares sont les matchs où l'on est en parfaite possession de ses moyens. Le corps est toujours plus ou moins blessé, un talon légèrement irrité, un bobo au genou. On n'est presque jamais pleinement en forme. Au cours d'une carrière, on apprend à vivre avec cette donnée. Non seulement à vivre, d'ailleurs, mais aussi à s'entraîner et à gagner des matchs. Le succès n'en a que plus de prix encore.

Je me rappelle mon premier match avec l'équipe réserve d'Arsenal – même si j'ai oublié qui étaient nos adversaires. C'était chez nous, à Highbury. Nous avons obtenu un coup franc à tirer des 20 mètres, un peu à gauche des buts. J'ai demandé à Rémi : « Tu vas le tirer ? » Et finalement, je l'ai tiré. Le ballon est parti complètement à droite, et a fini dans les gradins. Après ce brillant essai, je me suis tourné vers Rémi, et nous avons éclaté de rire tous les deux. Les gars ont vraiment dû se demander d'où je sortais.

Mais c'est contre Sheffield Wednesday que je devais faire mes débuts officiels dans l'équipe première d'Arsenal, le 16 septembre 1996. Un lundi soir. Sheffield, qui comptait parmi les meilleures équipes du championnat anglais, avait besoin d'une victoire pour remonter dans le haut du tableau. Le match a commencé en retard à cause d'une coupure de courant qui bloquait les tourniquets et empêchait le public de pénétrer dans le stade. Le coup de sifflet devait être donné avec une demi-heure de retard. J'étais sur le banc. Sheffield a marqué après un quart d'heure de jeu. Les choses se présentaient plutôt mal. Alors, Stewart Houston m'a demandé de m'échauffer : Ray Parlour sortait pour blessure. Enfin une occasion de saisir ma chance ! Je suis entré sur le terrain, pour prendre ma place aux côtés de David Platt. J'étais persuadé que la majorité des supporters se disaient : « Patrick comment ? Vieira ? Jamais entendu parler. Enfin, on va voir... » Comment auraient-ils pu me connaître ? Je n'avais jamais eu l'occasion de faire mes preuves tout le temps que j'étais resté au Milan AC. Pour eux, j'étais quantité négligeable. Rien d'autre qu'un grand Français dégingandé. J'avais quel âge ? Vingt ans ? Allais-je savoir gérer la situation ? Ils avaient des raisons d'en douter. En tout cas, il ne leur restait plus qu'à juger sur pièces. Et le fait est que j'ai vraiment bien joué ce soir-là. Mes déplacements étaient parfaits, mes passes étaient sûres. J'avais confiance en moi. Les conditions n'étaient peut-être pas idéales, mais j'étais prêt à les affronter. J'avais attendu si longtemps ! Les sessions d'entraînement avaient été aussi disputées que des matchs, si bien que j'ai tout de suite été dans le coup. J'avais l'impression de rencontrer mon style de jeu. J'aimais m'impliquer à fond, me bagarrer pour avoir la balle et tacler l'adversaire. Nous avons gagné 4-1. Quand l'arbitre a sifflé la fin du match, la foule connaissait mon nom. Le public avait même déjà inventé une nouvelle chanson :

« Vieira ! Wo-oh-oh-oh
Vieira ! Wo-oh-oh-oh
Il vient du Sénégal
Il joue pour Arsenal. »

J'ignore si Arsène avait quelque chose à voir avec tout ça. Avait-il téléphoné à Stewart avant le match ? Quoi qu'il en soit, je ne devais plus jamais quitter l'équipe première.

On m'a souvent demandé si j'avais eu des doutes, au début, si je n'avais pas regretté d'avoir choisi ce club. En fait, je ne me suis jamais inquiété de la façon dont les choses se passeraient sur le terrain. Jamais je ne me suis retrouvé dans ma chambre d'hôtel à me dire : « Bon Dieu ! mais qu'est-ce que je fous ici ? ». Je savais que mon heure viendrait. Et j'ai de grandes facultés d'adaptation. Ainsi, durant les deux premiers mois qui ont marqué mes vrais débuts, j'ai été amené deux fois à jouer à une autre place que la mienne. La première fois, c'était contre Wimbledon, à Plough Lane – Steve Bould et Tony Adams s'étaient blessés. La deuxième fois, c'était à Newcastle, après que Tony eut été expulsé pour avoir fauché Alan Shearer dans la surface. Nous n'étions plus que dix et il restait trois quarts d'heure à jouer. On a tout de même gagné 2-1, sur un deuxième but marqué par Ian Wright après la pause. Dans chacun de ces deux matchs, j'ai joué arrière central. Or, c'est une place que je n'aime pas beaucoup, où l'on voit mal la balle. Pourtant, j'ai apprécié. Wimbledon jouait long, et j'étais vraiment obligé de me bagarrer pour toucher la balle. Je crois même que tout le monde a été surpris de me voir jouer aussi bien. Quant au match de Newcastle, nous l'avons mené avec l'énergie qui est la marque d'Arsenal, au point qu'Arsène Wenger, alors notre entraîneur depuis peu, nous a gratifiés de ce compliment : « J'ai bien cru qu'on avait perdu quand Tony s'est fait expulser. Mais cette équipe a quelque chose. Un bon état d'esprit. C'est normal, depuis le temps que les joueurs jouent ensemble. »

Arsène voyait que les joueurs, en effet, faisaient du bon travail d'équipe. Quand il voulait changer quelque chose, il procédait en douceur – lentement mais sûrement. À son arrivée, il avait trouvé chez les Gunners plusieurs footballeurs de plus de trente ans : Nigel Winterburn – dont c'était la saison test –, Lee Dixon, Tony Adams et Paul Merson qui avait l'air d'être là depuis toujours. Sans parler d'Ian Wright, âgé déjà de trente-trois ans. Mais Arsène n'a pas commencé par modifier la composition de l'équipe, comme le font nombre d'entraîneurs à la minute même où ils intègrent un club. Au contraire, il a considéré qu'il avait la responsabilité d'un groupe de joueurs, capables non seulement de s'entendre mais aussi de se sentir à l'aise dans l'ambiance d'un grand stade, et il a décidé de bien s'occuper d'eux.

David Platt est le premier joueur d'Arsenal qui ait partagé ma chambre. Il ne dormait jamais ! C'était un véritable homme d'affaires ! Il passait ses nuits à gérer son business sur son ordinateur portable, pendant que j'essayais de trouver le sommeil malgré les cliquetis de son clavier. Il ne faisait même pas la sieste. On a fini par me donner une chambre pour moi tout seul. Heureusement ! car j'aime bien piquer un somme l'après-midi.

À l'été 1997, au terme d'une première saison, j'ai commencé à considérer qu'Arsenal était peut-être bien mon club de prédilection. Nous avions fini troisième du Championnat, et c'était un bon résultat, étant donné les problèmes que l'équipe connaissait depuis un moment. Sans compter le plus important de tout : je jouais enfin. L'ambiance était géniale. Nous partagions de bonnes parties de rigolade. Vraiment je me sentais à mon aise. J'étais détendu. Complètement dans le coup. Sur le terrain, n'en parlons pas, c'était formidable. Le club possédait un potentiel immense. Il était ambitieux. Et je ne l'étais pas moins.

Très importante aussi était la présence d'Arsène. C'était un homme, comment dire – d'une sérénité totale. Ce qu'il disait était toujours soigneusement pesé. C'étaient des qualités qu'il avait toujours eues. Il aimait échanger, aussi. Il avait le talent pour communiquer. Il était parfaitement capable de parler avec Tony Adams de ses problèmes d'alcool, et avec moi de mon comportement sur le terrain. Sur chaque sujet, il avait son opinion, et un conseil à donner.

À un niveau personnel, il m'a réellement aidé à m'imposer. Grâce à lui, j'étais reconnu dès la fin de la saison. Moi-même je sentais que j'avais trouvé ma place dans la structure de l'équipe. J'arrivais à récupérer toutes les passes venues de la défense, et à renvoyer la balle pratiquement où je voulais. J'étais dans le jeu. Je m'y sentais libre. Au début, le rythme m'avait surpris. L'implication exigée aussi. Il n'y avait jamais de temps mort. La règle était : « Tout le monde au boulot, et essayons de gagner ! ». Cette règle n'a jamais changé. Elle est toujours en vigueur, même si le championnat anglais voit évoluer beaucoup de footballeurs venus de l'étranger. Fondamentalement, c'est la culture du club. Sa mentalité. C'est extrêmement important. En un sens, les joueurs se doivent de l'incarner.

J'ai toujours adoré m'impliquer physiquement. Et je sais que je peux me le permettre, vu ma constitution. C'est un de mes points forts. Et c'est aussi une des raisons pour lesquelles j'étais heureux de jouer en Angleterre. Sur le terrain, je n'ai pas peur. Je ne crains pas l'affrontement. Je ne redoute pas de me faire mal au pied, ou de prendre un coup à la tête. Il me semble que Bobby Robson a dit quelque chose à ce sujet – à savoir que j'étais « un tel monstre, que me tacler, c'était comme tacler deux joueurs à la fois ». Le compliment m'a fait plaisir !

Mes débuts à Arsenal ont été difficiles, mais la situation s'est améliorée au fil des années. Match après match, je me sentais de plus en plus à mon aise sur le terrain. C'était la même chose dans mes relations avec les autres joueurs. Et si je suis parvenu à me ménager une place dans cette équipe, ce n'est pas parce que j'étais un bon gars, mais parce que je me suis tout de suite imposé par mes qualités, parce que j'ai montré de quoi j'étais capable. De sorte que je n'aurais pu rêver meilleure entrée en matière – tel est le bilan. Le club était assez accueillant pour me permettre de m'exprimer, et assez dur en même temps pour m'obliger à me battre. J'étais un Gunner. J'avais à cœur de le montrer à tous.

Ma première épreuve s'est déroulée en janvier 1997. Arsenal rencontrait Everton. Le score était nul à la pause, et rien ne permettait de savoir ce qui allait se passer dans la deuxième mi-temps. Et soudain, en deux minutes, Dennis et moi avons marqué chacun un but spectaculaire. Le mien fut un tir des vingt mètres qui ne laissait aucune chance au gardien Neville Southall – jamais je n'avais fait aussi bien en équipe réserve. Le match s'est conclu sur le score de 3-1. Les journaux se sont mis à regarder Arsenal d'un autre œil – et ceci pour la première fois depuis l'arrivée d'Arsène Wenger. Enfin, les Gunners s'affranchissaient de la réputation selon laquelle ils jouaient une « défense ennuyeuse ». Enfin, nous commencions à pratiquer un jeu plus fluide et, aux dires de chacun, plus séduisant. Cette expérience a représenté pour moi un bonheur de chaque instant.

D'une façon générale, les Anglais se passionnent pour leur football. Ils ont un regard très sain sur ce sport. Les choses sont bien différentes en Italie : là, si vous jouez bien, vous êtes le roi. Tout le monde vous ouvre les bras. Mais il te suffit de perdre deux ou trois matchs pour que tout le monde commence à te jeter la pierre. En Angleterre, si on gagne, on est aussi le roi ; mais si on perd, les gens disent : « Bon, il aura plus de chance la prochaine fois. » L'Angleterre montre un immense respect envers ses footballeurs. Tous les étrangers qui sont venus jouer dans ce pays ont noté la différence. Une différence dont les supporters anglais sont les derniers à se rendre compte, d'ailleurs, car ils ne voyagent pas beaucoup. Quand on joue en Angleterre, on a le droit de vivre sa vie. Et quand on rencontre un supporter de Tottenham ou de Manchester United, il ne vous insulte pas sous prétexte qu'on est à Arsenal.

Cela dit, les supporters les plus impressionnants sont ceux de Liverpool. Il faut les entendre chanter *You'll Never Walk Alone* en levant tous ensemble les bras – c'est incroyable, c'est fabuleux. L'ambiance qui règne dans leur stade est véritablement magique ; c'est le foot par excellence. L'équipe qui se déplace chez eux n'oublie jamais une expérience aussi étonnante. Quand je les ai entendus chanter à Anfield, j'en avais des frissons. Ce stade te laisse une impression extraordinaire. Il y a l'ambiance. Il y a tout ce que représente Liverpool. Il est évident qu'Anfield donne aux Rouges un surcroît d'énergie, mais le paradoxe veut qu'il en donne aussi à leurs adversaires qui eux aussi ont envie d'exceller, ne serait-ce que pour être digne du lieu, du terrain sur lequel ils évoluent, de l'histoire à laquelle ils apportent leur contribution !

À Londres, j'ai commencé par habiter près d'Edgware, en banlieue nord. Puis, les années passant, je n'ai cessé de m'éloigner du terrain d'entraînement et de me rapprocher du centre. Mon premier logement fut une petite maison charmante située à dix minutes du terrain. Elle m'appartenait. J'ai toujours acheté mes maisons. On m'avait dit qu'en Angleterre il valait mieux acheter, car on n'y perd jamais. Au pire, quand on s'en va, on revend au même prix. Cette maison, donc, était assez retirée, quasi à la campagne. Elle était entourée de plusieurs autres petites maisons typiquement anglaises. L'endroit était calme. J'y suis resté dix-huit mois, avant de déménager à Barnet, d'où je gagnais le terrain en vingt minutes. Cette deuxième maison était encore plus isolée. On y arrivait par une allée privée. Après Barnet, ce fut Hampstead. Là, je n'étais plus qu'à un quart d'heure du centre ville et à une demi-heure du terrain d'entraînement. Je suis resté deux ans à Hampstead. Et j'ai adoré. C'était une maison merveilleuse. Je crois que je ne n'avais pas fait une mauvaise affaire, même si le prix de l'immobilier, en Angleterre, me laissait sans voix. C'est encore plus fou qu'à Paris ou à Milan. Plus que partout ailleurs, en fait. En tout cas, je n'ai jamais vu nulle part de tels montants. Pour le prix de ma maison à Londres, j'aurais pu m'offrir la même à Paris avec deux piscines – une à l'intérieur et une autre dehors !

La question de la langue, maintenant. J'ai pris des leçons d'anglais pendant deux ou trois mois. Ensuite, j'ai fait de très rapides progrès en parlant avec mes coéquipiers. Cependant, peu après la fin de ma première saison, trois nouveaux joueurs étrangers ont signé à leur tour à Arsenal. Dès lors, le club a changé. L'équipe n'était plus seulement anglaise, mais se composait de joueurs venus des quatre coins du monde.

Le premier des trois fut le Portugais Luis Boa Morte, qui avait joué à Lisbonne dans l'équipe Espoirs. Il avait signé pour un montant d'un million soixante-quinze mille livres. Au même moment, Arsène Wenger parvenait enfin à recruter Marc Overmars pour quatre ans et pour sept millions de livres, au terme d'une saga monumentale. Marc était un international venu d'Ajax Amsterdam. Quatre ans : il avait le temps de récupérer de la blessure à la jambe qui l'avait empoisonné toute l'année. Enfin, le 12 juin, Arsène a acheté Emmanuel Petit. Emmanuel venait de l'AS Monaco. Et Arsène avait dirigé Monaco. Il avait joué un rôle clef dans la carrière d'Emmanuel qui, à vingt-six ans, n'avait pas encore atteint son vrai potentiel, même s'il avait déjà sa place dans l'équipe de France. Ce qu'il y avait de génial, avec Emmanuel, c'est qu'il pouvait jouer arrière central, arrière gauche ou milieu de terrain gauche – aucun problème pour trouver sa place dans l'équipe, donc.

J'étais enthousiaste de les voir débarquer tous les trois. C'était la preuve que l'entraîneur avait une vision des choses à long terme. L'équipe, composée quelques années auparavant par George Graham, avait désormais besoin de sang neuf. Et Arsène voulait recruter à l'étranger. Il avait commencé par moi, et comme les choses s'étaient bien passées, il avait bien l'intention de faire encore mieux. À la fin de ma première saison, j'avais pris confiance en moi. Je connaissais mes capacités, mais aussi celles du club. Je n'avais qu'une hâte, voir arriver la saison prochaine.

6

Mes premiers pas en bleu

Quelques semaines après l'Euro 96 en Angleterre, j'étais censé participer aux jeux Olympiques d'Atlanta. Cela faisait deux ans que je préparais ce tournoi, et catastrophe, je me blesse à peine arrivé sur place ! Étirement du ligament croisé antérieur. Trois semaines de repos. J'aurais préféré être touché au genou, ç'aurait été moins gênant. Heureusement, les Jeux avaient si bien commencé que j'avais déjà eu le temps d'engranger de formidables souvenirs. Nous étions installés dans une petite ville appelée Auburn. Les gens y étaient adorables. Ils nous accueillaient à bras ouverts, se mettaient en quatre pour nous. En plus, nous nous entendions à merveille avec les autres athlètes : les joueurs de tennis, les boxeurs et les gymnastes. Nous avons vraiment passé de bons moments avec eux. On discutait sport, compétition, entraînement. Voilà pourquoi ces jeux, en dépit de ma blessure, sont restés gravés dans ma mémoire comme une expérience inoubliable.

J'ai joué mon premier match international en équipe de France contre les Pays-Bas. J'ai même fait un échange de maillots avec Dennis Bergkamp qui comptait déjà parmi mes idoles. J'en avais trois à l'époque. D'abord, Frank Rijkaard, un joueur exceptionnel. Nous occupions la même place sur le terrain. Aussi m'inspirait-il beaucoup – la simplicité de son jeu, la force tranquille qui émanait de lui. Le Milan AC avait trois grands joueurs hollandais : Marco van Basten, Ruud Gullit et Rijkaard, mais le plus important des trois, c'était bien Rijkaard. Il faisait le plus gros du travail. Avec ses compatriotes, en cinq saisons, il avait tout de même remporté deux fois la Coupe d'Europe et deux fois le championnat italien. Après Rijkaard, ma seconde idole était Zidane. J'ai déjà dit combien je l'admirais, et pourquoi. Selon moi, Zizou est typiquement le gars qui aime faire briller ses coéquipiers. Dennis Bergkamp aussi possède cette qualité. Et voilà pourquoi ces trois joueurs figuraient dans mon panthéon personnel. Tous trois avaient le don de savoir pousser une équipe à bien jouer. Une telle compétence vient avec le temps et l'expérience. Et elle m'inspire une grande admiration. Mon admiration allait aussi à certains joueurs du passé – j'ai déjà dit tout le bien que je pense de Luis Fernandez. Mais si je devais distinguer les trois meilleurs internationaux des dernières années, je choisirais Rijkaard, Zidane et Bergkamp.

Avec Dennis, nous avons donc échangé nos maillots. Quelle ne fut pas ma fierté ! Il comptait parmi les meilleurs footballeurs du monde, et nous jouions dans le même club. C'était mon premier match en tant que joueur international. Bien sûr, j'avais été surpris d'apprendre que j'étais sélectionné. Ensuite, je l'avoue, je ne me suis jamais senti aussi nerveux. Finalement, tout s'est bien passé. Ce fut un moment très fort. Car c'était l'équipe de France Seniors ! Pas l'équipe Espoirs. Je jouais avec des gars du calibre de Laurent Blanc. J'étais au côté des grosses pointures. J'appartenais à la même génération que Robert Pires. Je pense que c'était sa deuxième ou troisième sélection en équipe de France. Je le connaissais déjà. Les autres, non. Je ne me rappelle plus avec qui je partageais ma chambre. Tout m'impressionnait, le contexte, les autres joueurs. Au début, j'y allais sur la pointe des pieds. Je me sentais comme un lapin dans les phares d'une voiture ! Quand vous ne connaissez personne, vous ne savez pas d'emblée comment vous débrouiller ! Mais j'étais décidé à tout faire pour apprendre.

Peu après ma sélection, le gars qui m'a le plus impressionné est Lilian Thuram. Pourtant il était jeune, lui aussi. Bon, peut-être pas parmi les plus jeunes. En tout cas, il ne faisait pas partie de la vieille garde ! On ne se connaissait pas encore à ce moment-là. Mais Lilian a toujours été doué pour nouer la relation avec les autres, en particulier avec les nouveaux.

En tout cas, personne dans cette équipe ne me faisait peur. Personne ne me mettait mal à l'aise. Aucun joueur ne cherchait à dominer les autres, ou à se mettre en avant. J'avais autour de moi des gens qui avaient envie de s'amuser et de passer de bons moments. Mais j'étais jeune encore. Je me tenais à l'écart. Après l'entraînement, si on me cherchait, on avait toutes les chances de me trouver dans ma chambre. Je n'étais pas du genre à crier dans les couloirs ou dans la salle de télé ! Si je voyais Laurent Blanc parler avec Marcel Desailly ou avec Didier Deschamps, je ne me mêlais pas à leur discussion. Je gardais mes distances et me contentais d'écouter.

Après l'Euro 96 en Angleterre, un certain nombre de joueurs ont décidé de quitter l'équipe de France. Une nouvelle génération arrivait. En un sens, une page se tournait. Un autre chapitre de l'histoire était en train de s'ouvrir. Cantona avait arrêté. Ginola était parti. Bernard Lama était remplacé par Fabien Barthez. En 1997, quand j'ai été appelé dans l'équipe, je me suis dit que j'avais une chance de participer à la Coupe du Monde en France l'année suivante. D'ailleurs Raymond Domenech s'était chargé de m'enfoncer cette idée dans le crâne. J'avais fait une bonne saison à Arsenal. J'étais manifestement ambitieux. Mais je n'allais sûrement pas crier la nouvelle sur les toits ! J'ai pensé que c'était déjà bien, d'être sur le banc de touche. Le premier choix, c'était Didier Deschamps – excellent. J'estimais avoir tout à apprendre de lui. Alors, pourquoi ne pas profiter de sa présence pour m'améliorer ? Certains journalistes, parlant de Dédé, ont commencé à dire qu'il n'en avait plus pour longtemps. Ils ajoutaient que je devais me préparer à le remplacer. Je n'étais pas d'accord ! Quoi qu'il en soit, nous nous entendions bien, Dédé et moi. J'avais un immense respect pour lui. Il est génial. Je l'adore en tant qu'homme. Sans parler du joueur. Peu importe les rumeurs qui ont circulé. Dédé n'a jamais changé de comportement à mon égard. Et il n'a jamais donné l'impression de penser que je représentais une menace pour lui. Notre relation a toujours été la même.

Avec Dédé, on peut discuter. Il parlait beaucoup des techniques de placement, du marquage, du travail défensif. Je suis persuadé qu'il aime ça, échanger des idées, ou passer les tactiques en revue. Ce rôle lui convient à merveille. Et je crois qu'il m'a jugé favorablement parce que je savais me tenir à ma place. Je n'ai jamais essayé de tirer parti des critiques que lui adressaient les journalistes. Ni de le poignarder dans le dos. Je lui ai toujours témoigné le plus grand respect, aussi bien sur le terrain que dans les interviews. Et je pense qu'il en est convenu.

Ce premier match, nous l'avons gagné. Voilà ce qui compte le plus pour moi... et le fait d'avoir fait l'échange de maillots avec Dennis ! Je l'ai gardé, celui-là ! Je l'ai toujours à la maison. Rangé avec celui de Paolo Maldini – souvenir du France-Italie en Coupe du Monde 98. J'ai aussi son maillot du Milan AC... et aussi celui de Roberto Baggio de ce même match France-Italie. Et encore celui que portait Salif Diao dans l'équipe du Sénégal, en huitièmes de finale de la Coupe du Monde 2002. Je l'ai dit, je ne suis pas porté à collectionner ce genre de choses, en principe. Mais j'aime échanger des maillots avec les footballeurs contre lesquels j'ai joué, ou que je connais bien. Je les range dans un sac. Ainsi je sais où ils sont. Un jour, je les ferai encadrer et je les accrocherai au mur. J'ai le maillot de Thuram à la Juve. Celui d'Antoine Sibierski à Manchester City. Antoine est un bon copain. Et un ami très cher. J'aimerais beaucoup avoir le maillot de Rijkaard lorsqu'il jouait au Milan AC ou avec les Pays-Bas. J'ai aussi plein de maillots portés par d'autres joueurs, enfermés dans un coffre – ils iront à mon frère.

Un an avant la Coupe du Monde, nous avons participé à une compétition internationale, le Tournoi de France. Il s'agissait de matchs d'échauffement. En amical. Je n'ai pas joué le premier contre le Brésil, mais j'ai joué celui contre l'Angleterre. Christian Karembeu s'est blessé, et j'ai eu la chance de pouvoir quitter le banc de touche. Encore un bon souvenir. C'était mon premier « grand tournoi » en équipe de France, en fait. L'énergie qui animait l'équipe ! Son enthousiasme ! J'ai adoré. Pourtant, c'est une époque où beaucoup nous attaquaient. Les journaux tiraient à boulets rouges sur Aimé Jacquet. C'est incroyable, la façon dont les médias l'ont traité ! Pour moi, Aimé était un très grand sélectionneur.

Je me sentais bien dans l'équipe. Plus vous entrez sur le terrain, plus vous êtes amené à connaître les autres, et plus ils vous connaissent. Du coup, on se sent de mieux en mieux. En ce qui concerne les soirées, j'avais pour compagnons Lilian Thuram, Bernard Lama, Christian Karembeu et Robert Pires. Robert, c'était notre pote, à nous autres les Noirs !

Personne n'avait prévu ce qui arriverait un an plus tard. Mes débuts au Stade de France furent étranges. Je me rappelle le premier match. On devait rencontrer l'Espagne. Il faisait très froid. Aimé est venu dans les vestiaires m'annoncer que je ne jouais pas.

– Pourquoi je ne joue pas ?

– Le terrain est gelé. Tu es trop grand. Tu ne pourras pas garder ton équilibre sur un terrain pareil.

J'étais pétrifié. Comment Aimé pouvait-il dire une chose pareille ? Ces mots sont restés gravés à jamais dans ma mémoire. Résultat, je n'ai pas mis les pieds sur le terrain de tout le match. Je suis resté sur le banc jusqu'à la fin. Quelle épreuve ! Je ne comprenais pas la raison d'une telle décision. En fait, j'étais convaincu qu'on m'avait raconté des histoires. Le terrain, la bonne excuse ! J'aurais préféré qu'Aimé ne me dise rien ! J'étais sûr de moi pour cette Coupe du Monde. Alors pourquoi Aimé ne m'avait-il pas fait entrer ? J'avais beau chercher, je ne voyais pas, même si je savais que je n'étais pas en premier choix à cette place sur le terrain. Certaines choses que m'a dites Aimé Jacquet continuent de me faire réagir, aujourd'hui encore.

7

Un bonheur nommé « Équipe de France »

Le Tournoi de France n'avait pas été merveilleux. Nous avions fait match nul contre le Brésil, puis contre l'Italie, avant de perdre contre l'Angleterre. Mais j'étais très jeune. Je pouvais encore prendre du recul vis-à-vis de ce genre d'échec. Je ne subissais pas la même pression que mes coéquipiers plus âgés. Je savais pourtant qu'il s'agissait d'une étape très importante, puisque notre horizon était occupé par la Coupe du Monde qui devait se jouer en France l'année suivante. Or, l'équipe de France traversait une mauvaise passe. Ses résultats n'étaient pas bons et les médias la surveillaient de près. Les critiques ont afflué de la part des journalistes et des supporters. À ce moment-là, personne ne nous croyait capables de gagner la Coupe du Monde. Reconnaissons-le, les matchs amicaux ne nous avaient pas réussi. Mais il est vrai qu'ils ne sont jamais faciles à jouer. Il leur manque un véritable enjeu. Cela dit, nous restions sereins.

J'avais toujours rêvé d'appartenir à cette équipe, mais je n'en étais encore qu'au début de ma carrière, et nombre d'excellents joueurs étaient aussi sur les rangs. Tout ce que je voulais, c'était franchir la porte. Une fois dans la place, je n'aurais plus qu'à faire mon chemin pas à pas. Mais serais-je sélectionné ? J'avais toujours eu des doutes à ce sujet. On imagine ma joie quand j'ai su que je figurais sur la liste des 28 joueurs appelés à s'entraîner à Clairefontaine ! Cependant je continuais de rester prudent. Je savais que 6 de ces 28 joueurs devraient quitter Clairefontaine, et ne participeraient pas à la Coupe du Monde. J'avais toutes les raisons de me réjouir puisque j'avais été sélectionné après les matchs de préparation du Tournoi de France. Mais je n'étais pas le seul ! Il y avait en piste des joueurs tels que Manu Petit, Christian Karembeu, Dédé Deschamps et Alain Boghossian – dit « Bogo, », sans parler de Sabri Lamouchi dont l'aura était certaine, et qui avait souvent compté dans les sélections, ou de Martin Djetou, qui espérait être pris aussi ardemment que je l'espérais moi-même. Bref, j'ai débarqué à Clairefontaine en essayant de me montrer aussi serein et détendu que possible.

Tout le monde avait l'esprit occupé par les mêmes doutes et les mêmes questions. Enfin, peut-être pas tout le monde. Ces inquiétudes concernaient surtout les joueurs qui, comme moi, appartenaient à la jeune génération : Thierry Henry, Nicolas Anelka, Robert Pires. Robert, cela dit, était peut-être un peu plus calme que nous. Mais la vérité, c'est que nous avions peur d'être renvoyés à la maison. Prenez un gars comme Pierre Laigle, par exemple. C'était un joueur confirmé. Pourtant, on lui a demandé de partir. En plus, il y avait beaucoup de défenseurs de milieu de terrain. Je ne voyais pas comment le choix allait pouvoir s'opérer. Néanmoins, on ne percevait pas de tension particulière entre nous. Les rapports étaient bons. Même si on en discutait soir après soir. Dans la journée, à l'entraînement, on n'y pensait pas trop ; mais au moment des repas, ou devant la télé, ou encore au massage, dès que se formaient des petits groupes, la question ne manquait jamais de revenir sur le tapis. Je formais un groupe avec Thierry, Robert, Martin Djetou et Nicolas. Autrement dit, la relève !

Je me rappelle très bien le soir où les six ont dû s'en aller. Nous venions de finir de dîner. Je ne sais plus si on était au bord de la piscine ou dans la salle de télé. Henry Émile, l'assistant et bras droit du sélectionneur Aimé Jacquet, est arrivé en disant que le boss souhaitait parler à certains d'entre nous. Aimé les verrait dans sa chambre à tour de rôle. Henry Émile a commencé à venir chercher un gars, puis un autre, et ainsi de suite. À la fin, il ne m'avait pas appelé. C'est comme ça que j'ai su... Je me suis dit : « Ça y est ! Tu es dans l'équipe qui va jouer la Coupe du Monde. » Quel bonheur ! Quelle fierté ! J'ai aussitôt téléphoné à ma famille – ma maman, mes oncles, mes grands-parents. J'ai appelé Cheryl aussi. J'ai compris que tous avaient attendu le résultat avec autant de stress que moi !

Je dois le dire, l'épisode a été pénible à vivre. Les gars qui se voyaient obligés de rentrer la maison avaient débarqué à Clairefontaine avec les mêmes espoirs et les mêmes rêves que les autres. Un certain nombre de joueurs ne s'étaient fait aucun souci : ils savaient qu'ils seraient choisis. Mais parmi ceux qui partaient, certains se montraient très surpris du résultat. Ibou Ba, par exemple, était presque sûr d'être pris. Je le pense, en tout cas. Même chose pour Nicolas Anelka qui traversait alors une excellente période. Je ne sais trop comment j'aurais réagi si j'avais été éliminé après cette sélection. J'ignore si une telle épreuve peut ruiner une carrière. Mais je suis sûr que ce n'est pas facile à gérer. Que ressentaient les gars exactement ? Impossible à dire. Ils se contentaient de lâcher d'un ton laconique : « C'est le bon choix. C'est comme ça. C'est la vie. » Mais ils avaient ce poids sur les épaules pour le reste de leur carrière.

Nicolas a fait ses valises immédiatement. Je me sentais proche de lui. J'ai eu du mal à trouver les mots pour le réconforter. Nicolas est plus timide qu'il n'y paraît. C'est d'ailleurs cette timidité qui peut quelquefois se transformer chez lui en arrogance. Les timides évitent le regard des autres, ou la discussion, simplement parce qu'ils sont mal à l'aise en société. Mais quand on se donne la peine de le pratiquer, on se rend compte que Nicolas est un gars bien.

Alors que lui dire, dans un tel moment ? Prétendre que ce n'est pas important, mais justement ça l'est ! Tu ne peux pas non plus feindre d'être désolé puisque tu es heureux d'avoir été pris. Alors le mieux, à mon avis, est encore de se taire. En tout cas, c'est ce que j'ai fait.

J'ai toujours pensé, et je n'ai pas changé d'avis, qu'il aurait mieux valu choisir les 22 joueurs dès le départ. Car c'est terrible de dire à la fin à six gars qu'ils ne font plus partie de l'équipe. Surtout que la Coupe se jouait en France ! Nous et nos familles espérions tous vivre l'événement de l'intérieur. Si j'avais été sélectionneur, je ne crois pas que je m'y serais pris comme Aimé Jacquet. L'épreuve a dû être rude pour lui aussi, cela dit. Mais je pense qu'il avait ses raisons pour procéder de cette manière. Peut-être n'était-il pas sûr de certains d'entre nous. Peut-être avait-il besoin de les voir évoluer pendant une semaine, et d'observer leur comportement dans un groupe au quotidien.

Un des facteurs qui nous ont conduits à la victoire, c'est l'ambiance qui régnait dans l'équipe tout entière. Entre ceux qui jouaient et ceux qui restaient sur le banc, ce n'était jamais tendu. Nos relations étaient marquées par un grand respect. Les non-titulaires ne se sentaient pas exclus. Aimé Jacquet, selon moi, avait travaillé dans ce but, et créé délibérément cette ambiance. Selon lui, ses joueurs devaient être capables d'accepter de ne pas jouer. Ils devaient être pleinement derrière l'équipe quand bien même ils ne mettaient pas les pieds sur le terrain pendant toute la durée du tournoi, et ne pas déprimer sous prétexte qu'ils ne jouaient pas. Voilà ce qu'il avait voulu vérifier à Clairefontaine. Et après la victoire, tout le monde a approuvé sa méthode !

Au début, je m'en tenais à l'idée selon laquelle je n'étais pas le premier choix du sélectionneur. Je me disais : « Tu es dans l'équipe de France, tu verras bien ce que ça donnera. Ce sera déjà formidable si tu as la chance de jouer un match, et encore plus si tu fais un bon match ! » J'avais tort de raisonner ainsi, et ces pensées trahissaient un manque d'ambition personnelle. Je m'estimais satisfait d'être sélectionné dans l'équipe de France. Je ne me fixais même pas pour objectif d'essayer de jouer aussi souvent que possible. De me faire une place au sein de l'équipe. J'en faisais partie et j'étais content !

Alors s'est ouvert ce nouvel épisode. Nous n'étions plus que 22 désormais. L'entraînement débutait vraiment, on passait aux choses sérieuses. Et pour moi, tout a changé. Au bout d'une semaine, d'une dizaine de jours peut-être, Aimé Jacquet nous a tous convoqués, l'un après l'autre, dans sa chambre. Il voulait s'entretenir en tête à tête avec chacun d'entre nous. Nous parler de notre façon de nous préparer, de nous entraîner, de nous comporter. Ce qu'il m'a dit ne m'a pas choqué, mais son propos est resté gravé dans mon esprit. Il pensait que j'avais tout fait pour jouer cette Coupe du Monde, mais il y mettait un bémol. Il exprimait une certaine déception : depuis ma sélection, il trouvait que mon travail n'était pas à la hauteur. Mon niveau d'entraînement ne lui semblait pas parfait. Il a établi une comparaison entre Emmanuel Petit et moi : lui, m'a-t-il expliqué, s'impliquait à fond, dans les sessions d'entraînement comme dans les matchs amicaux. Et moi je ne m'impliquais pas à fond. Résultat, Manu avait gagné sa place de premier choix pendant cette période de préparation à la Coupe du Monde ; et moi, j'avais perdu la mienne.

Même après cette conversation avec l'entraîneur, je n'ai pas eu l'impression d'afficher une trop grande déférence envers mes célèbres coéquipiers. C'était du respect, plutôt. J'avais beaucoup d'admiration pour Didier Deschamps. Pour les autres aussi, du reste. Mais sur le terrain, j'avais toujours été déterminé. Je n'avais jamais changé d'attitude. Il n'en demeurait pas moins que la Coupe du Monde m'impressionnait. J'étais intimidé, en fait. D'où ce manque d'ambition que j'avais manifesté. Le jugement d'Aimé Jacquet m'a aidé à réfléchir. Quelque chose me disait qu'il n'avait pas tort et que je pouvais faire beaucoup mieux.

En France, rares étaient ceux qui nous voyaient en finale de la Coupe du Monde. L'équipe était sous le feu de la critique. Et c'était un de nos principaux sujets de discussion. Nous savions que notre niveau de jeu était tout juste acceptable. Si nous voulions vraiment gagner, nous allions devoir nous améliorer considérablement. D'ailleurs, les journaux ne manquaient pas une occasion de nous taper dessus. Ça recommençait après chaque match. Du coup, la pression était forte. Et c'était un vrai souci. La plupart d'entre nous n'avaient pas l'expérience d'une attente aussi forte. Mais c'était la Coupe du

Monde ! Et elle se jouait en France. L'événement était appelé à marquer nos carrières. Et même nos vies. Telle était la réalité.

La pression ne fit d'ailleurs que s'accentuer. Mais nous devions être grandement libérés par notre première victoire 3-0 contre l'Afrique du Sud. Je n'étais pas sur le terrain lors de ce match. Je n'y étais pas non plus contre l'Arabie Saoudite, que nous avons battue 4-0. En revanche, j'ai joué les deux mi-temps contre le Danemark. Mais pas le huitième de finale contre le Paraguay – gagné de justesse 1-0 pendant les prolongations. Ni contre l'Italie en quart de finale – victoire encore plus juste emportée lors des tirs au but. Je n'ai pas joué la demi-finale contre la Croatie. Puis est venue la finale contre le Brésil ; et là, j'étais sur le terrain pendant le dernier quart d'heure.

Pourtant, il serait faux de dire que j'ai participé à cette Coupe du Monde en spectateur. J'ai pleinement et honnêtement joué mon rôle dans le groupe. Et peut-être était-ce le problème, justement. Je me contentais de jouer mon rôle. Je faisais ce que je savais faire. En dépit des observations d'Aimé Jacquet. Bien sûr, il avait réussi à me réveiller en me parlant comme il l'avait fait, mais son intervention était venue trop tard. Le temps que je réfléchisse, et que je commence à comprendre, la compétition était sur le point de s'ouvrir. Là-dessus, nous avons gagné notre premier match. Puis le deuxième. Alors pourquoi changer ? Toutefois, je dois admettre que les remarques d'Aimé Jacquet se sont révélées fort utiles par la suite. Au final, même si j'ai fait cette Coupe du Monde principalement sur le banc de touche, tout s'est bien passé pour moi. Certains matchs ont pourtant été difficiles, surtout le premier – les choses devaient s'arranger seulement après que Christophe Dugarry eut ouvert le score sur une tête. C'était un fait, nous étions tendus. Par chance est venu le match contre les Saoudiens : cette rencontre-là nous a permis d'entrer vraiment dans la compétition, de prendre confiance en nous et de jouer enfin un football plus offensif. Ensuite, nous avons rencontré le Danemark : 2-1. Un bon match. J'étais content de mon jeu. J'avais été bon. Mais le plus fort, c'est d'avoir été sur le terrain le jour de la finale. Un grand merci à

Marcel ! Car je ne m'attendais pas à la jouer, cette finale. Depuis le début, je restais la plupart du temps sur le banc, à regarder tranquillement le match, à en profiter. Puis on a demandé à Titi de s'échauffer. Ensuite est venu le tour de David Trezeguet puis celui de Dugarry. C'étaient des attaquants. Et les choses se présentaient plutôt bien depuis notre 2-0. Là-dessus, Marcel a pris un carton rouge. Pendant tout le tournoi, Manu et Dédé avaient représenté le premier choix pour la défense de milieu de terrain. Soudain, j'étais désigné ! Je suis entré dans la partie sans avoir vraiment conscience de ce qui m'arrivait, ni de l'importance de l'enjeu. Marcel était sorti, et j'étais rentré sans avoir l'intention de dépasser la ligne médiane. L'objectif, c'était de défendre à tout prix. Je me suis dépêché de trouver ma place. Je n'avais pas le temps de réfléchir, de toute façon. Ni de me poser des questions. Tout allait si vite. C'est pourquoi j'ai pu m'impliquer sans problème. En fait, nous avons passé le dernier quart d'heure à contre-attaquer. Et c'est comme ça que j'ai pu offrir à Manu une occasion de marquer.

Je me suis toujours senti impliqué pendant la Coupe du Monde. C'est normal. À ce moment-là, Roger Lemerre était l'assistant du sélectionneur. Il nous parlait. Il voulait que nous restions dans le coup. Il gardait un œil sur nous, de sorte que nous ne nous sentions jamais mis à l'écart. Au contraire, nous nous tenions prêts. On ne peut jamais savoir comment un match va tourner. Après tout, on peut avoir besoin de toi à tout moment. Mais ce dernier quart d'heure ! Dans dix ans, quand les gens se rappelleront la victoire de l'équipe de France en Coupe du Monde, quand ils visionneront nos trois buts, ils reverront les images de ma passe décisive ; et c'est pour moi une immense source de fierté.

Après le coup de sifflet final, ce fut la folie complète. Mais tout allait trop vite. Beaucoup, beaucoup trop vite. Dans un tel moment, on sait que l'on a gagné la Coupe du Monde, que l'on vient d'accomplir un exploit extraordinaire, mais la signification profonde de toute l'affaire, on ne la saisit pas encore. C'est trop près. Impossible de se dire : « On a battu le Brésil en finale de la Coupe du Monde ! ». C'est comme un rêve. En plus, 3-0 ! C'était vraiment incroyable. Sur le terrain, c'était la fête. Ensuite, est venu le moment où j'ai pu brandir la coupe. Et là, je me suis dit : « C'est la Coupe du Monde ! ». Tu la prends dans tes mains. Tu l'étreins. Tu la lèves le plus haut possible. Nous avions tous vu de grands footballeurs accomplir ce geste à la télévision. Enfant, j'avais vu Pelé soulever la coupe. Beckenbauer aussi. Il suffit de regarder les yeux du joueur pour comprendre ce qu'il éprouve à cette minute-là. Et maintenant, c'était mon tour. J'étais entièrement absorbé par ce qui se passait. Par ce rêve. Je vivais un rêve. Moi aussi, j'avais gagné la Coupe du Monde !

Certaines images me sont restées en mémoire. David Trezeguet à la fin du match, notamment. Lui qui donnait l'impression de n'avoir pas d'émotion. Là, il s'est lâché ! Et Youri Djorkaeff ! Quel bonheur fut le sien ! C'est mon souvenir le plus fabuleux. Après le match, une fête nous attendait à Clairefontaine. Une réception en notre honneur. Youri était comme un gosse. Son émotion m'a beaucoup surpris, vu son comportement habituel. Il faisait des bonds ! Il dansait. Il chantait. Il flottait sur un nuage. Il était au paradis ! Tous, nous étions transportés. Nous venions de passer six semaines ensemble, nous ne voulions plus nous séparer ! Nous avions gagné, et c'était la preuve du bon état d'esprit qui régnait entre nous. Ce bon état d'esprit si nécessaire dans une équipe. Bien sûr, Clairefontaine est un endroit merveilleux. C'est un superbe terrain d'entraînement. Mais il n'empêche... Au bout de deux ou trois semaines, on peut être amené à se dire : « Assez ! ». Or, ça n'avait pas été le cas. Et c'est aussi pour cette raison que nous avons gagné. Chose extraordinaire, pendant toute la Coupe du Monde, il n'y a pas eu le moindre signe de conflit entre nous. Pas de querelle. Rien. La relation établie était magique. Alors, nous avons décidé, après ce résultat, de créer l'Association France 98 qui organise des matchs de bienfaisance. Nous avons continué de nous regarder tous avec le même respect. L'ambiance entre nous est restée formidable.

Cela dit, Clairefontaine ne m'a pas du tout manqué après notre départ. C'était fantastique de voir l'atmosphère qui régnait dans le pays. J'en avais une idée par la télévision, mais je ne m'attendais pas à une telle folie. Les Français étaient dingues de leur équipe ! Il y eut cette descente des Champs-Élysées. Extraordinaire ! Deux mois plus tôt, un doublé avec Arsenal, et maintenant, la Coupe du Monde ! Les Champs-Élysées envahis par une marée humaine. Une pure magie. Je n'avais pas peur. À aucun moment je ne me suis dit que ces gens – plus d'un million de personnes peut-être – risquaient d'être écrasés, ou étouffés. Je me laissais porter par le bonheur. Leur bonheur. Le nôtre. Le mien. Enfermés à Clairefontaine, nous ne pouvions avoir conscience de l'enthousiasme au-dehors. À bien des égards, nous vivions en vase clos, coupés du monde. Nous n'avions que la télé pour savoir connaître les réactions du public. Bien sûr, il y avait eu aussi cette foule qui nous avait suivis lorsque nous avions pris la direction du Stade de France le soir de la finale. Et cet hélicoptère qui s'était mis à tourner au-dessus de nos têtes ! Ça aussi, c'était fou !

Mais tout a une fin. Il a fallu se séparer. Chacun a repris sa route. Le chagrin était là. Tout s'était tellement bien passé ! Nos plus folles espérances avaient été comblées. Nous venions de vivre une expérience qui, sans doute, ne se représenterait jamais plus. Et nous ne pouvions même pas continuer à la savourer, ni échanger nos impressions, nos souvenirs, nos sentiments. Après la descente des Champs-Élysées avec le bus, chacun est parti en vacances de son côté. Nous n'avons pas pris le temps de prolonger le bonheur ensemble. Nous devions reparler par la suite de l'événement. Et prendre conscience du lien qui s'était créé entre nous à l'occasion de cette extraordinaire aventure collective.

À la seconde où nous mettions le pied sur le terrain, chacun se concentrait sur son propre boulot. Marcel, en particulier, était étonnant. Mais il y avait aussi Bixente Lizarazu, Lilian Thuram, Laurent Blanc. Eux aussi étaient fabuleux. Sans parler de Fabien. Liza et Thuram étaient des joueurs très expérimentés et avaient toujours travaillé extrêmement dur pour rester au top niveau. C'étaient vraiment des bosseurs. Des acharnés. Il suffisait de les voir à l'échauffement. L'énergie qu'ils déployaient à chaque session d'entraînement ! Voilà ce que j'appelle des pros. Leur attitude à tous les deux m'inspirait le plus grand respect. Marcel, lui, répondait exactement à l'objectif visé par l'entraîneur : « Tu joues à l'entraînement comme si tu étais dans un match. » Et s'il y avait un match important à jouer, il répondait présent. Et quelle façon de prendre soin de lui ! C'était proprement unique. Non seulement il avait une immense confiance en lui, mais ce qu'il dégageait était inouï. Mais ce qui m'impressionne le plus dans la personnalité de Marcel, c'est la connaissance qu'il avait de lui-même. Quant à Laurent Blanc, il incarnait la classe. Tout ce qu'il faisait était accompli avec simplicité. Jamais un mot déplacé chez lui, jamais un mauvais geste. Ça nous a fait un coup, quand il s'est fait sortir par l'arbitre en demi-finale contre la Croatie. Cela voulait dire qu'il ne jouerait pas la finale. Les Croates avaient exploité l'incident au maximum. D'accord, Laurent avait mal réagi au coup de Bilic – un coup très violent –, mais nous étions tous écœurés.

Les grands footballeurs sont mentalement très durs. Et ceci indépendamment de leur puissance technique. Mentalement, nous formions une équipe capable de tout endurer. Nous arrivions à définir un objectif, et à l'atteindre. Pourquoi ? Parce que nous étions durs mentalement. Et puis certains d'entre nous jouaient dans l'affaire un rôle de la plus haute importance. Les rôles dominants étaient tenus par Lizarazu, Lilian, Marcel et Dédé. Je ne parle pas seulement de ce qui se passe sur le terrain, mais aussi de l'entraînement, et de la vie quotidienne.

Lilian Thuram ! À mon avis, il n'a toujours pas compris comment il s'était débrouillé pour marquer deux buts contre la Croatie. Et du pied gauche, en plus ! Il faut croire que c'était son jour. Quand on pense à ce qu'il a accompli, tant dans sa vie professionnelle que dans sa vie privée, on ne peut s'empêcher de se dire qu'il a mérité sa récompense. Il était destiné à l'avoir – j'en suis sûr. Comme nous étions destinés à nous qualifier pour la finale en marquant ces deux buts. C'était écrit.

Reste Zizou. Là, on est en pleine magie. Deux buts de la tête. C'est la définition même du très grand joueur – capable de sortir le grand jeu quand c'est nécessaire. Il a joué un rôle clef dans cette victoire en Coupe du Monde.

Après la compétition, nous avons été décorés de la Légion d'honneur par le chef de l'État en personne. J'en ai conçu une grande fierté et une immense satisfaction. Je pensais à ce que représentait une aussi prestigieuse récompense pour ma famille et pour moi. Désormais mon grand-père pouvait dire : « Mon petit-fils a la Légion d'honneur ! », et c'était une nouvelle fantastique. Je crois qu'il est aussi fier de cette décoration que je le suis de ma Coupe du Monde. C'est d'une incroyable portée symbolique à ses yeux. Cela dit, je ne porte pas ma décoration au revers du veston, je la garde à la maison dans un coffre. Quand je serai plus âgé, je la mettrai, c'est sûr – pour aller au stade, par exemple.

Notre victoire nous a valu une popularité incroyable. Nous étions quasiment devenus des dieux. Nous n'étions pas seulement populaires en tant qu'équipe ou en tant que joueurs individuels. Le football occupait désormais une plus grande place dans le cœur du public. Le prestige de notre sport venait de faire un immense bond en avant.

Entre la Coupe du Monde et l'Euro 2000, nous avons changé d'entraîneur. Aimé Jacquet a cédé sa place à Roger Lemerre. Dès lors j'ai été sélectionné de plus en plus souvent, même lorsque je n'étais pas considéré comme premier choix automatique. Quand est arrivé l'Euro 2000, j'avais bien plus confiance en moi qu'à l'approche de la Coupe du Monde. Étrangement, ces quinze minutes passées sur le terrain en finale m'avaient permis d'acquérir une assurance incomparable. Depuis, j'étais plus calme, donc plus apte à me distinguer. Sans vouloir être prétentieux, je pense que je me faisais davantage entendre. J'étais moins timide, moins réservé au sein de l'équipe, même si je n'avais rien perdu de mon respect envers des hommes comme Dédé ou Marcel, ou encore Bogo qui était avant moi dans l'ordre des préférences, donc plus fréquemment titularisé.

Les médias ont exercé leur pression. Ils me voyaient prendre la place de Didier comme premier choix automatique. Je l'ai senti, et

Didier aussi. Je savais que la presse voulait me mettre en première ligne et cela me mettait très mal à l'aise. J'avais du mal à me positionner vis-à-vis de Dédé, je ne voulais rien dire ou faire qui l'aurait offensé ou contrarié. Je l'aime beaucoup, et je pense qu'il le savait. Il est venu me voir et m'a dit : « Quoi que disent les journaux, il ne faut pas que ça se dresse entre nous. Quoi qu'il arrive, on fait front ensemble. D'accord ? »

Il avait parfaitement compris et exprimé les choses. Je lui voue pour cela une admiration infinie. Étant donné la pression qu'il devait supporter, il aurait très bien pu essayer de m'intimider. Mais sans doute avait-il apprécié ma discrétion à sa juste valeur. Je ne m'étais jamais exprimé devant les journalistes sur le thème : « Je mérite une sélection et j'ai envie de jouer. » J'avais toujours gardé la bonne distance. Et mon respect envers lui était intact.

Cela étant dit, je méritais de jouer moi aussi ! Cette conviction était profondément ancrée en moi. Le problème, c'est que l'équipe gagnait, même si elle avait eu du mal à se qualifier pour le Championnat d'Europe. Et il est difficile de changer une équipe qui gagne. Mais je ne comprenais pas pourquoi Bogo jouait et pas moi. Je ne disais rien. En même temps, il est parfois nécessaire d'avoir un Dédé sur le terrain. Certes, j'aurais peut-être apporté davantage que lui. J'étais meilleur quand il s'agissait de monter à l'avant. Meilleur attaquant aussi. Mais je ne me croyais pas capable d'être aussi bon que Dédé en jeu de position. Et j'étais moins doué que lui pour lire le jeu.

Pendant la Coupe du Monde, l'équipe de France avait misé sur sa puissance défensive. À l'Euro 2000, elle s'est appuyée sur sa force d'attaque. Et c'est la qualité des joueurs qui fait la différence. Pendant la Coupe du Monde, nous avions eu Guivarc'h et Dugarry à l'avant. Ensuite ils ont été remplacés par Thierry Henry, Nicolas Anelka et David Trezeguet.

Aucun match de l'Euro 2000 ne fut facile. Nous avons gagné les principaux matchs, c'est tout, et sur le fil du rasoir. Mais pour moi, ce tournoi reste un souvenir exceptionnel. J'y ai vécu des moments encore plus intenses que pendant la Coupe du Monde – je ne parle pas des émotions éprouvées, mais de l'impression générale que l'expérience m'a laissée. C'était beaucoup plus fort, beaucoup plus puissant. La préparation fut plus intense, la compétition aussi. Je n'ai pas joué le premier match contre le Danemark, mais j'ai joué le deuxième contre la République Tchèque. Ce fut le début d'un enchaînement de plusieurs matchs auquel j'ai participé en me disant que j'étais en train de conquérir mon statut de premier choix automatique.

Contre les Pays-Bas, nous menions 2-1 à la pause. Edgar Davids avait compté parmi les cinq ou six meilleurs milieux de terrain défensifs des dix dernières années. Et j'avais toujours aimé avoir en face de moi des footballeurs dotés d'une vraie personnalité. Edgar Davids est un bagarreur. Un gagneur. Il déteste perdre. Il a horreur d'être mis en difficulté. Résultat, ce fut un match fantastique. Nous l'avons perdu, certes, mais il s'est révélé une formidable partie de plaisir. Après le coup de sifflet final, nous nous sommes aperçus que cette défaite était une bonne chose. Pour nous, la compétition se poursuivrait désormais en Belgique. Nous n'aurions pas à aller en Hollande, ce qui nous était plus favorable. Cependant, nous n'avions pas l'habitude d'entrer sur le terrain pour perdre !

Je pense que mes quinze minutes de présence en fin de match contre le Brésil pendant la Coupe du Monde ont été déterminantes pour moi. À un niveau psychologique, dirais-je. Grâce à cet épisode, je me suis préparé différemment à affronter l'Euro 2000. Je me suis souvenu des paroles d'Aimé. Je voulais que l'on comprenne que j'avais envie de jouer ; j'étais aussi ambitieux que Manu Petit, et on n'allait pas tarder à le savoir.

Je ne voyais pas de différence entre Aimé et Roger. Ce changement d'entraîneur ne signifiait pas grand-chose pour moi. À ce moment-là, dans l'équipe de France, nous avions tout. La qualité de jeu, et un groupe uni. Nous attaquions le Championnat d'Europe des Nations avec la même solidarité qui avait prévalu pendant la Coupe du Monde. Ce genre de compétition, très dure, il vaut mieux l'aborder en étant bien ensemble, pour avoir une chance d'aller jusqu'au bout. Bien sûr, des petits groupes s'étaient formés dans l'équipe, mais pas de clans. Rien de malsain. L'ambiance restait excellente. Fatalement, on se sent des affinités avec certains joueurs comme, dans la vie de tous les jours, on est plus proche de certaines personnes. Ces groupes se composaient de cinq ou six personnes. Moi, j'étais avec Nicolas, Thierry, Robert – jamais nous ne nous sommes si bien amusés. Le soir, on écoutait de la musique. Bref, l'Euro 2000 fut un bon moment.

Thierry a profité de ce tournoi pour gagner de la confiance en lui. Il a essayé plein de nouvelles choses. Avec Arsenal, il était capable de s'emparer de la balle, de dribbler deux ou trois joueurs et d'aller marquer, alors qu'avec la France je le sentais se retenir un peu – je le connais assez pour pouvoir le dire. En fait, jusque-là, il ne s'était pas senti assez libre mentalement pour se lancer dans ce genre de réalisations. Mais pendant l'Euro 2000, il s'est complètement libéré. Pour moi, Thierry représente vraiment cette génération de buteurs qui pouvaient tout se permettre.

Le quart de finale à Bruges contre l'Espagne est peut-être un des plus beaux matchs qu'il m'ait été donné de jouer ! Il y avait tout. L'émotion, la tension, les buts, les coups de théâtre. À la fin d'un tel match, on est complètement vidé, physiquement et mentalement. Et quand on gagne un tel match, tout ce que l'on veut, c'est recommencer ! Ce jour-là, j'occupais le milieu de terrain avec Dédé. Manu était malade – un virus l'avait empêché de participer aux entraînements. Puis est venue la demi-finale contre le Portugal. Là, nous étions tous les trois sur le terrain. Et ce fut une partie très compliquée. Au cours des autres matchs, nous avions toujours ouvert le score. Cette fois, c'est Nuno Gomes qui a marqué le premier but – un tir incroyable. Il a vraiment fallu se serrer les coudes pour parvenir à égaliser, et ça exige avant tout une force mentale. Mais nous avons montré que nous étions à la hauteur du défi. Nous avons exprimé notre détermination. Fabien a été génial – il l'a été tout au long du tournoi. Je me rappelle la tête d'Abel Xavier, le défenseur portugais. Un corner devait être tiré par les Portugais, ou un coup franc. J'étais censé marquer Xavier. Il tire de la tête. Fabien arrête la balle je ne sais comment ! J'ai mis plusieurs secondes à me rendre compte que Fabien venait de me sauver la vie. Si Xavier avait marqué ce but, nous étions morts. Et le cours de ma carrière en aurait sûrement été modifié. À la fin des prolongations, nous bénéficions d'un penalty. Une main que l'arbitre n'avait pas vue. Heureusement, le juge de touche l'avait vue, lui ! Zizou tire ce penalty comme on tire un coup franc. Un tir brossé dans la lucarne. Il court rejoindre Dugarry, sur le banc de touche. Un grand moment !

La finale contre l'Italie nous inquiétait beaucoup. La plupart d'entre nous jouaient dans le championnat italien, et nous savions très bien quel genre d'épreuve nous attendait. Pour ce qui est du match proprement dit, l'Italie a peut-être sorti un jeu moins spectaculaire que ceux de l'Espagne ou du Portugal. Mais en terme de discipline, ils se sont vraiment montrés très forts. Pour ma part, j'avais pensé que tout irait bien. Tous ces joueurs qui évoluaient dans les clubs italiens ne pouvaient qu'avoir envie de gagner ! Hélas, nous n'avons pas été bons.

Il faut dire que l'Italie a ouvert le score. Et nous savions tous que c'était un mauvais cas de figure. En principe, quand l'Italie prend la direction des opérations, on a du souci à se faire. J'ai compris que le match allait être très dur. Oh ! je ne me suis pas dit que c'était fichu – mais les choses ne se présentaient pas bien. On s'est battu, c'est le moins que l'on puisse dire. Nous avons essayé de jouer un football plus direct... mais ça ne réussit pas à chaque fois. Et on peut faire confiance aux Italiens pour savoir garder un avantage ! Dans les dernières secondes du temps additionnel, Fabien dégage. David Trezeguet enchaîne sur une tête. La balle est reprise par Sylvain Wiltord qui tire. Sa balle passe sous le bras de Toldo, le gardien italien. Le ballon est dans le filet. On est à la toute dernière seconde du temps additionnel. Je crois que ce but a tué les Italiens. Sur le banc de touche, ils étaient déjà tous prêts à enlever leur survêtement et à bondir sur le terrain – sûrs d'avoir gagné. Et là, le tir extraordinaire de Wiltord ! Thierry était sur le banc à ce moment-là. Il a senti que les gars à côté de lui se raidissaient. Il leur a dit de se rasseoir. Tout était allé tellement vite ! D'abord, les

Italiens avaient ouvert le score. Et nous nous étions dit : « Comment on va pouvoir égaliser ? », puis nous avions égalisé. Et les Italiens s'étaient dit : « Là, on est morts. » Maintenant, je les regardais. Ils avaient l'air d'avoir reçu le ciel sur la tête. Aujourd'hui encore, je suis sûr que si on leur demandait comment ils ont pu se faire remonter à la dernière seconde, ils répondraient qu'ils n'en savent rien.

Pendant, les prolongations, ils étaient à bout de forces. Nous allions finir par marquer ce but en or, nous le savions. C'était juste une question de temps. Alors, Pires s'est lancé dans une de ses attaques lentes sur le côté gauche. Il a dégagé au centre vers David qui a fini le travail. Un vrai tir de buteur. Une frappe du pied gauche tirée par un joueur qui ne doute pas.

Pourtant David n'a pas toujours eu des moments faciles pendant cet Euro 2000. Il n'appréciait pas beaucoup de rester la plupart du temps sur le banc. Car David, ce qu'il veut, c'est être sur le terrain ! Et ce but qu'il devait marquer en finale n'est pas à la portée de beaucoup de footballeurs. La passe de Robert était un peu haute, et elle lui arrivait sur le pied gauche. La façon qu'il a eue de trouver l'équilibre pour récupérer le ballon ! Une prouesse technique, pour un buteur ! Et dans cette prouesse, il y avait notre but en or. David a ôté son maillot. Roger Lemerre courait vers le drapeau de corner. J'étais tellement exténué que je commençais à avoir des crampes. Mais nous avons trouvé l'énergie de courir. Ce fut encore un instant magique. Je ne sais pas s'il existe quoi que ce soit qui puisse être comparé à cette impression-là. En tout cas, on ne le vit pas tous les jours.

Bien sûr, nous pensions à la Coupe du Monde. Au doublé que nous venions de réaliser. On en parlait. Quels moments nous avons vécus ensemble ! C'est incroyable ! Lizarazu disait que nous n'avions pas pris le temps de savourer notre victoire en Coupe du Monde. Eh bien, l'Euro 2000, on l'a savouré ! Nous n'arrivions plus à quitter le terrain. Dédé, Lilian, Thierry, Robert... On est restés un sacré moment à discuter. Couchés sur la pelouse. Rien que pour s'immerger dans ce qui venait de se produire. On n'arrêtait plus de répéter : « C'est incroyable ! On a gagné la Coupe du Monde ! Et maintenant le Championnat d'Europe ! ». Nous avions le trophée. Il était là. À nous. Et nous, tout ce qu'on voulait, c'était rester couchés sur le terrain pour profiter de cet incroyable moment, afin de le graver à jamais dans nos mémoires.

J'avais vingt-quatre ans. Du point de vue de ma carrière comme international, j'avais gagné tout ce que je pouvais gagner. Mais on a toujours envie d'aller plus loin, de faire encore mieux. En tout cas, j'étais comme ça. J'en voulais toujours davantage pour mon équipe. Et je voulais encore améliorer mon niveau de jeu.

Quelquefois, on cède à l'orgueil. On se dit qu'on a gagné la Coupe du Monde et l'Euro. À vingt-trois, vingt-quatre ans, on a accompli quelque chose de grand, réservé à quelques professionnels seulement. Et le fait d'y penser vous remplit de fierté. J'ai toujours été très conscient de mes succès. Je les ai toujours savourés. Les Anglais m'ont manifesté beaucoup de respect du fait de l'exploit réalisé par l'équipe de France. J'ai reçu énormément de compliments de leur part. En effet, il étaient nombreux à douter de nos capacités à remporter une telle victoire. En fait, nous avons réussi à modifier le regard du public sur les Bleus. Et c'est peut-être de ça que je suis le plus fier.

8

Le blues des Bleus

J'étais mort de fatigue quand j'ai rejoint la Coupe du Monde en Corée du Sud et au Japon en 2002. Mort. Je n'avais pas manqué un seul match de l'équipe de France. J'avais joué énormément pour Arsenal, avec qui nous venions de remporter un nouveau doublé. J'étais exténué – physiquement et mentalement. Pire encore, je le savais. J'en étais conscient. J'avais eu tort de jouer tous les matchs amicaux de la saison. En tout cas, j'avais ma part de responsabilité dans le fait de n'être pas en forme. N'avais-je pas joué contre la Corée du Sud quelques jours seulement avant l'ouverture du tournoi ? Alors même que je ne me sentais pas d'attaque à cent pour cent ? C'est là que se situait l'erreur. J'aurais dû en parler à Roger Lemerre, le sélectionneur. J'aurais dû lui dire que j'avais besoin d'un peu de repos. Mais j'étais dominé par cette idée : « Je veux jouer tous les matchs ! ». Or, je n'aurais jamais dû affronter les Sud-Coréens à la veille du tournoi. Ce match n'avait pas grande signification pour nous, même si nos adversaires devaient donner tout ce qu'ils avaient dans le ventre, comme s'ils étaient en finale.

Mais je suis fait comme ça. Je veux jouer. Toujours. Partout. Je me disais à chaque fois que j'étais jeune, que je récupérais vite, donc pas de problème. Je refusais de voir le mauvais côté des choses. En plus, c'était l'équipe de France ! Quand on est dans l'équipe de

France, on a fatalement envie d'aller sur le terrain à chaque match. Après notre échec, on nous a reproché de nous être lancés dans ces longues tournées au Chili et en Australie. Mais j'avais eu envie d'aller en Australie ! Je n'avais jamais joué au foot là-bas. Bon, nous n'avons pas vu grand-chose du pays, en définitive, à part le zoo de Melbourne. Et quand j'y réfléchis, je me rends compte que ce voyage était une erreur. Je n'aurais pas dû y aller. Je suis persuadé que je serais arrivé beaucoup plus frais dans la compétition, si je m'étais dispensé de ces tournées.

Autre gros problème : la blessure au genou de Robert Pires. Il s'était blessé à Highbury, en jouant contre Newcastle plus tôt dans la saison. Henry dans l'incapacité de jouer, nous nous retrouvions avec un handicap assez lourd. Surtout qu'il avait fini par trouver sa place dans l'équipe. Et il était en grande forme, en plus ! Cela dit, sur le moment, nous pensions avoir en nous les ressources suffisantes pour surmonter ce handicap. Puis le tournoi a commencé... et nous avons compris combien ce joueur nous faisait défaut – il avait toujours une solution pour tout ! Quant à Zizou, il s'est blessé, lui aussi, pendant le match contre la Corée du Sud. Et ça n'a pas été un mince problème. Forcément ! Avec un Zizou dans son équipe, on se sent beaucoup plus fort. Là, on a commencé à se dire qu'on était mal. Tant de choses reposaient sur ses épaules. Tous, nous nous appuyions sur lui. Nous nous sommes retrouvés pour ainsi dire livrés à nous-mêmes.

La manière de nous préparer, aussi, est critiquable. Un entraînement de quinze jours ! Pas plus ! J'ai senti que les entraîneurs faisaient comme bon leur semblait sans tenir compte de l'état physique des joueurs pris individuellement. Or certains gars, dont moi, avaient joué jusqu'à soixante-dix matches au cours de la saison ! Quand d'autres n'en avaient qu'une vingtaine dans les jambes. Là-dessus, il a fallu nous entraîner tous ensemble. Au même rythme. C'était un problème – *le* problème, selon moi. Il a été dit que notre échec dans cette Coupe du Monde devait être attribué à un surcroît d'engagement avec les sponsors. Nous en avions tous beaucoup trop, pensaient certains. Une telle analyse est absurde. Nous n'avions pas plus d'engagements que les années précédentes. Il ne faut pas chercher dans le sponsoring l'origine de notre défaillance. En fait, nous n'étions pas bien préparés. Plusieurs joueurs étaient déjà fatigués avant d'attaquer le tournoi – et c'était mon cas. Voilà pourquoi nous n'avons pas joué à notre niveau. Fin de l'histoire.

Robert blessé, puis Zizou blessé. Là-dessus, le boss décide de ne pas changer de tactique. On nous a beaucoup reproché de ne pas être intervenus à ce moment-là. Sauf que Lemerre n'est pas trop du genre influençable ! C'est même un gars assez têtu. Une vraie tête de mule, en fait. Quand il a pris une décision, il s'y tient. La tête sur le billot, il ne changerait pas d'avis ! Nous avons bien essayé de lui suggérer deux ou trois idées. Sur le plan tactique, disons. Comme Zizou n'irait plus sur le terrain, la meilleure solution aurait sûrement consisté à jouer avec trois défenseurs en milieu de terrain – moi au centre, Claude Makelele à droite et Emmanuel Petit à gauche.

J'ignore si Zizou est allé voir Lemerre dans sa chambre pour essayer de discuter avec lui, mais je sais que certains joueurs l'ont fait. J'ai moi-même abordé le sujet, juste avant le match contre le Sénégal. Nous sentions qu'il nous manquait quelque chose. Nous n'avions plus Zidane. Nous n'avions plus Pires. Nous ne pouvions pas garder le même système de jeu. Et nous nous demandions si le système 4-2-3-1 allait encore pouvoir fonctionner. Là-dessus, nous nous faisons battre par le Sénégal. Je remets le débat sur le tapis, autour d'un café avec Thierry. Le boss arrive. On se met à discuter. À la fin de cet échange, nous avions l'impression que le boss avait compris. Mais le lendemain, il est reparti sur la même tactique. C'était son idée. Il refusait d'en démordre.

Contre l'Uruguay, Thierry ne se sentait pas bien. Ça se voyait. Il aurait voulu jouer en attaque avec David Trezeguet, mais Lemerre l'avait mis au milieu. Personne n'avait compris. Pour nous, il était évident que Thierry devait jouer à l'avant ! La décision de Lemerre lui a coupé les jambes. Mais Lemerre est comme ça. Dans la vie de tous les jours, il est charmant. Délicieux, même. On peut parler de tout avec lui. Sauf des positionnements tactiques. Sur cette question, Lemerre est têtu comme un mulet. On m'opposera que Lemerre était notre sélectionneur quand nous avons gagné l'Euro 2000. D'accord. Mais à ce moment-là, l'équipe avait en son sein un Laurent Blanc et un Didier Deschamps, deux hommes capables de lui tenir tête. Et puis l'Euro, qui s'était joué en Belgique et aux Pays-Bas, arrivait dans la foulée de notre victoire en Coupe du Monde de 1998. Autrement dit, dans une situation bien meilleure. En 1998 et en 2000, nous disposions de la même équipe, structurée de la même façon. Ensuite, Didier et Laurent ont raccroché leurs crampons. Eux qui étaient nos anciens ! Eux qui en un sens nous montraient le chemin ! Il y avait là aussi un élément clef de la situation. Roger Lemerre aurait dû s'en rendre compte.

Une mauvaise préparation, donc. Voilà ce qui a pesé sur nous en 2002. Le genou de Thierry. Zizou et Robert, blessés aussi. Et nous avons attaqué comme ça notre premier match contre le Sénégal.

Le Sénégal... Le résultat du tirage au sort m'est parvenu alors que je faisais un petit break dans un hôtel avec Arsenal. Ma première réaction a été de me dire : « Incroyable ! ». Un cadeau du ciel. Le Sénégal ! Le pays où j'étais né, où j'avais vécu jusqu'à presque huit ans ! Puis j'en ai parlé avec mes parents, avec ma famille. Tout le monde partageait le même avis : c'était extraordinaire. Il me restait de la famille là-bas. Aujourd'hui encore, je leur parle au téléphone. Enfin, c'était le match d'ouverture ! La cerise sur le gâteau. Et pour moi, le tirage au sort idéal. Le jour du match, j'ai mis tout cela de côté dans un coin de ma tête. Et le soir aussi, hélas. Car nous n'avions pas vraiment joué notre meilleur football. L'équipe avait durement ressenti l'absence de Zizou et de Robert. Mais nous n'avions pas bien joué, quoi qu'il en soit. Il n'y avait là rien de surprenant, du reste. Cela faisait quelque temps que nous n'étions pas à notre niveau. La même situation se répétait, en fait.

Certains pensaient que nous avions pris la grosse tête, et je crois qu'ils n'avaient pas tout à fait tort. Nous n'avions cessé de gagner des matchs ! Qui sait si nous n'étions pas devenus des joueurs satisfaits ? Peut-être avions-nous trop confiance en nous, et fini par prendre un mauvais pli. Par nous croire supérieurs. Avant même de commencer à jouer, nous étions déjà persuadés d'avoir gagné ! Nous descendions sur le terrain comme pour une promenade de santé. Nous avions oublié les valeurs qui font du football un sport magnifique. Résultat, nous avons pris une claque.

Je repense à cette défaite contre la Belgique. Elle ne nous avait même pas perturbés. Nous ne redoutions pas non plus de jouer contre la Corée du Sud. Nous étions trop confiants ! Nous pensions être à notre meilleur dès le début du tournoi. Avant, c'étaient des matchs amicaux. Donc ça ne comptait pas. Nous pouvions les perdre, ce n'était pas inquiétant. Nous pensions que, le jour venu, nous serions mentalement à la hauteur de l'enjeu. Après seulement, petit à petit, au fil des matchs, nous avons commencé à comprendre notre erreur. Et soudain une idée terrible s'est imposée à nous : nous ne savions même plus ce que nous avions à faire quand nous étions sur la pelouse.

Tout a commencé après cette défaite contre le Sénégal. La franchise m'oblige à reconnaître que j'étais sorti de ce match aux prises avec un léger conflit de loyauté. Assurément, j'étais déçu. Nous avions perdu le premier match, et chacun sait que dans un tournoi comme la Coupe du Monde, ce match doit absolument être gagné. D'un autre côté, je me disais que nous avions perdu contre le Sénégal – c'était moins grave que contre l'Uruguay ou le Danemark. En creusant plus profond, je me prenais à espérer que les deux équipes seraient finalement qualifiées – celle du Sénégal et celle de la France. Les Sénégalais étaient en pleine euphorie après leur victoire. Ils vivaient un moment historique. À la limite, ils n'avaient même plus besoin de franchir le palier des matchs de groupe ! Ça n'avait plus d'importance puisqu'ils avaient battu la France ! Ils avaient déjà gagné. Tout le reste, c'était du bonus. Quant à moi, en dépit de mes sentiments mélangés, j'étais désespéré par notre défaite.

Le tournoi avait beau avoir mal commencé pour nous, nous n'avions pas le moindre doute sur la suite de la compétition. Nous allions gagner ! Nouvelle erreur.

Il aurait mieux valu nous dire : « Il ne nous reste plus que deux matchs, alors méfiance ! ». Mais non ! Nous sommes restés d'un calme olympien. Après notre défaite contre la Belgique, déjà, nous aurions dû nous remettre en cause et réévaluer la situation ! Et nous ne l'avons même pas fait après notre défaite face au Sénégal. Nous en avons beaucoup parlé avec Lilian Thuram. Nous étions très proches, lui et moi. Le problème ne nous avait pas échappé. En même temps, nous étions sûrs de nos capacités. Trop sûrs.

Puis est venu le match contre l'Uruguay. Et là, la chance nous a manqué. Car c'est sûrement le meilleur match que nous ayons joué dans cette Coupe du Monde. Même si nous n'avons pas marqué. Cela dit, le résultat était là : un match nul. Contre le Sénégal, nous avions réussi à nous créer des ouvertures sans parvenir à les concrétiser. Contre l'Uruguay, quelques occasions se sont présentées, mais nous jouions à dix puisque Thierry s'était fait expulser sur une décision sévère de l'arbitre. Du coup, nous n'avons pas réussi à marquer.

L'équipe comptait Thierry, David et Djibril – les trois plus grands buteurs des championnats anglais, italien et français. Et pourtant nous n'avons pas trouvé le moyen de passer. Après le match contre l'Uruguay, nous avons commencé à nous dire que les choses n'allaient pas être simples. Mais il était déjà trop tard. Nous n'avions qu'un point. Pour accéder au palier suivant, il nous fallait battre le Danemark avec deux buts d'écart. Nous faisions semblant de croire en nos chances. Nous n'osions pas regarder la vérité en face. En entrant sur le terrain, nous nous sommes dit : « Zidane est de retour, il va nous donner des ailes ! ». Mais ce bel enthousiasme n'a pas duré plus d'une demi-heure. Les Danois ont marqué. On a compris que les jeux étaient faits...

Quoi qu'il en soit, même si nous avions franchi le seuil des matchs de groupes, nous nous serions fait sortir rapidement. Nous n'étions au point ni physiquement ni mentalement. Nous n'avions pas la forme permettant de gagner une Coupe du Monde.

Nous avions gagné les deux dernières grandes compétitions internationales. Nous avions trois buteurs en forme. Nous avions Lilian, le meilleur défenseur du monde. Zidane, le meilleur joueur du monde. Barthez, le meilleur gardien. Il n'y avait rien à craindre ! Mais les talents individuels sont une chose. Encore faut-il que l'équipe ait sa valeur propre. Sinon, ça ne marche pas – ou ça ne marche plus.

Cette sortie prématurée d'un très grand tournoi constitue le premier revers de ma carrière. J'avoue avoir eu du mal à le négocier. Je me suis posé beaucoup de questions. Comment avions-nous fait notre compte, pour ne même pas arriver à gagner un match ? À marquer un seul but ! Comment nous étions-nous débrouillés pour gâcher un rendez-vous de cette importance ?

Si j'ai quelque chose à me reprocher, c'est de ne pas avoir su renoncer à deux ou trois fêtes entre copains. J'ai commis l'erreur de ne pas arriver reposé. Mais je ne parviens pas à me reposer. Aujourd'hui encore, j'en suis incapable. Je peux à la rigueur me priver d'une fête en cas de blessure, pour ne pas aggraver les choses ; mais quand tout va bien, impossible.

Après la Coupe du Monde, Jacques Santini a été nommé sélectionneur de l'équipe. La nouvelle de sa nomination est tombée rapidement. Notre premier match sous sa direction s'est joué en Tunisie. Ont alors commencé les discussions sur le choix du joueur qui allait porter le brassard de capitaine. Et mon nom a été prononcé. Jamais je n'y avais pensé – honnêtement, ça ne m'avait pas traversé l'esprit. Il y avait Lizarazu, Thuram, Zidane... Sans parler de Marcel Desailly, bien sûr, toujours là. Il avait essuyé beaucoup de critiques à propos de son prétendu « jeu personnel » pendant la Coupe du Monde, mais Marcel est comme ça. C'est son tempérament, on n'y peut rien. J'ai fini par le comprendre. Ça ne m'empêche pas de lui parler, et encore moins d'apprécier sa compagnie. Mais on ne change pas un Marcel Desailly. Chez lui, c'est à prendre ou à laisser. Avec Marcel et Jacques Santini, nous nous sommes facilement qualifiés pour l'Euro 2004. Et de nouveau, le tournoi s'est ouvert sur un match qui prenait à mes yeux une signification toute particulière – nous devions affronter l'Angleterre !

Ce match contre les Anglais, nous allions devoir le gagner à tout prix, étant donné la rivalité entre les deux équipes. Et puis il y avait tous ces footballeurs français qui évoluaient dans le championnat anglais ! Les conditions étaient très spéciales, il faut bien le dire. S'ils gagnaient, les Anglais retireraient de leur victoire une incroyable fierté – le pays tout entier, les médias, les fans. Après le tirage au sort, l'excitation n'a cessé de grimper. Elle n'a fait que croître et embellir jusqu'au coup de sifflet et à la mise en jeu. En dépit de sa défaite en Coupe du Monde, l'équipe de France restait la meilleure d'Europe. Tout le monde avait envie de nous affronter, ne serait-ce que pour savoir ce que nous valions. Oui, nous étions admirés, malgré tout ce qui se disait sur notre compte. Les gens aimaient la beauté de notre jeu, la qualité de nos joueurs. Sol Campbell, par exemple, était fou de joie à l'idée de jouer contre Thierry – même s'ils ne devaient pas se rencontrer souvent sur le terrain, en définitive. Quoi qu'il en soit, les Anglais avaient les moyens de nous battre et nous le savions. Alors nous n'avions pas envie de tout gâcher. Nous ne pouvions pas nous permettre de perdre ce match, en fait.

À l'ouverture du tournoi, nous étions en bien meilleure forme. La Coupe du Monde nous avait appris beaucoup de choses. Nous avions un nouvel entraîneur. Et, surtout, nous avions conscience des épreuves qui nous attendaient si nous commettions l'erreur d'aborder la compétition dans un mauvais état de préparation physique et mentale. Individuellement, chacun avait pris du recul et analysé ses propres performances. Nous avions donc bien joué lors des éliminatoires. Certes, nous n'avions pas été à notre top face aux équipes favorites, mais nous avions remporté des matchs difficiles ; et nous percevions une modification dans notre façon d'aborder le jeu.

Nous étions tous impatients de jouer le France-Angleterre, il arriva enfin. Ce fut le 13 juin. Quelle mémorable soirée ! Nous étions motivés à cent pour cent. Personnellement, je m'étais astreint à une préparation psychologique intense. J'avais réfléchi à ce match longtemps à l'avance. Nous allions affronter les Anglais.

Et la plupart d'entre nous étaient des footballeurs français jouant dans des clubs anglais. Nous devions donc nous montrer irréprochables.

L'atmosphère régnant sur le terrain n'avait rien d'inhabituel. Les Anglais recherchent le contact physique, mais ils ne parlent pas beaucoup. C'est leur mentalité, leur culture. S'ils vous adressent quelques mots, c'est après le coup de sifflet. Pendant le match, on prend des coups et rien d'autre. C'est une tentative d'intimidation. Pour ce match en particulier, nous ne devions pas être excellents, sauf dans les dernières phases de jeu qui nous ont permis d'entrer à fond dans la compétition.

Les choses avaient pourtant bien commencé pour nous. Nous avions forcé l'allure dès le début, et obtenu un corner dès la première minute. Puis la défense anglaise a connu un moment d'hésitation. Ils nous ont laissé une ouverture qui m'a permis de récupérer une passe et de tirer des vingt-cinq mètres – hélas, sans succès. David Trezeguet a failli marquer de la tête, mais sa balle est passée au-dessus de la transversale. Dans la suite du jeu, nos passes et nos tirs ont échoué à faire la différence avec les Anglais.

Soudain, à la trente-huitième minute, David Beckham a dégagé de la droite – un tir aérien récupéré par Frank Lampard au premier poteau pour marquer de la tête et ouvrir le score. Nous étions sonnés. À ce moment du match, il ne nous restait plus qu'à nous demander comment nous y prendre pour revenir au score. Ce n'était pas que nous ne touchions pas la balle ! Bien au contraire. Mais nous n'arrivions pas à nous créer des ouvertures. Toujours, nous nous heurtions à ce mur de joueurs anglais. Ils faisaient bloc. Ils ne laissaient aucun espace à Thierry, mis dans l'impossibilité de jouer en profondeur. Wayne Rooney montait à l'attaque – il devait d'ailleurs faire un magnifique tournoi. Michael Owen aussi. Mais les quatre défenseurs ne quittaient jamais leur poste. Impossible de passer. Pas moyen de percer leur mur défensif. Donc, aucune chance de développer notre jeu. Avec le but que nous avions pris, nous commencions vraiment à nous sentir mal.

Le tournant du match s'est produit au milieu de la deuxième mi-temps, quand Silvestre a fauché Rooney lancé vers les buts. Nous avons écopé d'un penalty. Beckham l'a tiré. Et Barthez l'a arrêté en plongeant du côté droit. C'était le deuxième penalty manqué par Beckham lors d'une compétition internationale. Fabien venait de nous éviter le 2-0. C'était réellement le meilleur gardien du monde avec Buffon !

À la quatre-vingt-dixième minute, les Anglais menaient toujours 1-0. Nous sommes entrés dans les arrêts de jeu. Au bout d'une minute, nous bénéficions d'un coup franc. Zizou s'avance pour le tirer. Un tir brossé, encore une fois. Un but incroyable. Nous étions tirés d'affaire. Merci, mon Dieu ! Le plus dur était enfin derrière nous. Je n'arrivais pas à le croire. Nous étions tous fous de bonheur.

Mais je me dois d'être franc. David James, le portier anglais, jouait ce jour-là d'une façon désastreuse. En fait, les Anglais ne pouvaient espérer gagner avec un tel gardien dans leurs cages. J'ai souvent visionné le coup franc de Zizou. David James n'aurait jamais dû se tenir là où il était. Il a mis son équipe en difficulté. Car honnêtement, à ce moment de la partie, je ne crois pas que nous étions en mesure de marquer sur une attaque.

Nous étions donc à égalité 1-1. Et je pensais que nous allions nous en sortir à bon compte. Puis j'ai observé les joueurs anglais. Ils avaient l'air défait. Ils étaient battus. Ils étaient morts. Dès la remise en jeu, nous sommes montés en attaque. Et nous nous sommes débrouillés pour avancer. Eux avaient tous l'air d'être passés au marteau-piqueur. Et pour la première fois du match, ils montraient des signes de grande nervosité. En fait, ils étaient écœurés par ce qui venait de leur arriver. Nous, c'était l'inverse, nous étions remontés à bloc.

Une minute à peine s'était écoulée depuis l'égalisation. Il ne restait que quelques secondes à jouer. Steven Gerrard a voulu faire une passe à son gardien. Une passe arrière. Terrible. Brusquement la peur s'est lue sur la figure du gardien qui avait compris le danger. Thierry a intercepté la balle avec brio. Il avait anticipé cette passe arrière. Mais James le fauche. Résultat : Thierry nous rapporte un penalty. Nous avons compris que les Anglais étaient au fond de l'abîme. Je n'ai pas douté une seconde que Zizou mettrait la balle droit dans le filet. Il devait vivre un moment de tension extrême – d'ailleurs il a vomi juste avant de tirer. Moi, je n'étais pas du tout angoissé : il allait marquer. J'ai regardé Zizou. D'habitude, en pareil cas, je regarde le gardien. Mais cette fois, j'étais sûr du résultat. Zidane a marqué. C'était son deuxième but pendant les arrêts de jeu !

On a beau dire, le supporter anglais est un cas unique. Inimitable. J'observais les fans anglais pendant les échauffements. Ils brandissaient des drapeaux partout. Ils applaudissaient. Avec de tels supporters, l'équipe de France aurait été beaucoup plus forte ! Mais en France, le public n'a pas conscience du rôle considérable joué par les supporters. Ils peuvent vous faire gagner un match ! Partout où ils vont jouer, les Anglais savent qu'ils peuvent compter sur leurs fans. Là-bas, les fans suivent leurs équipes. Ils sont habités par une passion tout simplement extraordinaire. J'envie les Anglais pour ça. D'accord, les supporters ne sont pas sur la pelouse. Mais leur présence compte énormément.

Après le coup de sifflet, ce fut le délire. Je me rappelle m'être mis à courir comme un fou, ce n'est pourtant pas un comportement habituel chez moi. Je garde plutôt mes émotions pour moi. Mais après que Zizou eut marqué son second but, j'ai dû courir sur pratiquement soixante-dix mètres. J'étais transporté de bonheur. Nous avions battu les Anglais sur le dernier tir du match ! Après la conférence de presse, j'ai échangé quelques mots en vitesse avec Ashley Cole, devant le bus de l'équipe. Il était dans tous ses états. Il n'arrivait pas à comprendre comment ils s'étaient débrouillés pour perdre ce match. Et nous, nous n'arrivions pas à croire que nous avions gagné ! Mais je crois que cette victoire, nous avions creusé dur et profond pour aller la chercher.

Dans les vestiaires, nous étions tellement heureux que c'était chanson sur chanson. Les vestiaires des Anglais étaient juste à côté. Ils entendaient tout ! Nous, on chantait. On ne faisait rien d'autre que chanter. Ce n'était pas dirigé contre eux. Nous avions espéré si fort ! Et nous étions si soulagés. Les journaux devaient imprimer le lendemain les propos de Lampard disant que nous avions chanté pour nous moquer des Anglais ! Il ne faut pas accorder d'importance à ce genre de déclaration. Nous n'avions aucune intention de chambrer les Anglais ! Encore moins de les offenser. Nous n'avions aucune raison de le faire d'ailleurs. Quand j'y repense, je me dis qu'il aurait mieux valu finir sur un nul, vu ce qui s'est passé après, et cette controverse lamentable.

Je me sentais en forme alors. Je m'étais bien préparé. Certes l'affaire du Real Madrid était déjà sortie, mais je ne me laissais pas prendre la tête. J'arrivais à ne pas y penser. De toute façon, c'était plus un problème pour le Real que pour moi. En tout cas, ce qui se passait ne m'empêchait pas de me concentrer quand j'étais sur le terrain. Le match suivant s'est joué contre la Croatie : 2-2. Nous n'avions pas perdu. Mais nous leur avions tout de même concédé deux buts. C'était suffisant pour que nous commencions à douter, et à regarder notre jeu d'un œil critique.

Les médias ont alors commencé à s'interroger sur le placement de Zizou. Et je crois que, inconsciemment, on se posait aussi des questions. Au sein de l'équipe, je veux dire. Mais où était le problème, en définitive ? Le fond de l'affaire, c'est que Zizou était tout bonnement le meilleur joueur du monde. Voilà pourquoi il lui arrivait de quitter son poste pour aller évoluer sur l'aile droite, là où il n'avait en principe rien à faire. Ce débat était complètement dingue. Il a fini par atteindre Zizou, même s'il n'en a rien laissé paraître. Aujourd'hui, avec le recul, mon opinion est que nous avions dans l'équipe le meilleur footballeur du monde : nous aurions dû le laisser libre de jouer exactement où il voulait.

Bien entendu, comme toutes les autres équipes, nous avions des débats tactiques. C'était un moyen de nous améliorer. Et nous avions compris que notre problème tenait à notre défense. Elle n'était pas assez bonne. Santini était très ouvert. Nous avions avec lui de longues discussions. De trop longues, dirais-je. On n'en finissait plus. Les journaux n'ont pas parlé des doutes qui nous minaient. L'affaire n'est pas sortie de l'équipe. Et c'était très bien comme ça. Pour résumer ma pensée, disons qu'on parlait trop et qu'on ne jouait pas assez.

Avant d'affronter la Suisse, au cours d'un échauffement, j'ai ressenti un élancement dans la cuisse. Je me suis dit que ça allait passer. Mes muscles étaient froids, voilà tout ! Je suis comme ça. Quand une douleur survient, je pense toujours que ce n'est rien, qu'elle va s'en aller toute seule, et ainsi de suite. Sauf que cette fois, ça ne passait pas. Et même, ça empirait. À la fin du match, j'avais du mal à marcher. J'avais l'impression qu'on me transperçait la cuisse avec un poignard. Ça ne m'avait pas empêché de jouer tout le match, cela dit.

Nous avons fini en tête du groupe. Sept buts marqués ! Nous étions ravis de notre jeu. Et nous avions tous très envie de réussir. Du côté des médias, c'était une autre chanson. Eux s'intéressaient moins au résultat proprement dit qu'à notre façon d'évoluer sur le terrain. Ils estimaient que notre jeu n'était pas assez fluide. D'ailleurs ce n'était pas notre jeu, disaient-il. Ils estimaient aussi avoir observé que certains joueurs ne se trouvaient pas au mieux de leur forme. C'est vrai, Thierry n'avait pas fait le nécessaire pour atteindre son top niveau. Je savais qu'il avait un problème de tendon, il m'en avait parlé. Il se soignait tranquillement. Mais Thierry et moi, nous sommes pareils sur ces questions-là. Nous voulons jouer. À tout prix. Parce que nous aimons ça. Et parce que nous sommes toujours convaincus de pouvoir tenir les quatre-vingt-dix minutes d'un match.

Les gens discutaient à l'infini du rôle de Thierry dans l'équipe de France. Il s'impliquait moins, disaient-ils, qu'à Arsenal. Sauf qu'on ne joue pas pour son équipe nationale comme on joue pour son club ! On est un autre joueur, entouré de partenaires différents. Faux problème, une fois encore ! J'ai étudié les résultats, compté le nombre de buts marqués par Thierry pour la France. J'ai vu que Zizou n'avait pas eu une seule passe décisive. J'en conclus que c'est pure coïncidence. Je peux me tromper – mais pour moi, c'est une coïncidence. D'accord, quand Thierry réclame le ballon à Arsenal, il l'a tout de suite. Mais le football est fait de tellement d'éléments minuscules ! Il est impossible de généraliser à partir de ce qui s'est passé au cours d'un match.

Et puis il a fallu affronter la Grèce. Nous pensions que ce serait le meilleur de nos matchs. Ayant cette douleur à la cuisse, je me suis retrouvé sur le banc. Je tournais en rond – j'allais du banc de touche aux vestiaires, et ainsi de suite. La veille, j'avais regardé Angleterre-Portugal dans la salle de soins. Un très beau match. Avec deux penalties. Nous étions tous devant le téléviseur. L'ambiance était incroyable ! Cette façon de regarder un match ensemble, serrés les uns contre les autres, montre bien notre excellente entente. Nous avions fait de la salle de soins notre lieu de rendez-vous, notre quartier général. Ce n'est plus le cas aujourd'hui puisque l'équipe a été renouvelée : il faut du temps pour que s'établisse ce genre de liens. Ah ! cette salle de soins. Évidemment, nous avions nos angoisses et nos craintes durant cet Euro 2004. Mais l'équipe était soudée. Les relations entre nous étaient formidables. Angleterre-Portugal, donc. Tout le monde était là. Thierry était là, Zizou nous a rejoints avant la fin. On n'a pas arrêté de déconner pendant tout le match. Et le Portugal a gagné. Chacun est retourné dans sa chambre. Moi, je n'arrivais pas à me reposer car je savais que je ne serais pas sur la pelouse le lendemain pour les quarts de finale. J'éprouvais aussi un pincement de tristesse quand je pensais à Sol et à Ashley. Je les avais eus au téléphone. Ils étaient déçus, mais bon... c'était comme ça. En même temps, je me disais : « C'est eux qui sont dans l'avion. Et nous, on est là. Si on est aussi bien ensemble demain qu'on l'était aujourd'hui, ça devrait le faire ! ». Une chose est sûre, nous n'aurions pas aimé rentrer à la maison avant les Anglais.

Je me disais alors que l'Angleterre aurait une bonne équipe pour la Coupe du Monde 2006. Aujourd'hui, je trouve dommage que Scholes ait pris si vite sa retraite en tant qu'international. Certes, il avait derrière lui des années de compétition au plus haut niveau, et il est normal que certains joueurs, à un moment de leur carrière, aient envie de passer un peu plus de temps avec leur famille, ou de se rendre plus disponible pour leur club. Néanmoins, je n'arrive pas à comprendre la décision de Scholes. Il était l'excellence même ! Il avait encore tant à donner à l'équipe d'Angleterre. D'un autre côté, Beckham était toujours là, ainsi que Gerrard et Lampard. C'était une équipe très forte en milieu de terrain. Ils avaient aussi une bonne défense : Sol Campbell, Rio Ferdinand, John Terry, Ashley Cole sur le côté gauche, Gary Neville du côté droit. Sans oublier Rooney, bien entendu, dont les capacités et la puissance de jeu étaient proprement incroyables pour un homme de son âge. Aussi avais-je une très bonne opinion de l'équipe d'Angleterre. D'après moi, c'était une des meilleures équipes d'Europe. Une équipe redoutable dans la perspective de ce tournoi.

Avant ce match contre la Grèce, j'étais persuadé que tout se passerait au mieux. La Grèce était un bon adversaire pour nous. Nous devions pouvoir les battre facilement. Certes, j'étais blessé, mais il me restait encore deux ou trois jours pour récupérer complètement. Je me voyais déjà en demi-finale ! Je me soignais en conséquence. Je prenais le traitement indiqué. Le jour du match, sur le banc de touche, j'étais tendu. Nous montions en avant pour essayer de leur enlever l'initiative du jeu, de marquer, et à chaque fois nous nous heurtions à un mur. Les Grecs ne contraient pas. Ils ne jouaient pas, en fait. Quand ils avaient la balle, ils l'expédiaient vers le drapeau de corner pour essayer de gagner un peu de temps. Ils faisaient tout ce qu'ils pouvaient pour nous asphyxier.

Le temps a passé. La deuxième mi-temps est arrivée. Et là, dès le début, ils ont marqué. Dans ce genre de situation, on se dit toujours que ça ne pourrait pas être pire... mais je gardais mon espoir intact. Nous avions si souvent vécu un scénario analogue en championnat ! Ce qu'il faut, c'est passer et marquer un but. Après, l'ouverture est faite, et on peut encore en marquer trois ou quatre de plus. Malheureusement, les Grecs défendaient vraiment bien, ce jour-là. Et le fait d'avoir marqué leur donnait des ailes. Pourtant j'étais convaincu que nous allions égaliser. D'où ma déception quand l'arbitre a sifflé la fin du match. C'était fichu.

La France avait échoué. Bien sûr, ce n'était pas le même échec qu'à la Coupe du Monde 2002, mais en un sens c'était encore plus dur. En effet, nous étions arrivés en meilleure forme physique, et mieux préparés. Avoir franchi les matchs de groupes et se faire battre par la Grèce en quart de finale ! Je ne suis même pas certain que leur victoire en fin de tournoi nous ait rendu notre échec plus supportable. Mais je suis sûr que ce que nous ressentions, les Portugais le ressentaient aussi. Et tous ceux que la Grèce avait éliminés. Les Grecs n'étaient pas les favoris de ce tournoi. Puis je me suis aperçu que la majorité de leurs joueurs n'arrivaient même pas à rester titulaires au sein de leurs clubs respectifs... Incroyable ! Il n'y a pas d'autre mot. Du reste, quelques semaines à peine après leur victoire, les Grecs se sont fait battre par l'Albanie lors d'un match de qualification pour la Coupe du Monde. J'en tire cette leçon : une grande compétition internationale est seulement l'occasion de savoir où en sont les joueurs à un moment précis de la saison. J'en tire aussi cette conclusion, c'est qu'il n'y a plus guère de différence entre petite nation et grande nation. De nos jours, toutes les équipes comportent des joueurs capables de courir vite, de sauter haut et de se montrer résistants. Certes, le niveau technique compte pour beaucoup, mais physiquement parlant la différence est faible. Au plus haut niveau, les facteurs déterminants restent le désir et la détermination des joueurs.

Après l'Euro 2004, les journaux ne nous ont pas épargné leurs critiques. Les gens en venaient à adhérer à toutes sortes d'idées fausses. Tout était systématiquement présenté sous un angle négatif. Comme si nous autres, les joueurs d'Arsenal, allions nous mettre à déblatérer sur Zidane ! Tous, nous adorions Zidane ! J'ai toujours eu avec lui d'excellentes relations, mes coéquipiers aussi. À mon avis, Zidane était une star authentique et le joueur que j'admirais le plus. C'était le meilleur d'entre les meilleurs. Aussi bien en tant que sportif qu'en tant qu'être humain. Il était humble. Pas du tout satisfait de lui-même. Il avait un cœur d'or. Et on pouvait toujours compter sur lui. Cela dit, il était tout à fait capable de se faire entendre. Mais il ne se montrait pas dans les médias pour la bonne raison qu'il tenait à protéger sa famille. Il n'avait pas le goût de s'exhiber avec ses proches. Il était extraordinaire. Je respectais profondément ses choix. On comprendra que j'aie été contrarié par tout ce qui s'est dit et écrit à ce moment-là. Je pensais que des gens ne connaissant pas Zizou allaient lire ces articles et en retirer une impression fausse, contraire à la vérité. Quand Zizou lisait ce genre de choses, il savait que ce n'était qu'un tas d'ordures. Et ceux qui jouaient avec lui le savaient aussi. Mais les autres ! Les fans ! Dieu sait ce qu'ils imaginaient ! Je connais très bien Thierry et je sais qu'il n'a jamais rencontré le moindre problème avec Zidane. Nous le savons tous : dans chaque génération de l'équipe de France, comme dans tous les clubs, il existe des stars. Certaines brillent d'un plus grand éclat que les autres, et c'est normal. Ces années-là, la star de l'équipe de France, c'était Zidane. Avant, il y avait eu Platini. Aujourd'hui, c'est Thierry. Les stars viennent et s'en vont. Ainsi le veut l'ordre des choses.

J'étais en vacances quand cette histoire est sortie dans un journal français. En Angleterre, nous étions habitués à voir des mensonges s'étaler dans la presse. En France, ce n'était pas le cas. D'où notre surprise, très désagréable en vérité. L'article faisait allusion à des bagarres entre Titi et Robert. C'était grotesque ! Titi et Robert avaient peut-être eu un désaccord, mais de là à en venir aux mains ! Il ne faudrait pas que les journaux français prennent modèle sur leurs homologues anglais en matière de sport. Ce serait vraiment une très mauvaise idée.

Après l'Euro 2004, j'ai connu personnellement des hauts et des bas. L'équipe de France aussi. Pour ma part, j'avais eu l'immense honneur d'être nommé capitaine. Mais l'équipe, elle, avait de mauvais résultats. Il n'est jamais facile de reconstruire une équipe dont les principaux joueurs se sont retirés de la compétition internationale. Citez-moi une seule équipe capable de redémarrer à fond, comme si de rien n'était, quelques semaines à peine après un échec comme celui de l'Euro 2004 ! Alors que s'en vont des joueurs du calibre de Marcel Desailly, Lilian Thuram, Bixente Lizarazu, Zinedine Zidane et Claude Makelele – ce dernier avait montré quel footballeur exceptionnel il était lors de sa saison dans les rangs de Chelsea. Plein de choses ont été dites et écrites sur la nouvelle équipe de Raymond Domenech. Oui, c'est vrai, les résultats étaient décevants. Et en football, une seule chose compte, quand tout est dit et joué : les résultats. Qui a gagné. Qui a perdu. Par conséquent, c'est au coach de choisir les bons joueurs, en vue du meilleur résultat.

Les débats se sont multipliés, notamment au sujet du jeu tactique. Car nous avions évolué deux fois en 3-5-2 avec la nouvelle génération de joueurs, d'abord pendant quarante-cinq minutes du match Bosnie-France à Rennes, puis au Stade de France, contre Israël, lors du premier match qualificatif de la Coupe du Monde 2006. La plupart des joueurs jouent en 4-4-2 avec leur club, ça ne les empêche pas de jouer en 3-5-2 dans d'autres tournois. Pour être honnête, ce débat ne m'a jamais vraiment intéressé. Je sais seulement que le 3-5-2 m'oblige à employer un style plus latéral, et m'empêche de monter à l'avant.

J'étais blessé à la cuisse au moment du match contre la Bosnie, mais l'entraîneur avait insisté pour que je sois sur le terrain. Il voulait que je prenne le pouls de la nouvelle génération. Quant au match contre Israël, il ne fut pas satisfaisant. Est venue ensuite la rencontre îles Féroé-France : nous avons gagné 2-0, mais elle m'a laissé un mauvais souvenir car j'ai été expulsé, et ça ne m'était encore jamais arrivé dans ma carrière internationale. Ce fut un rude carton rouge. Il résultait d'un second carton jaune, l'arbitre ayant estimé que j'avais plongé dans la surface de réparation. En vérité, un joueur de l'équipe adverse m'avait fait perdre l'équilibre en me heurtant involontairement. Je n'avais pas plongé, j'étais tombé. Mais je le reconnais, il n'est pas toujours facile d'arbitrer ce genre d'incidents.

Malheureusement, je me retrouvais suspendu pour le match suivant, contre l'Irlande, au Stade de France. J'ai dû le regarder des tribunes. Il s'est conclu par un nul, 0-0. Tout en sachant que je ne jouerais pas, je m'étais préparé avec l'équipe. La conclusion ? Nous avions été bons en défense collective, et moins bons en attaque. Le public commençait à s'impatienter. Les médias, pire encore. Tout le monde exigeait de savoir pourquoi l'équipe de France avait tellement de mal à se remettre à bien jouer. D'où la nécessité de faire le point sur les causes de cette incapacité. Il fallait apporter des réponses. Cet exercice ne me plaît pas beaucoup. Peut-être l'origine de nos problèmes était-elle à rechercher dans nos résultats des dernières années ; peut-être notre talent s'était-il émoussé.

Pendant que l'équipe se préparait à affronter la République d'Irlande, j'avais été très présent aux côtés des jeunes qui nous avaient rejoints depuis peu – comme Rio Mavuba de Bordeaux. Rio avait besoin de parler, d'être rassuré. Et c'était bien normal. J'ai donc essayé de m'impliquer à fond – j'adore ça, de toute façon. Cela dit, je ne tenais pas à dispenser des conseils. Ce n'était vraiment pas mon style, en tant que capitaine. Je n'aime pas m'imposer, dire aux gens ce qu'ils doivent faire en dehors du le terrain. Je garde ma salive pour parler des matchs. Résultat, j'ai toujours eu de très bonnes relations avec mes coéquipiers ; il s'instaure eu un lien particulier entre nous.

Après notre échec en Coupe du Monde 2002, j'avais été pressenti pour prendre la tête de l'équipe, mais Zidane a finalement été choisi. Pour être franc, je n'avais jamais cru sérieusement que l'on me donnerait le brassard de capitaine. Je m'étais toujours dit : « On verra bien ! ». Car c'est plus qu'un honneur, d'être capitaine de l'équipe de France ! Plus même qu'un rêve. Quand tu es gamin, l'idée de jouer avec les Bleus est presque irréelle. Alors, porter le brassard de capitaine ! Le fait de le porter, je le répète, fut un immense honneur pour moi. Oh ! ça n'a rien changé à ma vie de tous les jours. Mais mon sens de la responsabilité vis-à-vis des jeunes joueurs s'en est trouvé renforcé. Je ne dis pas que je leur devais quelque chose, seulement que me sentais obligé d'être à la hauteur et, en un sens, de leur montrer l'exemple.

Ce n'était pas facile. L'équipe de France avait mal démarré. Il y avait quelque chose à reconstruire. Tout le monde allait avoir besoin de temps pour s'adapter, les joueurs comme l'entraîneur. Seulement, dans le foot, le temps est un véritable luxe. En fait, du temps, on n'en a jamais. Les clubs ont souvent tendance – et c'est une grave erreur de leur part – à montrer de l'impatience et à vouloir modifier les choses trop rapidement. Dès lors qu'ils ont enregistré une série de mauvais résultats, ils veulent changer de président et d'entraîneur. Alors tout le monde se met à travailler dans l'urgence. Et la capacité de se donner un peu de temps devient un bien incroyablement précieux. Or Arsenal a cette capacité. Ce club repose sur un esprit de confiance mutuelle entre toutes les parties. Dans l'équipe de France, en revanche, il est impossible de se donner du temps. L'objectif est toujours de gagner. Et de gagner tout de suite. Surtout lors des matchs de qualification des grands tournois. Et encore plus quand ce tournoi a pour nom Coupe du Monde ! Cela dit, même si la dernière saison ne lui avait pas été très favorable, l'équipe de France restait capable de se qualifier.

Si nous avions affronté l'Italie, ou l'Espagne, nous aurions joué autrement, j'en suis sûr. Mais je ne crois pas que nous méritions les critiques dont on nous a accablés. Ce n'était pas notre faute si plusieurs joueurs avaient pris leur retraite des compétitions internationales ! Après tout, il s'agissait de stars du football mondial. De footballeurs évoluant au plus haut niveau. D'athlètes habités par une faim de victoire totale, et qui d'ailleurs avaient tout gagné.

Pendant toute la saison 2004-2005, nous avons donc énormément débattu de la reconstruction de l'équipe de France. Cela me paraissait tout à fait légitime. Il fallait vraiment rebâtir l'équipe si on voulait se trouver en finale de la prochaine Coupe du Monde. Inévitablement, divers problèmes ont surgi. À la fin de l'Euro 2004 déjà, une rumeur persistante avait couru : les Gunners auraient pris le pouvoir dans l'équipe de France. Ces bruits m'avaient beaucoup énervé. Puis je m'étais souvenu qu'à une époque, le bruit courait que cette même équipe de France était dirigée de l'intérieur par Marcel et Zizou. Moi, je n'avais jamais eu cette impression. N'était-il pas normal que l'entraîneur s'entretienne plus souvent avec Titi, ou avec moi, étant donné notre statut et notre passé ? Quoi qu'il en soit, nous parlions au nom de l'équipe et dans son intérêt. Prétendre que nous avions la haute main sur les Bleus n'avait aucun sens. C'était même ridicule.

Le premier match de la saison 2004-2005 s'est joué contre la Bosnie. C'était le premier rendez-vous de Domenech depuis qu'il avait succédé à Jacques Santini comme sélectionneur. Je ne me trouvais pas sur la pelouse ce jour-là, j'étais blessé. En fait, la première fois que j'ai dirigé l'équipe, endossé mon rôle de capitaine, ce fut contre Israël au Stade de France – le match s'est conclu sur un nul, 0-0. C'est le moment de ma carrière dont j'ai retiré la plus grande fierté. Toute ma famille était dans les tribunes, personne n'aurait voulu manquer ça !

Quelques jours plus tôt, ma mère avait compris que je serais nommé capitaine. Elle en avait eu l'intuition en écoutant les déclarations de l'entraîneur aux médias. Mon grand-père et elle étaient au comble du bonheur. Cela avait une telle signification sur le plan personnel ! Que de chemin parcouru depuis mon arrivée du Sénégal ! Ainsi se réalisaient mes rêves de gosse. Il y a des paliers auxquels on accède pas à pas, jour après jour, match après match. Et quand je songeais au cheminement de ma carrière, à son point de départ, j'avais le sentiment d'avoir accompli un fantastique exploit. J'ai quelquefois tendance à oublier la valeur de cette aventure, tant les matchs se succèdent rapidement. Et puis je me concentre sur le présent. C'est un des traits de ma personnalité. Je sais que les choses n'ont pas toujours été simples. Je sais que j'ai longtemps attendu mon tour. Chez les Bleus, au début, je ne jouais pas. Je n'étais jamais titularisé. Ça me frustrait énormément. Je pensais mériter d'être sur le terrain, pas seulement dans l'équipe ! Cette situation me minait. Pourtant je respectais les choix du sélectionneur. J'attendais sans rouspéter. Et finalement, tout s'est mis en place. J'en suis très fier. Ma carrière est ainsi faite que les progrès y ont toujours été à la fois logiques et illogiques. D'un côté, j'ai commencé très jeune. Je me suis rapidement retrouvé en première division. Je n'ai pas tardé à bénéficier d'un transfert au Milan AC. En revanche, j'ai dû travailler dur pour devenir ce que je suis aujourd'hui, et pour voir s'accomplir mes rêves les plus ardents.

Depuis notre victoire contre Chypre, Robert Pires n'appartenait plus à l'équipe de Raymond Domenech. Il s'était ouvert publiquement de ses désaccords avec les choix de l'entraîneur en matière de sélection. J'avais connaissance de la composition de l'équipe par l'intermédiaire des journaux, et Robert n'en faisait jamais partie. Je n'ai jamais voulu entrer dans la polémique sur le fait de savoir s'il fallait le sélectionner ou non. Mais j'en ai souvent parlé avec lui, et je sais que ne pas être titularisé le frustrait énormément. Il n'était pas furieux, seulement déçu, même si ça ne l'avait pas empêché de marquer quatorze buts pour Arsenal dans la dernière saison. En définitive, la décision appartient toujours à l'entraîneur. J'ai adopté la même attitude quand Olivier Dacourt s'est fait renvoyer de l'équipe, et que je me suis retrouvé sur le terrain aux côtés de Benoît Pedretti.

On s'étonnera peut-être d'apprendre que l'entraîneur ne me consultait pas sur ce point. Franchement, je n'ai jamais eu envie de donner mon avis sur la sélection. Je ne le faisais pas avec Arsenal, et je n'en éprouvais pas le besoin non plus pour l'équipe de France. Que je sache, la composition de l'équipe n'a rien à voir avec le rôle de capitaine. Je suis consulté sur les questions de jeu tactique, et c'est tout. Mon principe est simple : « Chacun à sa place. » Depuis que j'ai été nommé capitaine, on ne m'a jamais demandé d'exprimer mes préférences, et cela me convient parfaitement. Ça ne veut pas dire que je ne suis pas satisfait de ma relation avec Raymond Domenech. Si j'ai quelque chose à lui dire, un message à lui faire passer, je décroche mon téléphone et je lui parle. De son côté, c'est pareil. De sorte que tout fonctionne au mieux.

On m'a beaucoup interrogé sur les nombreux changements qui ont affecté l'équipe de France, et une question revient souvent : « N'est-ce pas difficile de recommencer depuis le début avec une équipe qui a tout gagné ? ». Je réponds habituellement ceci : non seulement ce n'est pas difficile, mais c'est très motivant. Nous sommes tous des sportifs de haut niveau. Il y a en chacun de nous une volonté absolue de s'améliorer. L'objectif était de se qualifier pour la finale de la prochaine Coupe du Monde. Si cet objectif ne suffisait pas à nous motiver, alors c'était sans espoir. Et puis nous sommes obligés de vivre sous la pression. Tous les jours. C'est notre lot.

Après une série de matchs nuls, l'optimisme a commencé à nous gagner. Nous étions en train de nous améliorer, nous le sentions.

Cependant nous voulions gagner. Gagner est la seule chose qui compte lors des matches de qualification. Nous étions dans un groupe très serré. Les équipes se débrouillaient toutes pour obtenir des matchs nuls. Là-dessus, nous avons vaincu l'Irlande à Lansdowne Road, et cette victoire nous a mis sur orbite. Titi a marqué le seul but du match – un moment fantastique ! Contre la Suisse, nous avons fait match nul, 0-0 : nous nous sommes retrouvés dans la situation cruciale d'avoir à affronter Chypre chez elle. Nous étions un peu nerveux au début du match. L'enjeu était tellement important ! Il fallait éviter de tomber dans les matchs de barrages. Après vingt minutes de jeu, je suis sorti sur blessure. Mais quelques minutes plus tard, grand soulagement, Zizou ouvrait le score. Encore trois minutes de jeu, et Wiltord marquait à son tour. Nous étions à 2-0, cela représentait une bonne avance. Le match s'est terminé sur un 4-0 en notre faveur. Nous étions propulsés en tête de notre groupe. Mais si la Suisse l'emportait sur l'Irlande, ne fût-ce que d'un but – et ce match se jouait en même temps que le nôtre contre Chypre ! – , nous aurions besoin de marquer un très grand nombre de buts pour rester en tête. Alors, le résultat est resté suspendu jusqu'à la quatre-vingt-douzième minute. Les acclamations se sont élevées dans le Stade de France : le résultat de Dublin était bon pour nous.

Nous ne nous étions pas qualifiés aisément, mais cela allait peut-être nous aider à nous concentrer pendant le tournoi en Allemagne.

Voilà pourquoi j'étais optimiste sur les chances de l'équipe de France. Comme je l'étais, d'ailleurs, pour Arsenal. Du reste, je tends à positiver les événements. Je déteste tellement perdre que je m'efforce toujours d'anticiper la victoire et non la défaite.

9

Double doublé : 1997-1998 et 2001-2002

C'était donc ma première saison complète chez les Gunners – la première aussi d'Arsène Wenger. J'étais plein de confiance. Nous pouvions faire mieux que notre troisième place au Championnat de la saison précédente, je le sentais. Durant l'été, le club avait recruté, entre autres, Marc Overmars et Emmanuel Petit. Emmanuel, mon coéquipier en équipe de France, était un milieu de terrain au style très physique. Je savais qu'il exercerait une forte influence sur le comportement de l'équipe. Mais l'avenir a montré que Marc devait faire aussi bien.

La saison avait débuté depuis deux ou trois semaines seulement quand eut lieu à Filbert Street la rencontre avec Leicester City. Il ne manquait plus à Ian Wright qu'un but pour égaler le record de Cliff Bastin – 178 buts ! En définitive, c'est Dennis Bergkamp qui a capté l'attention ce soir-là avec son extraordinaire triplé. Pour la première fois, le *Match of the Day* de la BBC attribua les « trois plus beaux buts » au même joueur.

Ian, quelques semaines plus tard, a enfin battu le record de Cliff Bastin : le 13 septembre, pour être précis, le jour de notre victoire 4-1 à domicile contre Bolton. Le match avait commencé d'étrange façon. Bolton avait marqué dans le premier quart d'heure. C'est peut-être ce qui nous a réveillés. Plusieurs tentatives de notre part ont failli être couronnées de succès. Puis, au milieu de la première mi-temps, Dennis fait à Ian Wright une passe en profondeur. Ian emmène la balle sur le côté droit et tire des quinze mètres au raz du sol. Le ballon est entré dans l'angle le plus éloigné. Ian Wright était fou de joie. Il l'avait fait ! Il avait réussi à égaler un record vieux de cinquante et un ans ! Il a ôté son maillot. Il est tombé à genoux devant ses fans, et les a salués. Mais ce n'était pas fini. La journée devait lui réserver d'autres bonheurs. Cinq minutes plus tard, un tir de Dennis laissait Branagan, le portier de Bolton, étendu à terre bras écarté, tandis que la balle se perdait à l'entrée des cages. Je me suis précipité pour frapper. Mais il était écrit que ce serait à Ian de tirer cette balle à deux mètres des cages vides. Le signal de la joie était donné à nouveau. Cette fois, Ian a descendu en courant la ligne de touche de la tribune est, le maillot d'Arsenal sur la tête, en exhibant le tee-shirt Nike qu'il portait en dessous, imprimé spécialement pour l'occasion du simple chiffre « 179 » avec les mots : « *Just done it* » – « Voilà qui est fait. » Ian, parlant de son second but de la journée, devait dire par la suite : « Avant de tirer, j'étais sur un nuage. Ça n'avait jamais été aussi facile. »

Ray Parlour a marqué à son tour. Nous menions 3-1 quelques instants avant la pause. Ian était désormais le buteur le plus prolifique de l'histoire du club. Et puis David Platt a expédié la balle derrière la défense de Bolton. Ian Wright était à la réception. Sur une reprise fantastique, il a envoyé la balle dans les filets, de l'intérieur du pied, juste en face de la tribune nord. Que dire de plus ? Les fans étaient comme fous. Ian Wright est sorti. Nicolas est venu passer le reste du match sur la pelouse, et se faire enfin plaisir. Inutile de le dire : Wright a reçu le genre de standing ovation dont peu de footballeurs ont la chance d'être gratifiés au cours de leur carrière. Je suis sûr qu'il en a été touché. Il a dit après coup son soulagement d'avoir battu ce record. Cet objectif le tourmentait, comme il tourmentait tous les supporters d'Arsenal, pour ne pas parler des médias britanniques. Ian avait senti la pression sur ses épaules. Et comme il n'était pas parvenu à marquer lors des matchs précédents, il avait commencé à se faire du souci. Sans compter que cela commençait à faire un moment qu'il le portait, ce fameux tee-shirt Nike ! Il avait envie de le laver ! « Je ne suis pas fâché d'en avoir fini avec ça, admit-il. Mais j'ai trente ans, et d'autres défis à relever. Alors je vais essayer d'aller à 200... » C'est pitié qu'il ne soit jamais arrivé à ce chiffre. Pitié aussi de voir tous ces tee-shirts « 179 » vendus à Highbury alors qu'ils étaient déjà caducs !

Notre prochain grand match devait se jouer contre Chelsea. Comme nous, ils ambitionnaient déjà de gagner le Championnat, et une rencontre à Londres est toujours un grand rendez-vous. À la mi-temps, le score était nul, 1-1, Dennis ayant égalisé sur une passe de Ian. Mais si Chelsea nous avait dominés pendant cette première partie de match, nous devions nous créer des occasions dans la deuxième mi-temps. Une erreur défensive de Chelsea permit alors à Dennis – encore lui ! – de tirer avec succès une puissante frappe des quinze mètres. Cette fois, il leur fallait égaliser. Le remplaçant Mark Hughes a passé en douceur la balle à Gianfranco Zola qui l'a expédiée au fond des filets – Seaman n'a rien pu faire d'autre que de regarder le ballon passer sur sa gauche. Frank Lebœuf, qui jouait aussi en équipe de France, a été expulsé pour avoir fait un croche-pied à Dennis courant vers les buts – Dennis était dans un de ses meilleurs jours. Finalement, Nigel Winterburn réussit une action complètement improbable en s'emparant de la balle sur la ligne médiane pour aller tirer des vingt mètres. Il venait de nous donner le but de la victoire. Cela ne lui arrivait pas souvent, dirai-je ! C'était la conclusion géniale d'un match enthousiasmant. Nous avions nos trois précieux points. Nous nous retrouvions en deuxième place du Championnat. Si nous arrivions à battre West Ham, sur notre pelouse de Highbury, quelques jours plus tard, alors c'était le tremplin vers la tête de la Ligue. Ce soir-là, en quittant Stamford Bridge, toute l'équipe était gonflée à bloc.

Ce fut le scénario idéal. D'abord, histoire de nous enthousiasmer davantage, la mise en jeu fut précédée d'un hommage à Ian Wright pour son fameux record du nombre de buts. L'hommage avait été organisé à la perfection. Des enfants sont venus former un cercle sur le terrain. Ils portaient tous des maillots des clubs contre lesquels Ian avait marqué. Ça faisait beaucoup d'enfants ! Le présentateur a fait remarquer que l'un des enfants portait le maillot des Spurs – et les acclamations de la foule ont redoublé. Ian s'est élancé sur la pelouse en passant dans un couloir formé par les équipes de West Ham et d'Arsenal. Là, les supporters sont devenus dingues. À la fin, quelques-uns des plus beaux buts de Ian furent projetés sur écran géant.

Avec une telle entrée en matière, nous étions incroyablement motivés pour montrer à nos fans de quoi nous étions capables. Le match s'est achevé sur ce score de 4-0 pour les Gunners. La soirée avait été bonne, et surtout particulièrement satisfaisante : nous devions être propulsés à la tête de la Ligue après que Manchester United eut concédé à Chelsea un nul, 2-2.

Mais le grand jour, c'était en novembre, le match à domicile contre Manchester. Il s'agissait d'un des matchs clé pour la conclusion de la saison, et nous en étions parfaitement conscients.

Nous avons eu de la chance : la partie s'est achevée sur un 3-2 en notre faveur. Comme je devais le faire remarquer par la suite, tous les matchs que j'avais joués contre United avaient un truc spécial. Ce devait être encore plus vrai pour celui-là puisqu'il m'a offert l'occasion de marquer mon premier but contre cette équipe – un beau but, en plus. Ce succès a aussi représenté pour nous une victoire psychologique. En effet, si nous menions 2-0 à la mi-temps, United était remonté au score ; mais David Platt nous donna finalement le but victorieux de la tête, suite à un corner tiré par Ray Parlour, alors qu'il restait seulement cinq minutes de jeu. Nous venions de remporter notre première victoire sur United en cinq ans – incroyable ! Hélas, nos adversaires étaient d'une régularité terrible puisqu'ils sont à nouveau remontés en tête de la Ligue, avec un seul point d'avance sur nous.

Les semaines suivantes ne nous ont pas été favorables. Nous engrangions de mauvais résultats et eux, des bons. Nous avons perdu contre Sheffield Wednesday, Liverpool et les Blackburn Rovers

– des défaites à domicile, en plus, pour les deux derniers. Beaucoup pensaient que notre saison était finie, et que nous n'avions plus aucune chance de battre United. Blessé lors du match contre eux – juste après mon but – , je n'étais pas présent sur le terrain lors des rencontres suivantes. Dennis aussi est resté quelque temps sans jouer. Wright semblait soudain avoir perdu sa grande forme. Quant à l'équipe elle-même, elle était en perte de vitesse. Nous allions devoir faire nos preuves lors du match très important qui s'annonçait désormais à Old Trafford.

À vingt minutes de la fin, le score était toujours nul, 0-0. Mais Marc Overmars est parvenu à franchir leur système de défense, et à tirer un but au ras du sol dans la surface de réparation : 1-0. Nous venions d'enregistrer une formidable victoire. Pour la première fois depuis de longues années, nous avions battu notre principal adversaire à domicile, sur son terrain. Les journaux s'en donnaient à cœur joie. La dernière fois que nous avions gagné à Old Trafford, écrivaient-ils, nous avions remporté aussi le titre ! Allions-nous répéter l'exploit ? C'est ce que nous allions voir. Dans l'équipe, nous ne doutions pas d'avoir nos chances. Nous avions atteint un haut niveau de jeu. Et nous savions que nous étions toujours qualifiés en Coupe d'Angleterre. Nous pouvions remporter le doublé.

Quelques jours plus tard, nous fûmes pourtant à deux doigts de perdre notre quart de finale de la Coupe d'Angleterre, justement. On était en match retour à West Ham. Déjà, au troisième tour, nous avions joué deux matchs contre Port Vale sans marquer un seul but. Le deuxième s'était poursuivi par des prolongations qui avaient débouché sur un score nul, 1-1. Il avait fallu finir par des tirs au but dont nous nous étions sortis in extremis avec une avance infime – résultat : 4-3. Voilà ce que je trouve génial dans la Coupe d'Angleterre, et pourquoi j'aime tellement cette compétition. On ne peut jamais savoir comment va se comporter telle ou telle équipe, qu'elle soit ou non en première division. On est obligé de préparer tous les matchs avec le même soin. Rien n'est jamais gagné, qu'on se retrouve en face de Port Vale ou de Manchester United.

Après avoir gagné contre Port Vale, la victoire contre West Ham a paru devoir nous échapper. Pourtant, j'avais offert une superbe passe à Anelka qui avait expédié la balle dans les filets du portier de West Ham – lequel n'était autre que notre copain français Bernard Lama. Mais les Hammers avaient égalisé quelques minutes avant la fin du temps réglementaire. Et les prolongations ne devaient pas modifier le score. Il fallut s'en remettre à la mort subite, une fois de plus. Il est impossible de recréer à l'entraînement l'ambiance et les conditions réelles d'une séance de tirs au but. Et je dois l'avouer, je ne m'entraîne pas beaucoup à tirer des penalties. Quand je dois en tirer un dans le cours d'un match, je choisis un angle de frappe – pas le même à chaque fois, évidemment – , puis je me concentre. Je me concentre à fond. Sans m'occuper à aucun moment du gardien. De nos jours, c'est vrai, ils se déplacent de plus en plus. Il suffit de regarder la finale de la Ligue des Champions 2005. Et le comportement de Jerzy Dudek, le gardien de Liverpool. Sa façon de se déplacer, d'agiter les bras. On voit bien que les gardiens essaient de tourner la règle. Et les arbitres n'interviennent presque jamais. Pourtant, c'est de l'intimidation. Voilà pourquoi je préfère ne pas m'occuper du comportement du gardien adverse quand je me prépare à tirer un penalty. Mais deux autres facteurs doivent être pris en compte dans un tir au but – outre le facteur chance, bien entendu. Le premier, c'est l'importance que ce but revêtira pour toi. Et le deuxième, c'est l'état de tes jambes – car si tu es à bout de forces, tu risques fort de rater ton tir.

Lors du match contre West Ham, la situation était tendue au maximum. Après cinq tirs au but, le score était de 3 partout. Chaque équipe avait manqué deux tirs. La mort subite, donc. La première équipe qui manquait son but était battue. Pour nous, c'était au capitaine Tony Adams de tirer. Il a frappé un tir bas centré droit sur le gardien. Il avait calculé que Bernard Lama plongerait d'un côté ou de l'autre. Et c'est exactement ce qu'a fait Bernard : il a plongé sur sa droite. Le but était marqué. Au tour de West Ham. Le but serait tiré par Samassi Abou. Lui a voulu tirer dans l'angle : il a frappé le poteau. En un coup de pied, il venait de faire perdre la Coupe à son équipe. Et de nous offrir la victoire. Nous sautions de joie partout sur le terrain. Nos supporters étaient aux anges – ceux de West Ham pleuraient, et Samassi Abou était en larmes lui aussi. Le football a ses moments difficiles. J'ai connu moi-même ces minutes où on bascule du mauvais côté – celui de la malchance et du désespoir.

Début avril, nous avons rencontré les Wolves à Villa Park. Ils évoluaient en deuxième division. C'était la demi-finale de la Coupe d'Angleterre. En cas de victoire, nous nous retrouvions en finale pour la première fois depuis 1993. Nous étions confiants, même si nous n'avions à nos côté ni Ian Wright – blessé –, ni Dennis – suspendu. En effet, nous venions de jouer huit matchs sans concéder un seul but. Ce fut pour moi une grande rencontre, pour la bonne raison que j'ai créé la seule occasion de but de l'après-midi – le but qui nous propulsait en finale. C'était en début de première mi-temps. Hans Segers, le gardien hollandais des Wolves, a manqué un dégagement – alors qu'il travaillait efficacement à tenter d'amener son équipe en finale. La balle est retombée à mes pieds sur la ligne médiane. Je m'en suis emparé. Je suis monté à l'assaut des buts en dribblant. Je me suis retrouvé dans la surface de réparation où m'a bientôt rejoint Christopher Wreh, le cousin libérien de George Weah – il avait vingt-deux ans et faisait sa première saison avec nous, une bonne saison. Christopher avait fui son pays en guerre à quatorze ans, pour gagner la France. Il avait été acheté à Monaco en début de saison pour 300 000 livres. En l'absence de Ian et de Dennis, il avait la chance de jouer une demi-finale en équipe première. Soudain je l'ai vu à côté de moi dans la surface de réparation. Je lui ai glissé la balle par le côté. Il a tiré – un tir calme et puissant, comme s'il était le buteur le plus expérimenté de la planète. Segers était battu. Grâce à Christopher, et en dépit d'un regain d'énergie des Wolves en seconde mi-temps, nous avions gagné notre ticket pour la finale à Wembley. Notre adversaire serait Newcastle qui avait battu Sheffield United – autre équipe de deuxième division. Je fus élu « Homme du match ». C'est toujours agréable. Mais je n'ai pas pris cette distinction comme une preuve de reconnaissance personnelle. Le football est un sport d'équipe, non ? Si je joue bien, c'est grâce à mes coéquipiers : ils me donnent la possibilité de bien jouer. C'est aussi simple que ça. Ce n'est pas parce que j'avais été désigné Homme du match que j'allais me taper moi-même sur les épaules en disant : « Super ! Tout le monde a vu comme j'ai bien joué ! ». J'avais plutôt tendance à penser que j'avais bien joué parce que les copains m'y avaient aidé.

La semaine suivante, nous avons rencontré l'équipe qui serait notre adversaire en finale de la Coupe d'Angleterre. Ils venaient jouer sur notre pelouse un match de la Ligue des Champions. Ce fut un heureux après-midi. D'abord, parce que nous les avons battus 3-0. Ensuite parce que j'ai marqué un de mes buts les plus mémorables. Les deux premiers buts avaient été marqués par Nicolas Anelka. Pendant la seconde mi-temps, le ballon m'est arrivé dans les jambes, d'au-delà de la ligne médiane. Je m'en suis emparé. J'ai couru vers la surface de Newcastle. Aucun défenseur, apparemment, ne venait me contrer. J'ai décidé de tirer des trente mètres. Un magnifique tir brossé ! Leur gardien, Shay Given, avait bondi – peine perdue. C'était un bon jour. Je me suis littéralement mis à voler vers le poteau de corner droit. C'était beau. Un plaisir total. Je traversais une fantastique série de matchs. J'étais en forme. À cent pour cent de mes possibilités. Non seulement je récupérais la balle, mais je la distribuais au bon moment, quand je ne me créais pas de grandes occasions de buts. Pour ma première saison pleine, je n'avais pas à me plaindre du résultat !

Le 18 avril 1998, notre triomphe 5-0 contre Wimbledon nous propulsait pour la première fois en tête du classement, avec un point d'avance. Le titre se jouerait donc entre Manchester United et nous. Toutefois, nous avons dû attendre le dimanche 3 mai, et notre victoire contre Everton, pour obtenir enfin notre titre de champions. Cerise sur le gâteau, nous avons été sacrés chez nous à Highbury. En fait, le match n'avait pas été si facile au début. Tout le monde voulait désespérément gagner. Everton autant que nous. Ils savaient ce qui était en jeu et nous aussi. Mais notre capitaine Tony Adams a ouvert le score d'une tête servie par un corner de

Petit. Ensuite, la chance est restée avec nous. J'ai failli marquer. Et Marc Overmars a marqué un deuxième but, puis un troisième. Ces deux derniers buts sont tombés après qu'Overmars eut fait une course fantastique sur presque toute la longueur du terrain. Cela dit, entre les deux buts, nous avions perdu Emmanuel, blessé par un terrible tacle des deux pieds de Don Hutchison. Cette blessure devait laisser à Emmanuel une vilaine coupure sous le menton, alors qu'il avait déjà pris un coup de coude au visage. Quand Manu a quitté le terrain, il boitait très fort : je me suis demandé s'il n'avait pas la jambe cassée. Il avait l'air de souffrir terriblement. Il a jeté ses protège-tibias en direction de l'arbitre qui n'avait rien fait, comme d'ailleurs le juge de touche, alors qu'Hutchinson avait déjà un carton jaune, et de l'avis général en méritait largement un rouge.

Quand Tony Adams a marqué un quatrième but dans la surface de réparation, la folie s'est emparée des supporters d'Arsenal : 4-0 ! Nous avions le titre ! Nous étions vainqueurs du Championnat ! Vainqueurs du Premiership ! Pour des gars comme David Seaman ou Martin Keown, ou encore pour Ian Wright qui avait trente-quatre ans, c'était la première fois – la victoire n'en était que plus extraordinaire. Je vivais ce succès un peu autrement. Il s'agissait de ma première saison complète avec les Gunners, et si j'étais pleinement heureux de ce qui arrivait, peut-être n'était-ce pas aussi fort que pour ces joueurs qui avaient si longtemps attendu leur victoire.

Pourquoi avons-nous gagné ? Parce que chaque joueur, qu'il soit nouveau ou présent dans l'équipe depuis des années, avait adopté l'esprit Arsenal – le fameux : « Nous ne renoncerons jamais ! ». Le club possédait beaucoup de joueurs expérimentés, tels Dixon, Adams, Seaman ou Winterburn. Ces gars-là refusaient de baisser les bras. Ils ne savaient même pas ce que ça voulait dire, baisser les bras. Et puis nous avions une défense si efficace ! Notre saison avait beau avoir mal commencé en décembre, nous avions réussi à renverser la tendance, à engranger des victoires semaine après semaine. Certains matchs avaient été durs ! Beaucoup s'étaient conclus sur un petit 1-0. Mais ça n'avait pas d'importance. Et même, ça nous galvanisait. Ça renforçait notre confiance. Nous nous savions capables d'arracher un point après l'autre. Une seule chose comptait, notre conviction intérieure. Nous savions que si nous arrivions à ouvrir le score, alors les risques de perdre devenaient faibles, car nous pouvions nous appuyer sur une défense quasi infranchissable. Cette donnée à elle seule nous procurait une assurance folle, nous rendait plus forts mentalement. Elle nous a permis de faire la différence dans la seconde partie de la saison. Et le fait est qu'entre le 31 janvier et notre match en mai contre Everton, nous avions concédé seulement deux buts. Deux buts en quatorze matchs ! Ce résultat, nous le devions à notre défense. Pas étonnant qu'aucun changement ne soit intervenu ensuite dans le groupe des quatre arrières ! Ce n'était pas nécessaire, les managers l'avaient compris. Peu importait l'âge des joueurs.

Au coup de sifflet final, nous sommes tous devenus dingues. Même l'entraîneur jetait les bras en l'air et criait à tue-tête, c'est dire ! On a apporté le trophée. Il allait être dressé sur une petite scène, au milieu du terrain, lors de la cérémonie et de la présentation officielle. Tony est monté pour le recevoir. Quand il l'a levé en l'air à bout de bras, le stade de Highbury s'est enflammé. Une clameur assourdissante a retenti. Tout le monde m'avait dit que ce serait un instant incroyable à vivre, pourtant je me suis rendu compte que je n'y étais pas préparé. Je n'avais jamais vécu une expérience pareille. Impossible de décrire la scène. Je jure avoir vu, là-haut, tout le dernier gradin de la tribune nord se mettre en mouvement. Les fans sautaient. Ils agitaient des drapeaux, des foulards, et tout ce qui pouvait leur servir à exprimer leur joie. En l'espace d'un instant, le stade entier est devenu rouge et blanc. Tout le monde sautait, dansait et chantait. Notre bonheur était à son comble. Nous étions heureux pour nous-mêmes, mais aussi pour les supporters qui avaient attendu sept années leur grand jour. Arsenal venait de gagner son onzième titre en première division ; mais pour la première fois dans l'histoire du football anglais, le trophée revenait à une équipe dirigée par un entraîneur étranger. Et, pour couronner le tout, c'était la première saison de cet entraîneur !

Après la cérémonie, nous avons fait le tour du terrain en saluant nos fans. Ensuite, retour aux vestiaires. L'ambiance était fantastique. On buvait du champagne, on chantait, on s'étreignait. On dansait sur la table de massage. On sautait partout. On se lâchait complètement. Mais que la saison avait été dure ! Obtenir la victoire après être remontés des profondeurs du classement ! Il y avait de quoi exulter. En fait, nous avions cru en nous du début à la fin du Championnat. Nous avions continué à nous battre match après match. Nous avions arraché un point après l'autre. Et le labeur avait fini par payer. Tous ces efforts ! Cet esprit. Aucun doute, ce titre reste un des meilleurs moments de ma carrière.

Pourtant, il n'y eut pas de fête ce soir-là. Nous ne sommes pas allés nous amuser en ville. Nous avions encore du pain sur la planche ! La Coupe d'Angleterre, notamment, deux semaines plus tard. Aussi, après cette longue célébration de la victoire dans les vestiaires, chacun est rentré chez soi pour se mettre au lit et profiter d'une bonne nuit de repos. Nous savions pouvoir nous attendre à une petite baisse de forme après cet incroyable succès. Sans surprise, nous avons perdu nos deux derniers matchs de la saison. Mais dans l'esprit de tous, y compris dans celui d'Arsène Wenger, le plus gros du travail était accompli. Nous avions gagné le Premiership ! L'objectif principal fixé en début de saison. C'était plus important pour nous qu'une victoire en Coupe d'Angleterre. Et nous avions réussi. Cela dit, pendant les deux semaines suivantes, Arsène Wenger ne nous a jamais laissé perdre de vue une chose : nous avions encore devant nous un match important à jouer, un match qui assurait une position encore plus solide dans les livres d'histoire qu'une victoire en Championnat. Il parlait de notre match contre Newcastle en finale de la Coupe d'Angleterre. Il veillait à ce que nous ne perdions pas notre énergie, et que nous restions concentrés sur cet objectif aussi. Nous savions tout cela, et qu'un autre grand rendez-vous nous attendait. Même si c'était génial d'être vainqueurs en Championnat, nous aspirions à faire un doublé. Ainsi notre satisfaction serait totale. Ainsi n'aurions-nous pas le sentiment d'avoir fait le travail à moitié.

Notre préparation fut la même que d'habitude. L'idée était de ne toucher à rien. Nous n'avions pas de raison de nous attendre à un truc spécial ou particulièrement nouveau. Le vendredi matin, nous nous sommes retrouvés pour un léger entraînement. Comme à l'ordinaire, nous avons dormi le soir à l'hôtel – un hôtel à Wembley, toutefois, et non celui situé près de notre terrain d'entraînement, où nous avions nos habitude. Au réveil, nous avons fait une courte marche, puis quelques exercices d'assouplissement. S'en est suivi un bref échange sur les questions tactiques, histoire de régler les tout derniers détails.

Je jouais pour la première fois à Wembley ; ce stade jouissait d'une grande réputation. C'est vrai, il dégageait quelque chose de magique. En même temps, il forçait le respect. Il avait une telle histoire derrière lui ! Même le terrain était exceptionnellement vaste, cela nous changeait de Highbury, la plus petite pelouse du Championnat. Nous allions pouvoir jouer un football plus ouvert.

L'attente dans le tunnel nous a paru durer une éternité. J'avais vaguement conscience de la présence des caméras – comme désormais à chaque match –, mais j'y étais tellement habitué que ça ne me gênait pas. Je brûlais d'impatience d'entrer sur le terrain, et c'est tout. De me retrouver devant les fans. De goûter l'atmosphère de Wembley. J'en avais tellement entendu parler ! Et, bien sûr, de jouer le plus grand match de ma carrière.

Au signal, nous nous sommes élancés derrière Tony. Sur le terrain resplendissait un grand soleil. La clameur qui nous a accueillis ne ressemblait à rien de ce que j'avais entendu jusqu'alors. C'était une véritable explosion, j'ai ressenti le choc de plein fouet au moment de poser le pied sur la pelouse. J'ai eu l'impression de prendre un coup au visage, d'être frappé par une déferlante. L'adrénaline s'est répandue dans tout mon corps. « Pense au match ! », me répétais-je. Je me savais capable de courir tout l'après-midi s'il le fallait, tant j'avais d'énergie en moi. Mais il fallait d'abord passer les préliminaires ! Comme dans un match international, les hymnes allaient retentir dans le stade. Et comme c'était la finale de la Coupe d'Angleterre, on a écouté *Abide With Me,* un chant traditionnel.

Je ne le connaissais pas encore, mais je n'allais pas tarder à l'aimer, et pour moi il resterait à jamais associé à cette compétition. Je devais avoir par la suite l'occasion de l'entendre, on peut me croire ! Mais à ce moment-là, je n'en connaissais ni la musique ni les paroles. Je l'ai écouté : 80 000 voix chantaient ! J'ai levé les yeux. Chaque centimètre de gradin disparaissait tantôt sous le rouge et blanc, tantôt sous le noir et blanc. Cela aussi m'avait frappé à ma sortie du tunnel : le stade était séparé en deux parties égales – les rouge et blanc d'un côté, les noir et blanc de l'autre. Et des deux côtés, on chantait. Des deux côtés, on brandissait des drapeaux. Partout les supporters avaient à cœur d'exprimer la même passion pour leur équipe. J'en avais des frissons. Dans ces moments-là, j'adore m'en mettre plein les yeux, plein les oreilles aussi, m'imprégner de l'ambiance autant que possible. Immanquablement, je mesure ma chance d'avoir un métier aussi génial. Ces minutes-là achèvent de me gonfler d'énergie, ainsi je suis fin prêt pour attaquer le match.

Nous étions une grande équipe, et ce match devait en apporter la preuve. Pourtant nous jouions sans Dennis ; il n'avait pas récupéré de sa blessure au tendon – nous avions espéré en vain qu'il serait guéri à temps. Et sans Ian Wright, pas au mieux de sa forme lui non plus, car il souffrait de la même blessure. Remplaçant, il a passé presque tout le match à s'échauffer près de la ligne de touche, tant il espérait faire une apparition dans le jeu. Espoir déçu, hélas ! En définitive, il ne devait plus jouer pour Arsenal. L'été le verrait signer avec West Ham. Il avait 185 buts à son palmarès. Beaucoup pensaient qu'un tel chiffre ne serait pas égalé de sitôt. Mais c'était avant l'arrivée d'un certain Thierry Henry...

Dès le coup d'envoi, nous avons dominé Newcastle. Alan Shearer, leur seul buteur, était tellement marqué par Tony qu'il avait à peine pu toucher la balle pendant la première mi-temps. Quant à Manu et moi, nous récupérions tous les ballons perdus qui arrivaient en milieu de terrain, ainsi, nos adversaires n'arrivaient à monter aucune attaque. À l'avant, la pression exercée sur leur défense était forte, au point que nous avons été près d'aboutir à plusieurs reprises. On allait marquer, on le sentait. C'était juste une question de temps. Enfin, à la vingt-troisième minute, une frappe enveloppée de Manu a franchi la défense de Newcastle. Marc a récupéré la balle de la tête, puis tiré du pied sans laisser aucune chance au gardien Shay Given. Le score était de 1-0 à la pause. Et nous étions bien décidés à concrétiser cet avantage pendant la deuxième mi-temps. Au sortir des vestiaires, Platt a remplacé Wreh en première ligne. Quelques minutes plus tard, Nicolas récupérait une de ces passes aériennes dont Ray Parlour avait le secret : il se lançait dans un véritable sprint et finissait en tirant au ras du sol devant le plongeon de Shay Given – le but imparable. Le match était déjà chaud avant cette action, le but de Nicolas l'a littéralement incendié.

Même avec deux buts d'avance, nous n'avons pas baissé les bras. Au contraire, nous avons continué d'attaquer. Puis est arrivé le coup de sifflet final. Nous l'avions fait ! Nous avions réussi le doublé Championnat-Coupe d'Angleterre. Le premier doublé d'Arsenal depuis 1971 ! Là encore, j'ai vu Arsène Wenger sortir de sa réserve. Il faisait des bonds. Il s'était rué sur le terrain pour chanter victoire avec nous – nous, son armée de combattants fidèles. Nous avions fait exactement ce qu'il nous avait demandé, et même davantage. Avait-il cru, en début de saison, qu'un tel succès serait au rendez-vous ? Lui seul le sait. Pour ma part, j'étais à Londres depuis un an seulement ; et je l'avoue, je n'avais pas imaginé que tout irait aussi vite pour moi.

Il ne nous restait plus qu'à grimper derrière Tony les trente-neuf marches menant aux médailles. Quand il a levé le célèbre trophée pour le présenter aux fans, le délire s'est emparé du stade. De ma place, je ne pouvais voir l'expression de son visage. Mais il ne m'était pas difficile d'imaginer ce qu'il éprouvait : l'extase, tout simplement.

Encore une fois, le champagne nous attendait dans les vestiaires. Le champagne, les chansons et les danses ! Nous exultions, c'est vrai. Mais surtout, nous étions fiers de notre prouesse. Je ne crois pas avoir jamais connu depuis un succès semblable. Et ce succès arrivait au terme de ma première saison avec le club. Tout était allé si vite ! Repensant aux divers clubs qui m'avaient contacté lorsque je me trouvais au Milan AC, je pensai que j'avais eu raison de choisir Arsenal. Mais peut-être n'était-ce encore qu'un début ! Je l'espérais, du moins. Je ne pourrais me satisfaire d'un succès en termes de trophées et de médailles. Je voulais plus, beaucoup plus !

Il faisait nuit quand nous avons quitté Wembley pour regagner le Sopwell House Hotel où nous avions laissé nos voitures. Un dîner de fête nous y attendait, auquel était convié le staff d'Arsenal au complet – car tout le monde avait travaillé dur, pendant toute la saison, pour que nous puissions réaliser ce doublé. Nos femmes ou nos compagnes étaient de la partie elles aussi. L'idée n'était pas de boire ni de se rouler par terre. Non, il s'agissait de passer une très bonne soirée, de se détendre. Après quoi chacun rentrerait chez soi et dormirait d'un bon sommeil, au terme d'une journée exceptionnelle. Nous avions rendez-vous le lendemain matin sur l'impériale d'un bus londonien. Une parade nous emmènerait de Highbury à Islington Town Hall. Et nous le savions, ce serait le moment le plus fort de la fête.

Là aussi on m'avait prévenu, il fallait s'attendre à de l'inattendu ! Pourtant, ma surprise fut totale. On a beau être préparé... Jamais je n'avais vu des gens s'accrocher aux branches des arbres, au rebord des fenêtres ! Certains étaient même debout sur le toit des maisons ! La foule occupait chaque centimètre carré de rue sur notre passage. Tout se passait comme si la moitié de Londres avait fait le déplacement – et pas seulement la moitié nord. Tout le monde était vêtu de rouge et de blanc. On nous donnait des bébés à embrasser, c'était complètement fou ! Jusqu'au moment où il a bien fallu se séparer. Quelques-uns d'entre nous étaient appelés à se revoir sous peu, quand ils rejoindraient leurs pays respectifs afin d'y préparer la Coupe du Monde. D'autres se quittaient pour plus longtemps. Certains, comme Ian Wright, allaient abandonner le club, et vivaient ces adieux avec une émotion particulière. Nous venions d'accomplir une saison inoubliable. En tant que joueurs d'une même équipe, nous avions noué des liens dont je n'aurais même pas imaginé qu'ils puissent seulement exister – je n'avais pas encore vécu la Coupe du

Monde 98. Alors se dire au revoir, ce fut très dur. En même temps, chacun partait avec des tonnes de souvenirs. Pour ma part, j'étais lié à jamais à ce groupe de footballeurs d'exception.

La saison 2001-2002 fut très différente, même si elle devait nous apporter un nouveau doublé. D'abord, l'équipe avait beaucoup changé. Ce n'était plus la gagnante de 1998. Ian Wright n'en faisait plus partie. Emmanuel Petit et Marc Overmars non plus, tous deux vendus à Barcelone durant l'été 2000, pour la somme de trente-deux millions de livres. Leur départ ne m'avait pas trop fait plaisir à l'époque. En restant, ils auraient pu combiner leur talent avec celui des nouveaux joueurs, et cette fusion aurait fait de nous une équipe leader encore plus forte. Au lieu de quoi des joueurs de haut niveau étaient remplacés par des joueurs de haut niveau, et voilà tout. Ça s'appelle brasser de la flotte. Ça ne fait pas avancer les choses en terme de puissance de l'équipe. Freddie Ljungberg avait été le premier à nous rejoindre durant l'été 1998. Il arrivait du club d'Halmstad en Suède. Il avait coûté trois millions de livres... et le boss ne l'avait vu jouer qu'à la télévision. Cela dit, après le départ de Manu et de Marc, il devait figurer parmi les premiers choix automatiques en milieu de terrain. Et la saison 2001-2002 l'a trouvé au meilleur de sa forme. Ensuite, Thierry Henry a signé avec Arsenal ; en 1999, Thierry avait été acheté à la Juventus pour dix millions et demi de livres. Il avait joué en Italie – ailier droit –, ça ne lui avait pas tellement réussi ; aussi a-t-il aussitôt été nommé avant-centre, en dépit du fait qu'il avait protesté auprès de l'entraîneur en disant : « Mais je ne marque pas de buts ! »

Arsène connaissait bien Thierry, qui avait joué pour lui à Monaco, il savait parfaitement ce qu'il faisait en le nommant avant-centre. D'ailleurs, Thierry a rapidement montré son vrai potentiel à ce poste. Un an plus tard, au cours de l'été 2000, Robert Pires quittait l'Olympique de Marseille pour nous rejoindre. Sa vision du jeu, l'énergie qu'il déployait en milieu de terrain, ses capacités techniques et son talent pour marquer, tout le désignait comme un joueur essentiel dans la composition de l'équipe. Enfin, à l'été 2001, alors que nos quatre défenseurs de génie arrivaient au terme de leur carrière, le manager a signé avec Sol Campbell qui venait des Spurs de Tottenham ; son arrivée coïncidait avec une saison qui nous verrait remporter un second doublé.

Pourtant, nous avons connu des hauts et des bas durant la première moitié de la saison. Nous n'avions pas ce qu'il fallait pour nous hisser en tête du classement. La saison précédente nous avait mis en position de gagner le Championnat (contre United) et la Coupe d'Angleterre : nous avions été déçus de la perdre contre Liverpool sur un but marqué par Michael Owen à la toute fin du match. Nous étions résolus à ne pas répéter cette mauvaise expérience. Car franchement, la deuxième place, c'est tout de même une place de perdant. La troisième et la quatrième aussi, d'ailleurs. Bref, la seule place valable, c'est la première – celle du champion. C'est ainsi que je vois les choses.

Nous avons eu besoin de plusieurs mois pour trouver nos marques et commencer à envisager une nouvelle victoire. Je me souviens d'un match joué en décembre contre Aston Villa à Highbury. Menés 2-0 après quarante-cinq minutes de jeu, nous avons finalement gagné 3-2 au finish. Sylvain Wiltord avait été acheté à Bordeaux durant l'été pour treize millions de livres. Il a marqué dès qu'il a eu le ballon, dans les premières secondes de la deuxième mi-temps. Et ça nous a sans doute libérés. Presque une demi-heure plus tard, je récupérais une balle sur la gauche. Je faisais à Thierry une longue passe sur la droite du terrain. Et Thierry se jouait brillamment du portier adverse, Enckelman : 2-2. Nous étions prêts à nous contenter de ce nul, même si nous avions besoin d'engranger un maximum de points à ce stade du championnat. Arrivent les arrêts de jeu. Et là, un dégagement des six mètres de Villa finit dans les pieds de Robert. Il passe à Thierry sur la droite. Thierry monte rapidement et tire au ras du sol. Le gardien est surpris sur sa gauche. On est à la quatre-vingt-douzième minute de jeu. Titi vient de marquer son quinzième but de la saison. Nous voilà propulsés en deuxième place du Championnat derrière Liverpool.

Mais une semaine plus tard, une terrible défaite (3-1) nous attendait à domicile contre Newcastle. L'arbitre, Graham Poll, devait perdre son sang-froid – le pire cas de figure. Il a commencé à distribuer des cartons et à expulser des joueurs pour des fautes qu'ils n'avaient pas commises. Au coup de sifflet final, Thierry s'est emporté contre l'arbitre ; il n'était pas coutumier de ce genre de réactions, mais c'en était trop. Plusieurs joueurs ont uni leurs forces pour essayer de le calmer, dont Martin Keown et même Alan Shearer. Sans résultat ; personne n'arrivait à lui faire entendre raison. Des agents de police ont dû venir sur le terrain protéger Poll. Bobby Robson, le manager de Newcastle, a reconnu après coup que « les championnats se perdaient ou se gagnaient dans ce genre de circonstances ». C'est vrai. Mais il est non moins vrai que nous n'aurions jamais dû perdre ce match. En tout cas, pas de cette façon. Bref, nous nous sentions floués. D'ailleurs, pour que Thierry Henry perde ainsi son sang-froid, il fallait bien que quelque chose ne tourne pas rond avec cet arbitre.

Début mars nous a apporté notre revanche. C'était à St James' Park. Nous avons gagné le match 2-0. Pourtant, notre équipe n'a pu jouer à cent pour cent de sa puissance car nous avions de nombreux blessés : Thierry, Ray Parlour, Ashley Cole, Martin Keown et Tony Adams ! Après dix minutes de jeu, Dennis Bergkamp marquait le but de la saison – ses fans ont pu chanter sa gloire à juste titre. Il avait dépossédé Laurent Robert du ballon au milieu du terrain, l'avait passé à Robert Pires. Pires a fait une passe longue à Dennis qui a contrôlé du pied gauche dans la surface de réparation. À ce moment-là, Dennis tournait le dos au gardien. Et il était entouré de défenseurs. Il avait un ballon dont il ne pouvait rien faire – en tout cas, personne n'aurait parié un centime sur ses chances. Mais Dennis a pivoté. Laissant sur place Dabizas qui le marquait, il a tiré calmement du pied droit. Shay Given, le gardien, était battu. Quel talent ! Quel timing ! Quelle vision du jeu ! Après le match, l'entraîneur n'a pu s'empêcher de s'écrier : « Il ne marque que de grands buts ! »

Mais ce n'était pas tout. Dennis ne s'est pas contenté de nous donner le premier but du match, il a créé l'occasion d'un deuxième en fin de première mi-temps, sur un coup franc tiré en hauteur, récupéré par Sol et marqué de la tête.

Nous avions fait un match génial. La veille, nous étions encore à la deuxième place du classement derrière United. Maintenant, nous étions à égalité de points avec eux. La différence ne se jouait plus que sur un but. L'année précédente, déjà, nous n'avions réussi à retourner la situation qu'après une terrible défaite en décembre. Le scénario se répétait, apparemment. Il devait d'ailleurs se répéter à plusieurs reprises durant mon passage dans ce club. À chaque fois, nous nous posions la même question : « Pourquoi ? Pourquoi ce passage à vide au début de l'hiver ? ». Mais nous n'avons jamais pu lui apporter une réponse définitive. Toujours entraient en jeu des facteurs différents : les blessures, les contre-performances... Et ces facteurs suffisaient à pourrir notre première partie de saison.

Plus tard, après cette victoire de Newcastle par 2-0, nos supporters n'ont pu s'empêcher de chanter : « La semaine prochaine à la même heure ! ». En effet, il faudrait retourner dans le Nord une semaine plus tard, et rencontrer les hommes de Bobby Robson pour les quarts de finale de la Coupe d'Angleterre. Ce match s'est achevé sur un nul, 1-1. Le match retour s'est joué en mars sur notre pelouse de Highbury, et cette fois, nous les avons sévèrement battus 3-0. Vu notre façon de jouer ce soir-là, rien n'aurait dû nous empêcher d'alourdir le score. Sauf que Robert, sérieusement touché, est sorti au milieu de la première mi-temps. Dans les vestiaires, pendant la pause, nous avons appris que c'était une vilaine blessure. Les ligaments du genou étaient touchés. Robert allait aussitôt être embarqué dans un avion et envoyé à Cannes où l'attendait un spécialiste. En tout état de cause, il serait indisponible pour une bonne partie de la saison, voire pour la saison tout entière. Ce fut un choc terrible. Robert s'était blessé alors qu'il faisait des merveilles ! Au point qu'il devait recevoir le prix du Joueur de l'année, décerné par les Football Writers. Bientôt, des nouvelles venues de France ont confirmé le diagnostic : rupture des ligaments du genou. Robert ne jouerait pas cette saison dans le championnat anglais et serait aussi privé de la prochaine Coupe du Monde en Corée du Sud et au Japon – cette compétition aurait dû lui offrir un rôle essentiel.

La dernière partie du Championnat nous a apporté davantage de victoires, dont un premier 3-0 contre Sunderland (match au cours duquel j'ai marqué un but), un deuxième 3-0 contre Charlton, et un 2-1 contre les Spurs sur notre terrain dans le derby local. Une autre victoire, par 1-0 contre Middlesbrough, nous a valu notre qualification pour la finale de la Coupe d'Angleterre. Manchester United était éliminé. Allaient-ils nous céder leur couronne ? Allaient-ils finir la saison les mains vides ? Leur début de saison aussi avait connu des hauts et des bas, et nous en avions profité ; une fois lancés sur la route de la victoire, nous avions commencé à ruiner leurs espoirs. Pourtant, nous devions cette fois gagner d'une manière différente de celle de l'année de notre doublé. La finale de la Coupe d'Angleterre était programmée le samedi 4 mai. Nos deux derniers matchs du Championnat viendraient après. Et qui devions-nous rencontrer lors du premier match ? Oui : Manchester United.

L'objectif était donc de commencer par gagner la Coupe d'Angleterre, sachant que réaliser un doublé dans ces conditions relevait presque de la mission impossible. Nous aurions préféré nous assurer d'abord d'une victoire en championnat – le défi le plus difficile à relever pour nous, et notre objectif numéro un –, et tenter ensuite de remporter aussi la Coupe d'Angleterre. Mais la saison était ainsi faite ! Un charter privé nous a emmenés à Cardiff la veille du match – un transport bien plus rapide que l'autoroute. La plupart d'entre nous avaient joué au Millenium Stadium l'année précédente, quand nous avions perdu la finale de la Coupe contre Liverpool. Bref, nous connaissions déjà ses vestiaires royaux ! Mais on s'y sent plus enfermé qu'à Wembley, et le bruit y est assourdissant. Le public est plus près des joueurs. En définitive, nous étions là pour jouer contre nos grands rivaux londoniens : le Chelsea de Claudio Ranieri – qui devait finir sixième du Championnat. C'est dire l'ambiance électrique qui régnait dans le stade. Comme les médias se faisaient un plaisir de le rappeler, la bataille de milieu de terrain me verrait affronter mon ami Emmanuel Petit, qui prospérait désormais à Stamford Bridge. J'aurais aussi en face de moi Marcel Desailly, mon ex-coéquipier en équipe de France et au Milan AC.

En dépit de sa blessure, Robert Pires était venu avec nous à Cardiff. Robert n'est pas du genre à extérioriser ses sentiments, il aurait plutôt tendance à les garder pour lui. Il ne s'est donc pas étendu sur sa frustration d'être obligé de regarder le match assis dans les tribunes, pendant que sur le terrain nous tentions de gagner nos médailles de la Coupe d'Angleterre. En fait, il cachait complètement ses émotions. Et, en accord avec le reste de l'équipe, j'avais jugé inutile de l'accabler par des marques d'affection : elles auraient pu lui sembler déplacées. De toute façon, aucune parole n'aurait pu le réconforter.

Ce ne fut pas un grand match, de notre point de vue. Honnêtement, nous n'avons pas joué un morceau d'anthologie ce jour-là. Mais jouer un morceau d'anthologie est chose rare dans des circonstances aussi exceptionnelles. Ce genre de match n'offre guère d'occasion de marquer, et le jeu y manque souvent d'inspiration. J'en conclus pour ma part qu'il vaut mieux se montrer réaliste. L'important, en pareil cas, c'est de se retrouver dans le camp de la victoire. Nous avions mieux joué dans la finale de l'année précédente, par exemple – j'en suis sûr. Mais qui s'en soucie ? Et même qui s'en souvient ? Au final, nous avions perdu !

Cette fois, nous avions pour ambition de battre Chelsea. Et nous nous imposons 2-0 ! Un résultat durement ressenti par certains joueurs de l'équipe adverse. Par Emmanuel, notamment. Il avait vraiment l'air bouleversé. Pendant tout le match, je m'étais efforcé de ne pas échanger le moindre regard avec lui. Et il faisait la même chose de son côté – j'en suis sûr –, afin de ne rien laisser paraître de l'affection qui nous unissait. Notre attitude créait d'ailleurs une situation bizarre. Quand nous jouions dans la même équipe, nous étions très proches. Certes, ce n'était pas la première fois de la saison que nous nous retrouvions sur le terrain dans des équipes adverses. Pourtant, cette fois il ne s'agissait pas d'un match de championnat, mais de la finale de la Coupe d'Angleterre ! À la fin, nous avons échangé une poignée de main aussi neutre que possible, comme nous l'aurions fait au terme d'une rencontre ordinaire. Je le savais, rien de ce que je pouvais dire n'aurait pu réconforter Manu, et je ne voulais pas non plus le mettre dans la situation d'avoir à me féliciter. Le lendemain, quand les émotions se furent un peu apaisées, nous nous sommes parlé au téléphone. Nous sommes revenus sur le match. Et j'ai trouvé formidable de pouvoir ainsi clarifier les choses avec lui, calmement.

C'était notre première victoire en Coupe d'Angleterre depuis 1998. Et c'était déjà fantastique. Même si nous avions en plus l'espoir de réaliser, peut-être, le doublé à la fin de la semaine. En fait, nous disposions de quatre jours seulement pour fêter notre victoire. Ensuite, viendrait ce match à l'extérieur, à Old Trafford. Là était notre grand défi. En cas de victoire, le Championnat était à nous !

Nous vivions donc le moment fort de ce qui apparaissait désormais comme une compétition extrêmement serrée – l'une des plus serrées de ces dernières années. Les fans d'United espéraient bien nous voir trébucher sur leur terrain. Leur espoir était d'autant plus justifié que l'équipe comptait des blessés : Thierry, Dennis et le capitaine Tony Adams. Plusieurs de leurs joueurs ont fait de leur mieux pour essayer de nous intimider. Paul Scholes, par exemple. Phil Neville, aussi. Et Roy Keane. À coup de tacles particulièrement durs. Mais nous avions une telle confiance en nous, ce soir-là, qu'ils pouvaient nous balancer tout ce qu'ils voulaient, rien ne nous ébranlait. Nous avions en défense Lauren, Keown, Ashley Cole et Sol Campbell. Lauren, à qui une blessure avait posé problème l'année précédente, était devenu depuis un joueur clef de l'équipe première. Keown était un vétéran. Cole et Campbell avaient pour ainsi dire grandi à Arsenal. Tous les quatre formaient avec Seaman un mur infranchissable. J'occupais le milieu du terrain avec le Brésilien Edu – qui avait signé à Arsenal l'été 2001 pour six millions de livres. Ces deux éléments constituaient la base sur laquelle appuyer nos attaques. La première mi-temps s'est achevée sur un score vierge. Mais au début de la seconde, Wiltord a fait une passe courte à

Ljungberg. Freddie, échappant à une attaque de Laurent Blanc, a tiré un ballon au ras du sol. Le gardien d'United, Fabien Barthez, a arrêté le tir mais sans bloquer la balle : celle-ci a rebondi sur Wiltord – son coéquipier de l'équipe de France. Wiltord a tiré à son tour depuis la limite de la surface de réparation : but !

Notre victoire nous permettait de réaliser le doublé une fois encore – mon deuxième doublé avec Arsenal, un de mes souvenirs les plus chers et les plus précieux. La rivalité entre Arsenal et United est beaucoup plus forte que celle entretenue par chacun des deux avec tous les autres clubs du Championnat. Et ce n'est pas près de finir, à mon avis. Pour les supporters de Manchester United, la soirée était désastreuse ; même Sir Alex Ferguson a dû reconnaître qu'il avait levé les bras pour saluer notre succès.

Ce deuxième doublé différait complètement de celui de 1998. D'abord, il ne s'agissait pas du tout de la même équipe. Lentement mais sûrement, les joueurs avaient été amenés à révolutionner notre football. Sous la direction d'Arsène Wenger, notre jeu avait adopté un style plus continental. Fini, les balles longues : le temps était désormais aux passes rapides dirigées avec précision vers les pieds du coéquipier. Maintenant, les séries d'attaques étaient construites avec soin, et à une vitesse que certaines équipes du Championnat pouvaient trouver surprenante. Enfin, l'entraîneur n'était pas le seul à venir de l'étranger, c'était le cas aussi de la plupart des joueurs. De sorte que notre style était dominé par le jeu de passes – une évolution quasi inévitable. Quoi qu'il en soit, les résultats étaient là. Autre élément d'importance, nous jouions à présent dans un esprit collectif, non pour nous-mêmes. L'esprit d'équipe était fort. Pas question de soumettre le club à la volonté des « stars ». Nous étions unis, nous formions un seul corps. Et c'était l'un de nos meilleurs atouts.

Dès son arrivée, Arsène Wenger avait tenté de nous faire évoluer aussi dans notre approche de nos vies. Il s'était intéressé à nos régimes, à notre façon de nous entretenir physiquement.

Nous recevions deux fois par semaine la visite d'un ostéopathe chargé de résoudre nos problèmes. Un médecin était disponible en permanence. Nos repas étaient pensés pour créer le maximum d'impact nutritionnel ; cela nous ôtait toute possibilité de choix en matière de plats. On nous servait davantage de pâtes, de riz, d'hydrates de carbone, de protéines moins riches en graisse, des viandes blanches, du poisson. Avant l'ère Wenger, quand nous étions ensemble, nous mangions ce dont nous avions envie. Certains se faisaient plaisir avec des plats dépourvus de valeur nutritionnelle. Wenger a mis fin à ces habitudes, en apportant des pratiques déjà adoptées par des clubs du continent – dont le Milan AC, je le précise –, mais pas encore considérées comme la norme en Angleterre. Son approche du sport était plus large, plus professionnelle, plus rigoureuse ; elle a contribué à nous rendre plus performants cette saison-là.

Quoi qu'il en soit, l'équipe d'Arsenal était à son meilleur. Nous avions toujours notre bonne défense, comme pendant la saison 97-98. Mais nous avions aussi une bonne attaque, désormais. Les résultats étaient là pour le dire. Nous étions la seule équipe des quatre divisions à n'avoir perdu aucun match à l'extérieur de toute la saison. Nous avions marqué dans chacun de nos 38 matchs de Championnat. Notre force n'était-elle pas évidente ? Thierry Henry devait achever la saison avec 24 buts à son compteur – c'est lui qui en avait marqué le plus. Nous étions sortis victorieux des vingt derniers matchs de la saison ; en fait, nous avions cessé de perdre après notre défaite à domicile, en décembre, contre Newcastle.

En ce qui me concerne, non seulement j'ai accompli deux doublés avec Arsenal : peu de footballeurs peuvent se vanter d'avoir un tel exploit à leur actif, à quelque club qu'ils appartiennent. De plus, ç'avait été à chaque fois une expérience particulière, entièrement nouvelle. Dans un cas comme dans l'autre, nous avions dû bosser dur pour arracher chacun de nos succès : la récompense finale en avait eu un goût plus suave et plus merveilleux.

10

49, et autres nombres magiques

Quand j'ai commencé à réfléchir à mes années passées à Highbury, j'ai compris qu'il n'allait pas être facile de faire le tri dans mes meilleurs souvenirs – comme d'ailleurs dans les moins bons. Neuf années ! Neuf années de moments exaltants et de revers de fortune ! Le choix était presque trop vaste. Bien sûr, la plupart des épisodes les plus heureux sont liés à nos deux doublés, ces victoires extraordinaires auxquelles j'ai eu la chance de pouvoir apporter ma contribution. Mais il y en eut bien d'autres. Je pense notamment à la saison 2003-2004, inscrite dans nos mémoires comme celle d'une domination incroyable puisque nous devions aligner 49 matchs sans défaite.

La saison précédente s'était achevée sur une impression douce-amère. Début mai, nous avions perdu 3-2 à domicile contre Leeds, ce qui avait permis aux Diables Rouges de Manchester United de nous ravir notre titre de vainqueurs du Championnat – recul d'autant plus douloureux qu'en mars nous étions en tête de classement avec huit points d'avance. Toujours est-il que le résultat du Championnat s'était joué tard dans la saison, après que nous avions été à deux doigts de conserver notre titre. Mais perdre notre couronne au profit de United ! La pilule était amère. C'est un de mes grands regrets : que l'équipe d'Arsenal n'ait pu gagner le

Championnat deux années de suite. C'était là une de mes ambitions. Et je suis triste, aujourd'hui encore, qu'elle n'ait pas été satisfaite. On imagine ce que j'ai ressenti sur le moment !

Cela dit, nous le savions dès le début de la saison, si nous n'emportions pas le titre, il reviendrait à United. C'était eux ou nous – aucun doute là-dessus. Mais ma plus grande frustration se situe à la mi-mars, alors que s'annonçaient les dernières semaines de la saison 2002-2003. J'ai été blessé au genou ; cette blessure allait mettre du temps à guérir et m'interdire de terrain pour les matchs importants restant à jouer. Fin mars, j'ai voulu jouer quand même le match retour contre Chelsea en demi-finale de la Coupe d'Angleterre. Mon genou enflé n'était pas beau à voir. J'ai fini par quitter le terrain en boitant. Ainsi s'achevait ma première saison comme capitaine, alors qu'approchait le match crucial qui désignerait l'équipe victorieuse du Championnat ! Je me sentais vraiment mal. Quand une équipe commence à boire la tasse, il n'y a pas d'autre solution que de décréter le branle-bas de combat ! Tout le monde doit être présent sur le pont. Une équipe qui veut se sortir d'une mauvaise passe a besoin de rassembler toutes ses forces. J'avais le sentiment de ne pas assumer mes responsabilités. Et je continue de penser qu'United n'a pas gagné le Championnat, cette saison-là : c'est bel et bien nous qui l'avons perdu. Nous avons mal géré nos derniers matchs. Nous ne jouions pas au niveau exigé pour remporter la victoire en Championnat.

Je me suis trouvé aussi dans l'incapacité de jouer la finale de la Coupe d'Angleterre contre Southampton. Après notre déception en Championnat, il nous restait une dernière chance de rentrer à la maison avec un trophée sous le bras. J'ai suivi le match sur le banc de touche, place peu enviable pour une rencontre de cette importance. Et Robert Pires en savait quelque chose, pour avoir vécu la même expérience la saison précédente. Sol non plus n'était pas sur le terrain, pour cause de suspension. Mais pour moi, que l'on manque un match pour cause de blessure ou de suspension, le résultat est le même. Le sentiment de frustration est complet. Par chance pour les Gunners, nous avons gagné.

Nous avions déjà battu Southampton sur notre terrain dix jours plus tôt, lors d'un match au cours duquel Robert avait annoncé ses intentions pour la finale en marquant trois buts. Cette fois, les Saints ont fait un bon début de partie. Ils nous emprisonnaient. Ils attaquaient toutes les balles. Ils essayaient de construire des offensives. Ils ont même été une ou deux fois sur le point de marquer, mais leurs ballons étaient arrêtés par les plongeons du génial Seaman. De plus, nous nous sentions en confiance ce jour-là. Et Thierry avait eu deux occasions de but dans les dix premières minutes. À la trente-huitième minute, il a saisi une occasion de passer à Dennis ; celui-ci récupère la balle en plein sprint, et fait un retourné incroyable en direction de Freddie qui attend à l'entrée de la surface. Freddie tire. La défense de Southampton arrête la balle. Robert la récupère sur le rebond. Il s'accorde une demi-seconde pour se positionner. Et il expédie le ballon dans les filets d'un tir des cinq mètres. Ce sera le seul but du match. Et c'est une très bonne chose qu'il ait été marqué par un joueur absent sur le terrain pour la même épreuve la saison précédente à cause de ses ligaments blessés. Il y a parfois une justice dans le sport !

Cette victoire fut un grand bonheur, et un grand soulagement. Au moins, nous finissions la saison avec un trophée. Et nous savions l'avoir mérité. Certes, nous avions perdu la bataille du Championnat, mais en bossant vraiment dur et en jouant un grand football tout au long de la saison. Notre victoire – notre neuvième Coupe d'Angleterre et notre deuxième de suite – en était la preuve. Après tout, nous avions gagné une sorte de doublé ! Dans les vestiaires, le triomphe fut célébré comme il se doit. Mais je dois le dire, mes sentiments étaient un peu mitigés. Quand on est blessé, on n'a pas l'impression d'être membre de l'équipe à part entière. On voit ses camarades se préparer et s'entraîner. Le jour dit, ils retiennent leur souffle. Et quand ils ont gagné, ils exultent. Et toi, tu n'es pas vraiment partie prenante du bonheur final, même si tu as joué ton rôle pour que l'équipe en arrive là. Tu te sens plus ou moins en dehors du coup. Bien sûr, tu n'es pas exclu de la fête ! Mais tu n'en fais pas non plus partie à cent pour cent. Voilà pourquoi j'ai eu quelque peine à me réjouir de cette victoire. Elle nous plaçait pourtant en bonne position pour attaquer la saison suivante, au cours de laquelle nous avons engrangé les bons résultats, tant en Championnat qu'en Ligue des Champions. Nous avons gagné nos trois derniers matchs de poule contre le Lokomotiv de Moscou, le Dynamo de Kiev et... l'Inter de Milan. Ce dernier match, joué en novembre à l'extérieur, devait se conclure sur un incroyable 5-1 en notre faveur. Là encore, j'étais blessé. J'ai suivi la partie dans les tribunes. Mais j'étais fou de joie. C'était un de nos plus beaux matchs au niveau européen – et même, selon moi, le plus beau que nous ayons joué depuis mon arrivée dans les rangs d'Arsenal. Ces trois matchs nous avaient placés en tête de notre groupe, et nous avions désormais des raisons de croire que l'année nous verrait peut-être gagner la Ligue des Champions, en plus du Championnat et, peut-être, de la Coupe d'Angleterre. Manchester United l'avait fait. Alors, pourquoi pas nous ?

Février s'est révélé décisif pour deux de nos joueurs parmi les plus importants. Pour Thierry, d'abord, qui a marqué contre Southampton son centième but dans le Championnat ; pour Robert aussi, qui a inscrit contre Charlton son cinquantième but pour Arsenal. Entre les deux, José Antonio Reyes a fêté son arrivée dans le club en inscrivant ses deux premiers buts pour l'équipe, et en éliminant du même coup Chelsea de la Coupe d'Angleterre. Âgé de vingt ans, il arrivait de Séville. Il avait profité des transferts de janvier, et signé pour un salaire de dix-sept millions et demi de livres – un record en club. Ce match avait été un moment de grâce pour lui. Surtout qu'une semaine plus tôt, lors d'un match de la Carling Cup, il avait marqué contre son camp et offert la victoire à Middlesbrough !

Trois rendez-vous importants nous attendaient en mars : la Coupe d'Angleterre, la Ligue des Champions et le Championnat. Nous sommes allés écraser Portsmouth 5-1 chez eux – voilà pour la Coupe d'Angleterre. Nous avons scié les jambes au Celta de Vigo – ça, c'était pour la Ligue des Champions. Enfin, nous avons enregistré deux victoires et un nul au Championnat –

respectivement contre Blackburn, Bolton et Manchester United. Notre défense était solide, nos passes bonnes, et nous marquions des buts. Bref, nous faisions des merveilles dans tous les domaines de jeu.

Pourtant, début avril, en quatre jours nous nous sommes fait éliminer de la Coupe d'Angleterre et de la Ligue des Champions. Ces défaites, nos plus féroces rivaux nous les avaient infligées : Manchester United nous a battus en demi-finale de la Coupe, à Villa Park, sur un petit 1-0 ; Chelsea est venu nous battre 2-1 à domicile en quart de finale de la Ligue des Champions, après que notre équipe eut fait 1-1 en match aller à Stamford Bridge. Aujourd'hui encore, je me demande comment nous nous sommes débrouillés pour perdre ces deux matchs. Nous devions être trop sûrs de nous. Et jouer un jeu trop défensif, trop fermé, comme si nous étions prêts à nous contenter d'un nul. Là, selon moi, a résidé notre principale erreur. Ces échecs nous ont coûté cher. Certains ont cru pouvoir les expliquer très simplement : nous avions joué trop de grands matchs dans un laps de temps trop court. Mais je ne suis pas convaincu. Moi, j'ai toujours estimé que si on accepte d'évoluer dans un grand club anglais, on sait que l'on aura soixante ou soixante-dix matchs à jouer dans l'année. Si on pense ne pas pouvoir tenir, alors on ne signe pas avec un Arsenal ou un Chelsea. Même chose si on juge ne pas pouvoir supporter les critiques des médias pour avoir échoué à satisfaire leurs attentes au moment des enjeux cruciaux. Il faut apprendre à traverser de telles épreuves.

Quoi qu'il en soit, cette double gifle nous plaçait devant une alternative : soit nous écrouler et baisser les bras jusqu'à la fin de la saison, soit choisir de montrer au public que nous avions la force et la volonté de repartir au combat. Le monde devait savoir que nous n'étions pas finis ! Et surtout que nous allions tout mettre en œuvre pour sortir vainqueurs du Championnat. Notre prochain match devait se jouer à domicile contre Liverpool. Et quand j'y repense, je suis transporté de plaisir. Car là s'est révélé l'authentique esprit d'Arsenal – l'équipe qui ne renonce jamais.

Liverpool a pris la direction du match dans les cinq premières minutes grâce à une tête de Sami Hyypia. Mais une demi-heure plus tard, Henry récupérait une passe lobée de Pires, et l'expédiait dans les filets depuis la limite de la surface de réparation. Toutefois, juste avant la fin de la première mi-temps, Gerrard est parvenu à glisser une balle à Owen qui s'est débrouillé pour s'enfoncer assez loin dans notre défense et marquer. Nous étions donc menés 2-1 à la pause. Il ne nous restait plus qu'à décider de nous battre. Nous ne pouvions concevoir de nous retrouver dans la situation d'avoir perdu trois matchs de suite. Alors, nous avons marqué notre deuxième but dès les premières minutes de la seconde mi-temps. C'était la meilleure réplique possible. Thierry est venu à l'intérieur. Il a passé à Freddie qui a passé directement à Robert. Et Robert a inscrit le but. Une minute plus tard, Thierry se livrait à un brillant départ en solo qui prenait de court la défense de Liverpool. Il tirait... et battait le gardien Dudek. Et il n'en avait pas encore fini ! À dix minutes du coup de sifflet final, il a couru dans la surface de réparation récupérer une belle balle de Dennis Bergkamp, et inscrit son troisième but du match. Il venait de réaliser un fantastique triplé.

C'était un résultat très important pour nous. Le match suivant se jouait contre Leeds sur notre pelouse, et devait nous fournir l'occasion d'inscrire un but de plus qu'avec Liverpool – score final 5-0. Thierry devait s'estimer insatisfait de son précédent triplé puisqu'il s'est arrangé cette fois pour marquer quatre des cinq buts du match – Pires en avait marqué un. Tous typiques du classicisme de ce joueur. Le premier et le troisième lui avaient permis de concrétiser des passes en profondeur de Gilberto. Le deuxième était un penalty lobé. Le quatrième, il l'avait marqué de la tête juste avant d'être fauché par un joueur de Leeds. Ce dernier but était le trente-septième qu'il marquait cette saison – et son cent cinquantième marqué pour Arsenal en deux cinquante titularisations. Incroyable ! Surtout de la part d'un joueur ayant débarqué dans le club en s'affirmant incapable de trouver le chemin des filets ! C'était formidable aussi que le dernier joueur à avoir marqué quatre buts à Highbury soit Ian Wright en 1991.

À ce stade de la saison, nous étions devenus les grands favoris du Championnat. Mais notre expérience de l'année précédente – quand nous avions été battus après avoir évolué en tête du classement – nous avait échaudés. Aussi nous étions-nous fixé une priorité : agir encore et toujours comme si tout restait à faire. Certes, nous étions invaincus cette saison, mais cette donnée ne nous intéressait pas, elle constituait juste un repère fixé par les médias. Pour nous, l'objectif numéro un restait le même, finir premiers du Championnat. Si personne n'arrivait à nous dominer, tant mieux ! Mais nous n'y pensions pas plus que ça. Le problème n'était pas de battre un record. Nous étions sensible à une seule pression, la victoire, ramener à Highbury le trophée du Premiership.

Et c'est ce qui s'est passé. Nous avons gagné le Championnat. C'était le 25 avril, à White Hart Lane. Alors qu'il nous restait quatre matchs à jouer ! Conclure aussi tôt, c'était vraiment génial. Contre les Spurs, en plus ! Et sur leur terrain ! C'est moi qui ai ouvert le score – satisfaction agréable au plan personnel –, avec un but superbe marqué dans les trois premières minutes. Thierry, au-delà de la ligne médiane, avait récupéré un dégagement venu de notre surface de réparation. Il a passé à Dennis à l'entrée de la surface adverse. Dennis m'a renvoyé le ballon et offert un tir franc du pied droit directement en face des buts. Le match devait s'achever sur un nul, 2-2. Nous avions produit ce football fluide et rapide – notre marque de fabrique désormais – qui, en de tels jours, ne laissait aucune chance à l'adversaire. Je fus particulièrement heureux de boucler mon après-midi en offrant à Robert Pires l'occasion d'un autre but. Il s'agissait sans doute d'un symbole intéressant : le capitaine de l'équipe commence par marquer, puis crée une possibilité de but le jour même de la victoire en Championnat. Mais je ne me soucie pas de ce genre de choses – c'est comme ça. Pas plus que je me tourmente pour savoir si le but que j'ai marqué est un but d'anthologie ou pas. Une seule chose m'intéresse, que nous ayons gagné, et non savoir si j'ai joué un rôle dans la victoire. Le foot est d'abord et avant tout un sport d'équipe.

Cela dit, la coïncidence était extraordinaire. Gagner le Premiership à White Hart Lane ! En 1971, l'année de son premier doublé, c'était déjà à White Hart Lane qu'Arsenal avait empoché le titre. Nombre de supporters des Spurs étaient conscients de l'ironie de la chose, j'en suis sûr : l'histoire se répétait.

Pour la deuxième année consécutive, la Professionnal Footballer's Association décernait à Thierry Henry le trophée du Joueur de l'année. Deuxième année de suite aussi qu'il était élu Joueur de l'année par les Football Writers. Et il était bien placé pour se voir attribuer par la FIFA les titres de Joueur de l'année et de Joueur européen de l'année. C'était donc une excellente année pour Thierry !

Le jour où le trophée du *Premiership* devait nous être remis à Highbury – à l'issue du dernier match de la saison contre l'équipe reléguée de Leicester City –, j'ai marqué le but de la victoire : le match s'est conclu sur un score de 2-1. Encore un moment heureux et symbolique. Mais cette journée fut mémorable pour d'autres raisons. Non seulement nous avions la chance de pouvoir lever le trophée devant nos fans – et je le faisais pour la première fois en tant que capitaine ! – mais nous finissions la saison invaincus. Nous avions joué trente-huit matchs sans en perdre un seul. Nous battions le record détenu par Preston North End depuis la saison 1988-1989. Nous avions gagné le Championnat avec un total de 90 points, soit avec 11 points d'avance sur Chelsea qui arrivait deuxième. C'était une marge considérable et nous avions de quoi nous réjouir. Ensuite, ce match était le dernier joué sous les couleurs d'Arsenal pour Martin Keown. Il avait finalement décidé de prendre sa retraite après toutes ces années dans le club. À son entrée sur le terrain comme remplaçant, quelques minutes avant la fin du match, il a eu droit à une ovation méritée de tous ses fans.

Au coup de sifflet final, la joie a explosé dans le stade en un tonnerre assourdissant. Puis est venue la cérémonie. J'ai levé le trophée. Les chants et les danses ont envahi le terrain. Et la fête a continué dans les vestiaires. Tout cela devait rester gravé dans ma mémoire comme les minutes les plus heureuses de ma vie. La saison finissait en beauté. Le lendemain matin, une parade traversa les rues d'Islington, c'était aussi dingue qu'en 1998 et en 2002, sauf que cette fois, j'étais le capitaine de l'équipe, cela donnait à l'événement plus de force encore à mes yeux.

Quand je repense à cette saison, quand je me demande pourquoi nous avons à ce point dominé le Championnat cette année-là, je ne peux m'arrêter sur une raison unique. D'abord, nous avions dans l'équipe plusieurs joueurs parvenus au sommet de leur talent : Thierry, Robert, Dennis, Sol. Moi-même, je sentais que j'avais accompli ma meilleure saison en trois ans. Nous étions également animés par un esprit d'équipe à toute épreuve. Ensemble, nous faisions du bon boulot. Et surtout, nous adorions notre propre football ! De nombreux matchs avaient été gagnés dans des moments de pur plaisir, et je crois pouvoir dire que ce facteur à lui seul contribue grandement au succès d'une équipe.

Quand on me demande de classer mes victoires – le Premiership, le doublé, la Coupe d'Angleterre – par ordre de préférence je réponds que c'est impossible. Tous les trophées que j'ai gagnés avec Arsenal ont leur signification particulière. Tous ont été remportés dans des circonstances différentes, gagnés de haute lutte, après des hauts et des bas, et au terme d'incroyables efforts. Les classer par ordre d'importance, je ne peux pas. Et voilà pourquoi chacun de ces titres a laissé en moi la même empreinte unique et précieuse.

11

Capitaine

Un jour, un journaliste m'a demandé :

– Patrick, c'est quoi un bon capitaine ?

– Je te répondrai à la fin de ma carrière !

Avant de pouvoir dire ce qu'est un bon capitaine, il faut analyser en quoi consiste ce rôle, en termes simples comme en termes complexes. Je pense néanmoins qu'un capitaine doit toujours positiver, y compris dans les moments les plus difficiles. De même, il doit toujours élever la barre des objectifs visés par son équipe. Il lui faut aussi être proche de l'entraîneur et constamment rechercher le bien-être de ses coéquipiers. Enfin, il a besoin d'une forte expérience et d'une grande maturité, afin de pouvoir s'intéresser au jeu des autres sans que son propre jeu en pâtisse.

En devenant capitaine d'Arsenal, puis de l'équipe de France, je n'ai pas seulement évolué, mais carrément tourné une page. Il faut le reconnaître, je n'ai pas peur des responsabilités. En fait, je les aime. Je leur cours après. Je n'ai donc pas ressenti une pression particulière après avoir pris mes fonctions. Certes, il m'a fallu un peu de temps pour me faire à cette idée. Capitaine des Bleus ! C'est à moi qu'il reviendrait désormais de quitter le premier les vestiaires, et d'emmener l'équipe. En fait, j'ai éprouvé une immense fierté. Quel plaisir de porter le brassard d'une des plus célèbres équipes du monde ! C'était plus qu'un rêve. Car si tu rêves forcément de jouer dans ton équipe nationale, tu ne rêves pas d'en devenir le capitaine. Tu le deviens, ou pas. Cela se fait naturellement, ou pas du tout. Ma famille aussi a tiré une grande fierté de l'honneur qui m'était fait. C'était bon de lire ce bonheur dans leurs yeux. Je ne les avais pas déçus, et ça se voyait ! Quand je pense à l'endroit d'où je viens ! En être arrivé là ! J'ai lu quelque part que Didier Deschamps s'était mis à grandir après que l'entraîneur de Nantes l'avait nommé capitaine. Parole d'entraîneur ! Didier avait à peine vingt ans lorsque cette chance s'est présentée à lui. Moi, je ne pouvais plus grandir, vu ma taille... Disons que j'ai peut-être gonflé un peu. J'étais si heureux. C'était la récompense de mes efforts et de la patience dont j'avais fait preuve dans toutes sortes de situations. Et puis je n'étais peut-être pas un trop mauvais gars, le fait est que les relations humaines comptent beaucoup pour moi.

Soit on a ce qu'il faut pour être un leader, soit on ne l'a pas. Ça ne s'acquiert pas en travaillant. Et en Angleterre, devenir capitaine, c'est la reconnaissance suprême. Ce rôle véhicule une symbolique énorme. Sur le terrain, c'est le capitaine qui au final prend toutes les décisions. Par exemple, je décidais si nous mettions des maillots à manches longues ou courtes. J'avais beau avoir autour de moi vingt gars qui avaient envie de jouer en manches courtes, ils étaient obligés d'enfiler des maillots à manches longues si je sentais le froid !

Tous les clubs me consacraient une page entière de leur programme. Ma parole avait du poids. Je pouvais dire ce que je voulais. En général, j'aimais analyser le match à venir. J'aimais observer la façon dont nous avions joué contre telle équipe par le passé, et tâcher de comprendre ce qu'il fallait améliorer pour arriver cette fois à gagner. Mais j'avais compétence aussi pour aborder chacun des problèmes concernant le club et l'équipe. Tout bien considéré, le capitaine joue un rôle beaucoup plus important en Angleterre qu'en France. Mon pouvoir ne se limitait pas à ce qui se passait sur le terrain, il s'étendait à tous les aspects du sport. Et j'entretenais une relation privilégiée avec l'entraîneur.

Surtout, je n'oubliais pas que je marchais dans les pas d'un homme dont la personnalité avait laissé une forte empreinte à Highbury. Je parle de Tony Adams, évidemment. La figure du capitaine, c'était lui. Tout le monde là-bas le regardait comme une idole. Il jouissait d'une réputation méritée. Les fans ne l'oublieront jamais, d'ailleurs, car en Angleterre ni le public ni les joueurs n'ont la mémoire courte. Ces derniers respectent ceux qui les ont précédés, et qui ont contribué à renforcer leur club. Tony avait laissé une marque indélébile dans les cœurs. Je lui vouais – et lui voue toujours – un infini respect. Le respect, tout est là. Les fans anglais apprennent à respecter les anciens joueurs. Ils n'oublient jamais ce que ces hommes ont apporté à leur club, ou à leur équipe nationale. En France, nous ferions bien d'en prendre de la graine.

Cependant je n'ai jamais cherché à m'inspirer de Tony. Il ne m'avait pas influencé lorsqu'il évoluait encore à Arsenal, lors de sa dernière saison avec les Gunners, cette année 2001-2002 pendant laquelle il fut si souvent blessé que j'étais devenu de fait, au sein de l'équipe, beaucoup plus qu'un vice-capitaine. Il ne m'a pas influencé non plus après son départ. Je ne voulais ni ne pouvais devenir un autre Tony Adams. En effet, nos personnalités s'opposaient diamétralement. Je ne parle pas beaucoup dans les vestiaires. Je suis calme, discret. Tony, lui, est une figure dominante au sein d'une équipe, ne serait-ce que par sa présence physique. Et il avait l'habitude de crier fort pour motiver ses hommes. Quand survenait un problème, il leur expliquait qu'ils allaient devoir baisser la tête et foncer dans la bagarre s'ils espéraient gagner. C'était sa méthode. C'est ainsi qu'il avait construit l'esprit de l'équipe dont il était le chef. Mais ce n'était pas mon style. Moi, je préférais diriger en montrant l'exemple sur le terrain plutôt qu'en élevant la voix. Je savais qu'un bon tacle, ou une percée réussie, pouvait soulever une équipe. Ma façon d'être chef, c'était d'agir plutôt que de parler. Et j'aime à penser que la camaraderie régnait dans l'équipe dont j'étais le meneur.

Par la suite, je devais rejoindre la Juventus et perdre ce statut particulier, bien sûr, mais il est arrivé un moment où le fait de rester à Arsenal était en grande partie lié à mon statut de capitaine. Lors de mes dernières saisons dans ce club, il s'agissait même d'un élément clef de mon choix. Je le savais bien, je ne retrouverais jamais ailleurs ce niveau de responsabilité. À Arsenal, j'étais plus qu'un simple footballeur, et je le ressentais très fort.

Un lien puissant s'était développé au sein de ce club entièrement animé par l'esprit d'équipe. Il y avait à Arsenal – je suis sûr qu'il y a toujours – une authentique joie de vivre, un désir de travailler ensemble.

On a dit que l'équipe de France était faite de clans, et qu'on y trouvait même un « clan Arsenal ». Cette rumeur m'a fait beaucoup de mal – *nous* a fait beaucoup de mal, devrais-je dire. Tout simplement parce que c'était faux. Les internationaux d'Arsenal sont des joueurs très ouverts. Ils ont le sens de l'amitié. Ils ont à cœur de donner en retour, comme la génération précédente leur a donné. Alors, oui ! ça me gêne d'entendre ces bêtises sur les clans. En plus, ce genre de bruits a commencé de courir au moment où nous n'allions pas très bien. Certains se sont fait un plaisir de nous dénigrer, de nous montrer du doigt, de toucher le nerf qui faisait mal. Et nous ne savions même pas de quoi ils voulaient parler !

Quant à moi, j'aurais très bien pu ne jamais porter le brassard de capitaine dans une équipe où évoluaient un Zidane, un Thuram, un Lizarazu ou un Desailly ! En fait, j'ai le sentiment de mériter aujourd'hui cet honneur plus que je ne le méritais alors. On parlait déjà de moi comme possible capitaine de l'équipe de France quand ces grands joueurs ont annoncé leur décision de raccrocher les crampons. Cela dit, je n'ai moi-même été officiellement informé de la nouvelle que peu de temps avant le premier match international de la saison 2004-2005 – à Rennes, contre la Bosnie-Herzégovine. Elle m'a été communiquée par l'entraîneur Raymond Domenech en personne. J'étais totalement partant. Au point que j'ai voulu rejoindre l'équipe pour ce match ; c'était pourtant un match amical, et j'étais blessé. J'y serais allé de toute façon. Le boss n'eut pas besoin de chercher à me convaincre. En y allant, j'envoyais un message clair et net. Je montrais que j'étais animé par une envie absolue d'être à la hauteur de la confiance placée en moi, et de l'honneur qui m'était fait.

Raymond Domenech est un entraîneur qui encourage ses joueurs à prendre leurs responsabilités, plutôt que de les leur imposer lui-même. Il a continué de me former aux divers aspects du commandement, à ce que représente la charge de capitaine dans la vie quotidienne. Il me poussait à m'impliquer chaque jour davantage dans ma relation avec lui et avec les joueurs. Et il m'a transmis sans tarder une notion essentielle : si je voulais bien jouer mon rôle, je devais être capable de dire clairement ce que j'attendais des autres.

Ainsi l'occasion m'était donnée de revivre avec l'équipe de France ce que j'avais connu à Arsenal quand Arsène Wenger m'avait confié le brassard. J'ai dû apprendre à modifier quelque peu ma nature. À parler davantage, aussi. Alors, on a commencé à m'entendre intervenir plus souvent sur le terrain que je ne le faisais auparavant, en club comme à l'international. En de nombreuses situations, par exemple lors des coups francs, des penalties ou des corners, je ne me retenais plus de m'exprimer, même si je savais que le joueur avait compris ce qu'il devait faire. Désormais, j'avais intégré cette idée : les choses doivent toujours être répétées et répétées encore. D'un autre côté, je ne suis pas du genre à aboyer des instructions à tout bout de champ. Et il fallait éviter que la charge de capitaine ne pèse sur mon propre jeu. Je m'impliquais, donc, mais sans m'énerver. En plus, je ne me considérais pas comme intouchable. J'acceptais les critiques de mes coéquipiers. L'idée, en définitive, était de veiller à ne pas perdre de temps en réactions inutiles sous prétexte que je portais un brassard. Je devais savoir exactement où était ma place, et m'y tenir.

Quand je suis devenu capitaine de l'équipe de France, mon premier boulot a consisté à vérifier que chacun se sentait bien dans le groupe – ce groupe que nous tentions de reconstruire, en fait. C'est moi qui suis allé vers les autres, qui ai fait les premiers pas. Comme les anciens l'avaient fait avec moi. Je n'ai pas eu besoin de forcer ma nature. Fondamentalement, je suis ouvert aux autres, tout en ayant un caractère réservé. En tout cas, j'ai fait en sorte de parler avec tout le monde – car c'était un devoir vis-à-vis de moi-même.

Être capitaine de l'équipe d'Arsenal était une chose. Avec les Bleus, tout était différent et plus complexe. Mais ce n'était pas moins enrichissant. Avec les Gunners, j'étais capitaine d'une équipe composée de joueurs solidement établis : Bergkamp, Henry, Pires, Keown, Seaman et beaucoup d'autres. En outre, j'avais beaucoup appris sur place en étant vice-capitaine de Tony Adams, mon prédécesseur. La transition était plus simple. Une continuité opérait. Or, ce n'était pas du tout le cas avec l'équipe de France.

Par exemple, la France comptait des internationaux de fraîche date. J'ai dû apprendre à les connaître en parlant un peu avec leurs camarades, des joueurs qui les connaissaient déjà. J'ai senti tout de suite que les jeunes se montraient très réservés à mon égard. Rien de plus normal. Par la suite, nos relations ont évolué. Toutefois, il est difficile de créer un vrai contact en trois jours. En revanche, sur une période plus longue, c'est possible, comme lors des stages de préparation à l'Euro. Même si les jeunes sont plus impatients que moi à mes débuts chez les Bleus, ce sont de bons mecs, ils ont un bon fond. Pour nous les anciens, c'est facile d'aller vers eux, car ils se montrent très réceptifs.

J'ai toujours tenu à jouer mon rôle de capitaine sans imiter personne. Je veux être moi-même. Être soi-même, c'est déjà beaucoup ! Suffisant, en tout cas. Didier Deschamps est généralement regardé comme un grand capitaine. C'est un homme ouvert, il sait se mettre à l'écoute et échanger des points de vue. Il s'adressait exactement de la même façon à Zizou et aux petits jeunes nouveaux venus dans l'équipe. Il aimait parler. Il trouvait toujours le mot juste. Il disait ce qu'il fallait dire au bon moment. Il n'aimait pas laisser une situation s'aggraver. Il préférait intervenir tout de suite. Dès qu'un problème pointait le bout du nez, qu'il s'agisse d'un point technique ou d'une question touchant le groupe. Et il n'y allait pas par quatre chemins ! Ma tendance à moi, c'était de laisser aux problèmes le temps de s'exprimer. Je ne voulais pas mettre les joueurs sous pression. Je préférais patienter, attendre que l'occasion se présente.

On avait toujours l'impression que Didier savait exactement ce qui se passait. D'ailleurs il voulait tout savoir ! Honnêtement, je ne sors pas du même moule. Je ne suis même pas sûr d'avoir jamais eu envie d'occuper une place aussi grande. Ma préoccupation principale, c'était l'ambiance régnant dans l'équipe avant et pendant le match. Évidemment, je me laissais la possibilité d'élargir mon horizon, mais si une telle évolution devait se produire, elle se ferait naturellement – ou pas du tout.

Marcel Desailly, c'était encore différent. Lui envisageait d'une autre façon son rôle de capitaine des Bleus. Il avait cette capacité de prendre du recul en toute situation. Il était vraiment calme. Il prenait les choses moins au sérieux que Dédé, je crois. Avec Deschamps, c'était tout ou rien. Et si c'était tout, c'était tout de suite ! Marcel était plus détendu. L'idéal, pour moi, aurait été d'emprunter un peu aux deux !

Pendant l'Euro 2004, Zizou portait le brassard. Mais avait-il vraiment envie d'être capitaine ? Je l'avoue, je n'en sais trop rien... En fait, je crois que non. Il a accepté pour le bien de l'équipe, et c'est tout à son honneur. Pourtant je ne suis pas sûr qu'il ait bien géré la situation. De sorte que beaucoup d'histoires ridicules ont commencé à faire surface. Rien à voir avec la réalité, bien entendu, mais cela a dû l'affecter tout de même.

On m'avait toujours dit que j'étais un leader. Alors je n'ai eu que la dernière marche à gravir. Sur le terrain, j'avais toujours entraîné les autres ; mon jeu me prédisposait à ce comportement, de même que mon caractère. C'était en moi. Je n'ai jamais vécu cette responsabilité comme une obligation, ni comme un rôle que j'étais obligé de jouer.

Sur le terrain, il m'a fallu acquérir plus de savoir-faire encore. Chacun a son tempérament propre. Personne ne réagit à une situation donnée de la même façon. J'ai donc appris à communiquer. À m'adresser aux autres sans les contrarier, et à trouver les mots justes.

Ce brassard de capitaine est un honneur, en même temps qu'une responsabilité immense. Le joueur qui le porte acquiert une stature différente. En ce qui me concerne, il m'a permis d'améliorer mon attitude. Désormais je me sentais responsable non seulement de mes propres performances, mais aussi de celles de mes coéquipiers. Je voulais également qu'ils se sentent à leur aise. J'avais obligation de tirer les leçons de mes erreurs, d'analyser ce qui n'allait pas, et de me corriger dans la mesure du possible. Ce brassard m'a beaucoup apporté, tant sur le plan technique que sur le plan personnel. Je pense qu'il m'a aidé à devenir meilleur comme footballeur et comme personne. J'ai énormément appris de Tony Adams, ainsi que d'autres grands joueurs déjà présents dans le club à mon arrivée ; et j'espère avoir été capable de transmettre à mon tour quelque chose de mon expérience aux plus jeunes, à ceux qui sont restés après mon départ. Si c'est le cas, j'en suis très fier. J'ai vécu comme un incroyable honneur le fait de devenir capitaine dans ce club historique ; mais à mon avis, je prendrai vraiment conscience de ma chance au moment de raccrocher, quand l'heure sera venue pour moi de regarder en arrière, et de me pencher sur ce que j'aurai accompli durant ma carrière.

12

United, mon meilleur ennemi

Dès mon arrivée en Angleterre, à l'été 1996, j'ai compris que l'adversaire à abattre était Manchester United qui venait de gagner le Championnat. C'était la référence, la meilleure équipe du moment. Entre eux et nous, la rivalité était évidente. Il y avait même des tensions entre les joueurs. Je me souviens que l'ambiance fut assez chaude entre Schmeichel et Wright durant toute la saison. Un premier incident avait éclaté lors de la rencontre de novembre à Old Trafford, il y en eut un autre en février à Highbury. On avait assisté entre ces joueurs à des échanges plutôt rudes, tant physiquement que verbalement. À Highbury, la police avait dû intervenir sur le terrain pour maîtriser Wright après le coup de sifflet final. Puis tout avait recommencé dans les vestiaires ; cette fois, Gary Lewin, le kiné d'Arsenal, avait essayé de calmer Wright. Tout le monde pensait qu'il recevrait un blâme de la Fédération pour sa mauvaise conduite, mais c'est finalement Schmeichel qui a fait l'objet d'une enquête du Crown Prosecution Service. Wright accusait le gardien danois de lui avoir lancé des insultes racistes. Schmeichel niait. Aucune charge ne devait être retenue contre aucun des deux. Mais j'avais compris que ce n'était pas le grand amour entre les deux clubs – et la situation n'a pas changé depuis.

Par la suite, chaque fois que j'ai joué contre United, la rencontre a été marquée par un incident. La chose semblera peut-être inhabituelle, extraordinaire, anormale... c'est pourtant la vérité. Il se passait toujours quelque chose ! Pour ma part, je ressentais à chaque fois une pression spéciale, en dehors du terrain d'abord, puis sur la pelouse. Nous avions beau éprouver les uns pour les autres un très grand respect, il y avait un problème. Lors de mon premier match avec les Gunners, tout le monde voulait battre Manchester United, parce que c'était la meilleure équipe, même si nous étions en progrès. Par la suite, c'étaient les autres équipes qui jouaient différemment face à nous et face à United. Car Arsenal et United devaient passer dix ans à échanger des trophées. Puis Chelsea a commencé à en faire l'expérience à son tour. Et pour un joueur, il n'est rien de meilleur que d'appartenir à l'équipe que tout le monde a envie d'affronter. C'est le genre de circonstance où tu peux enfin t'éprouver et te trouver.

En novembre 1997, j'ai marqué un de mes premiers buts en Angleterre. C'était à Highbury, et contre United. Nicolas Anelka avait ouvert le score en début de match. Il avait signé dans le club un an plus tôt, alors qu'il était un jeune prodige de dix-sept ans. C'était peu après l'arrivée d'Arsène Wenger. Nicolas venait d'entrer en équipe première et il allait devenir un élément clé, lors de cette saison qui serait pour nous celle du doublé. Son rythme de jeu était exceptionnel. Il a marqué de grands buts en tant que joueur d'Arsenal. Mais le Real Madrid l'a acheté en 1999. Ensuite, il est passé de club en club. Il a eu du mal à trouver sa place. Dommage, car il possède un incroyable talent. Quoi qu'il en soit, il avait inscrit ce jour-là notre premier but. J'ai marqué le deuxième. Un but magnifique, s'il m'est permis de le dire. Peut-être le plus beau de toute ma carrière. Un tir en demi-volée des vingt mètres, alors que j'étais légèrement décentré. La balle est passée juste sous la barre transversale de Schmeichel. Le but parfait ! Au point que Schmeichel en est resté comme deux ronds de flan. Je me suis jeté à terre, pensant faire glisser sur les genoux – comme Titi le faisait parfois. Mais je suis resté cloué sur la pelouse avec un ligament distendu !

J'ai dû sortir. Avant la pause, United avait égalisé. Heureusement, David Platt a inscrit pour nous un troisième but sur un tir de corner alors que la deuxième mi-temps était bien avancée – et ce fut le but de la victoire. J'étais déçu de ne pouvoir sauter de joie avec les autres. En tout cas, je n'ai plus jamais essayé de faire la glissade sur mes genoux après avoir marqué ! Surtout sur terrain sec...

En fait, j'ai toujours aimé affronter Manchester United. Avec eux, c'est toujours du grand football. J'aime l'ambiance qui précède ce genre de rencontres. Ce sont des matchs révélateurs. Des occasions qui te permettent de voir qui sont les grands joueurs. Les joueurs en acier. Quand tu joues contre United, tu ne peux ni te cacher ni jouer à moitié. Tu es forcé de t'impliquer à cent pour cent. Et c'est ce qui me plaît, tout compte fait. Jamais je n'ai eu besoin de me motiver pour ces rencontres à Old Trafford. Jamais le manager n'a eu besoin de chercher les mots pour me galvaniser. Le désir était toujours déjà là – brûlant. Je savais que j'allais jouer contre les meilleurs, et ça me suffisait amplement.

Et par-dessus tout ça, il fallait compter avec les rivalités personnelles. Moi, ma bête noire, c'était Roy Keane. Nous avons eu des duels mémorables, tous les deux ! J'étais jeune quand j'ai joué contre lui pour la première fois. Je le connaissais de réputation, bien entendu. J'avais vu beaucoup de ses matchs. Et il ne m'avait jamais fait peur. Par la suite, j'ai appris à anticiper le moment où il allait essayer de m'infliger un bon tacle bien tardif – je le voyais venir. Il n'était pas toujours correct sur le terrain. Mais il cherchait surtout à déstabiliser, en fait. Il s'efforçait de prendre un ascendant psychologique. Et plus la bataille était féroce en milieu de terrain, plus il était à son aise. J'ai eu tôt fait de comprendre son manège. Après, jouer contre lui ne me gênait plus du tout. Au contraire, j'aimais ça !

Un seul joueur m'a fait peur, en Angleterre : Vinnie Jones. Je me retrouvais face à lui quand il évoluait à Aston Villa. Il me suffisait de le regarder pour me sentir effrayé. Il ne disait rien, mais l'expression de son regard était de méchanceté pure – comme les vibrations qu'il dégageait. On ne sentait pas en sécurité en jouant contre lui.

J'ai gardé de bons souvenirs des matchs contre Manchester United parce que c'était du grand football, finalement. Les rencontres étaient émaillées de problèmes, mais quelles parties de foot ! Nous nous respections, je l'ai dit. Le problème, c'est que nous étions tous tellement fiers ! Personne ne voulait se retrouver dans le camp des vaincus. Pendant mes neuf années en Angleterre, nous sommes passés par toutes les émotions possibles avec United, la joie, la déception, le sentiment d'injustice quand on nous volait notre victoire, et l'exaltation quand les choses tournaient en notre faveur.

Le match contre United qui m'a procuré le plus grand bonheur ? Celui de mai 2002, à Old Trafford. Là, nous avons assuré notre victoire en Championnat sur leur terrain, devant leurs fans, en terrain “ennemi”. Ce fut un moment incroyable. Inoubliable. Non seulement nous avions gagné le titre, mais nous faisions un doublé – puisque nous venions de gagner la Coupe d'Angleterre contre Chelsea. Impossible de rêver mieux. Nous étions devenus la seconde équipe anglaise à avoir réalisé trois fois le doublé Championnat-Coupe d'Angleterre. Et je pense que notre victoire leur est vraiment restée en travers de la gorge. Nous avons réussi à les battre 1-0, alors que plusieurs de nos joueurs étaient blessés – Thierry Henry, Dennis Bergkamp, Tony Adams – et que la première mi-temps avait été particulièrement brutale. Ils avaient vraiment essayé de nous plier, tant physiquement que mentalement. Il avaient d'ailleurs écopé de plusieurs cartons jaunes, dont un pour Keane qui m'avait sévèrement taclé. Mais notre équipe était restée parfaitement calme. Et Sylvain Wiltord nous avait donné le but victorieux à la cinquante-septième minute. Ce but à lui seul a fait entrer Sylvain dans l'histoire du club. Nous étions vainqueurs du Championnat après avoir gagné nos douze derniers matchs et remporté la Coupe d'Angleterre. La fête qui s'en est suivie à Old Trafford est un de mes grands souvenirs.

Du reste Alex Ferguson, le manager de Manchester United, devait lui-même reconnaître en public que nous méritions notre doublé : « Sûr que j'ai levé les bras pour saluer leur succès ! » Venant de lui, cela faisait plaisir à entendre.

Neuf mois plus tard, en février 2003, nouvelle victoire d'Arsenal sur ce même terrain d'Old Trafford. Il s'agissait cette fois du cinquième tour de la Coupe d'Angleterre. Résultat : 2-0. Et nous avions dominé presque tout le match. Ce jour-là se produisit l'histoire de chaussure entre Beckham et Ferguson, qui devait reconnaître par la suite avoir envoyé une chaussure à la tête de Beckham au cours d'une dispute. Beckham avait été touché au-dessus de l'œil gauche, et la blessure avait nécessité des points de suture. Nous avons bien ri en lisant la nouvelle dans les journaux. Ferguson balançant une chaussure à la tête de Beckham... Nous savions qu'il y avait eu un incident dans leur vestiaire, mais tant de rumeurs circulaient que nous ne pouvions démêler le vrai du faux. On racontait que les deux joueurs s'étaient plus ou moins bagarrés, que Keane était intervenu pour les séparer, que deux ou trois coups de poing avaient été échangés. Là-dessus, l'affaire sort dans la presse ! C'était à mourir de rire.

Pour parler d'un match contre United dont je suis sorti déçu, il faudrait aller chercher notre défaite en demi-finale de la Coupe d'Angleterre en 1999. C'était un match à rejouer à Villa Park. United a ouvert le score à la dix-septième minute sur un tir de Beckham que Seaman n'a pu arrêter. Mais nous nous sommes battus pour remonter au score, jusqu'à réussir une égalisation en milieu de deuxième mi-temps – un fantastique tir du pied droit de Bergkamp. Là-dessus, Keane se fait expulser sur un deuxième carton jaune. Tout allait bien pour nous. Nous avons même marqué un deuxième but, hélas refusé par l'arbitre. Soudain, alors que les arrêts de jeu touchaient à leur fin, Ray Parlour s'est écroulé dans la surface sur un tacle tardif de Phil Neville. Un penalty pour nous ! Nous n'étions plus désormais qu'à quelques secondes d'une victoire. Nous allions avoir droit à notre deuxième voyage à Wembley en deux ans ! Dennis s'est mis en position pour tirer le penalty. Il avait d'autant plus envie de jouer cette finale qu'elle lui avait échappé l'année précédente pour cause de blessure. Il a couru vers le ballon.

Il a frappé un tir puissant au ras du sol. Schmeichel a plongé sur sa gauche... et arrêté la balle. Trente secondes plus tard, au lieu de fêter notre victoire, nous devions jouer les prolongations. De nouveau, Schmeichel arrête un tir en extension de Bergkamp. Mais il se blesse à la cuisse. Ses déplacements deviennent difficiles. Pourtant, impossible de le battre ! À la cent-huitième minute, je récupère la balle au milieu de notre moitié de terrain. Je suis à gauche, je veux dégager sur la droite. Je rate ma passe, et la balle atterrit sur le pied de Ryan Giggs. Il n'a même pas pris le temps de réfléchir à ce qui lui arrivait. Il a foncé sur nos buts en passant non pas un, non pas deux, mais cinq de nos joueurs ! Le voilà dans la surface de réparation, il ne lui restait plus qu'à frapper. La balle est passée juste sous la transversale de Seaman. C'était le but décisif. Ce soir-là, je me suis senti terriblement responsable de notre défaite. J'avais vraiment le sentiment que c'était ma faute si nous n'étions pas en finale, après qu'United avait essayé sept fois de nous battre sans y parvenir. Au coup de sifflet, leurs supporters sont devenus comme fous. Et nous nous demandions encore comment nous avions fait pour perdre cette partie. Pour ne rien arranger, United a réussi cette année-là un triplé ! Ils ont gagné en Championnat, en Coupe d'Angleterre et en Coupe d'Europe. Nous, nous n'avions rien – pas un trophée. Après cette victoire, en nous voyant arriver sur leur terrain, les fans d'United ont pris l'habitude de chanter

« Vieira, Ohohoh, Vieira, he gives Giggs the ball
And Arsenal fuck all. »

Autrement dit, ma passe à Giggs avait foutu Arsenal dans la merde... À chaque fois, soixante mille spectateurs se payaient ma tête depuis les gradins – ça fait du monde. Ils ne comprenaient pas que j'aimais venir jouer à Old Trafford, en fait. C'est un stade incroyable, avec une ambiance géniale. Alors quand je les entendais chanter ça, je rigolais. Pas la première fois, d'accord, là, je n'avais pas trouvé ça drôle. Mais après, j'étais le premier à en rire !

Quant aux controverses avec United, elles se multipliaient.

En septembre de la saison 2003-2004, j'ai été expulsé après un incident avec Ruud Van Nistelrooy. Aujourd'hui encore, j'enrage en repensant à cet épisode. Je n'arrive pas à l'oublier. Pourtant, le passé est le passé, après tout. Je me suis fait avoir. Van Nistelrooy avait essayé de m'écraser le pied, avant de faire tout un cinéma. Je n'en veux pas à l'arbitre de s'être fait avoir lui aussi. Sauf que je n'ai jamais eu la moindre intention de toucher à Van Nistelrooy. Je n'ai pas eu de mauvais geste. Je ne méritais donc pas ce carton rouge. L'arbitre n'y était pas allé avec le dos de la cuillère, et son attitude m'a vraiment déçu.

Van Nistelrooy, je ne peux pas le voir en peinture. Tout me gêne, chez lui. Il est toujours en train de se plaindre et de gémir. Il n'est jamais sincère, toujours méchant. Il y a des joueurs que je respecte, même s'ils me donnent de mauvais coups de pied, parce que je ne sens aucune méchanceté derrière. Ils agissent sans se cacher. Paul Scholes, par exemple, adore donner des coups de pied. Il excelle dans ce domaine. Mais il n'est pas du genre à se plaindre après. Ni à se rouler par terre. Il frappe, il encaisse, rideau. Van Nistelrooy, c'est le contraire. C'est un grand footballeur, je ne vais pas le nier. Un grand buteur. Il a apporté maintes et maintes fois la preuve de son talent. Mais je ne l'aime pas. Pour moi, c'est un tricheur. Un voleur.

Le plus dingue, c'est qu'après mon expulsion, Keane est venu me réconforter. Oui, Keane, le propre coéquipier de Van Nistelrooy ! Il est venu me dire : « Laisse tomber. Ça ne vaut pas la peine de s'énerver. » Il voyait que j'étais dans tous mes états. Et il restait convaincu que tout était la faute de ce tricheur de Van Nistelrooy. Son attitude en disait long sur ce qu'il pensait de son coéquipier ! Il savait que je n'avais pas mérité ce carton rouge et que l'injustice m'avait mis hors de moi. Keane était honnête et se conduisait comme un gentleman. Je ne pense pas qu'aucun autre joueur de Manchester United aurait réagi de la même façon. Ses paroles de réconfort ont créé un lien entre nous. Il m'inspire du respect. Après cette brève conversation, je suis rentré au vestiaire et j'ai pris une douche pour essayer de me calmer – pas facile. Je ne digérais pas ce sale coup, il me restait en travers...

Ce même soir, alors que le coach nous attendait déjà dehors, je me suis attardé avec un ami dans le tunnel menant vers la sortie. Et j'ai vu Van Nistelrooy venir dans ma direction. Nous nous sommes regardés. Apparemment, il avait besoin de parler. Mais je lui ai demandé d'en rester là. Je n'avais rien à lui dire, pas envie de discuter avec lui. Là-dessus, il insiste. Je lui demande alors de me dire si je l'ai vraiment touché, tout à l'heure, sur le terrain. Et il me répond tout simplement : « Tu n'as aucune classe. » Un comble ! En fait, il essayait de se persuader qu'il n'avait pas triché. Mais son attitude prouvait qu'il n'avait pas la conscience tranquille. J'ai répliqué en lui conseillant de faire attention, s'il ne voulait pas que je lui tombe dessus. Nous étions prêts à en venir aux mains. Et nous l'aurions fait sans l'intervention de Mikaël Silvestre, de Fabien Barthez et de Robert Pires. Grâce à eux, chacun est reparti de son côté. Il ne s'était rien passé, en définitive. Ça n'a pas empêché les journaux anglais d'en faire toute une histoire. Pour moi, ce début d'altercation n'avait fait que me confirmer dans mon opinion : non seulement Van Nistelrooy était un tricheur, mais il n'avait même pas le courage de le reconnaître.

Le match avait d'ailleurs été émaillé d'incidents. Un penalty raté par le Hollandais : Parlour, Lauren et Keown s'étaient littéralement jetés sur lui. Nous avons essuyé beaucoup de critiques. Il faut le reconnaître, les images de l'incident ne sont pas belles à voir. La fin du match ! Les réactions d'Arsenal après le coup de sifflet final... Nous sommes tout de même des joueurs professionnels. Nous avons un statut. Un rang à tenir. Nous ne devrions jamais nous permettre certains comportements. Mais il ne faut pas perdre de vue non plus que nous sommes des êtres humains. Chacun réagit aux situations en fonction de son tempérament, de ses sentiments et des émotions à un moment donné. L'injustice nous a révoltés, cela explique notre conduite. D'autant que nous l'avions trop souvent subie lors de nos matchs contre Manchester United.

Dans ces moments-là, même de grands footballeurs peuvent être amenés à se conduire comme toute personne victime d'une injustice – c'est-à-dire avec leur instinct. C'est regrettable. Je n'en persiste pas moins à penser que Van Nistelrooy est un lâche. Il sait se débrouiller pour tricher sans se faire voir. Beaucoup le considèrent comme un type bien, alors que c'est un enfoiré. Il traîne derrière lui nombre d'incidents – trop souvent passés inaperçus. Oui, nous le détestons et à juste titre.

Après ce match, le boss aussi était furieux. On a souvent cité ses propos : « Ne venez pas me dire que Vieira est le méchant, et que Van Nistelrooy est blanc comme neige ! Si Vieira devait être expulsé, alors Van Nistelrooy devait l'être aussi. Patrick est sûr à cent pour cent que Van Nistelrooy l'a chargé. D'ailleurs c'est ce que j'ai vu moi-même depuis le bord du terrain. Nous avons vu Van Nistelrooy charger. Ensuite, il fait du cinéma. De la simulation pure et simple. D'accord, Patrick n'aurait pas dû répondre. Mais une fois de plus, nous payons la conséquence d'un problème dont nous ne sommes pas la cause. »

Il n'en demeure pas moins que les critiques pleuvaient sur nous. Et il nous a fallu du temps pour oublier ces incidents, car les choses ne devaient pas s'arranger par la suite. En avril 2004, en demi-finale de la Coupe d'Angleterre à Villa Park – match que nous avons perdu 1-0 –, José Antonio Reyes et Freddie Ljungberg ont été blessés suite à deux tacles inacceptables.

Même les deux derniers matchs que j'ai joués contre Manchester United m'ont laissé un mauvais souvenir. Il y a d'abord eu cette célèbre rencontre de novembre 2004 où nous nous sommes fait voler la victoire, ni plus ni moins, alors que nous étions invaincus depuis 49 matchs. J'ai joué et je joue en Italie. Je le sais, les arbitres ont quelquefois tendance à fermer les yeux sur les fautes des clubs importants. Souvent le bénéfice du doute est accordé aux grandes équipes. Or, quand Arsenal rencontre United, l'arbitre accorde le bénéfice du doute à United ! En tout cas, il me semble. En revanche, quand Arsenal rencontre les Spurs, Arsenal est avantagé. Ça marche comme ça. Quoi qu'il en soit, les incidents ne sont pas justifiés.

Nous sommes arrivés à Old Trafford fiers de notre record de matchs invaincus. Toutes nos conversations tournaient autour d'un seul thème : Manchester United serait-il capable de nous battre ? Les journaux citaient les propos d'Alex Ferguson disant que, lors des rencontres de l'année précédente, on nous avait « tout laissé passer ». Le ton était donné. Puis nous avons joué. Et là, quand j'y repense, j'ai peine à le croire. Si nous nous étions comportés comme les joueurs d'United, nous aurions fini la rencontre à huit – ça ne fait pas le moindre doute. Apparemment, plusieurs joueurs d'United avaient décidé d'intimider Reyes en le prenant pour cible. À un moment, Ferdinand a commis sur Freddie Ljungberg une faute qui aurait mérité une expulsion – il n'a même pas eu un carton jaune. Le sommet, c'est le penalty que l'arbitre leur a accordé à la soixante-douzième minute à cause d'un tacle sur Rooney – sauf que Rooney avait manifestement plongé, donc triché de la façon la plus évidente et la plus pathétique. Tout le monde savait que l'arbitre avait accordé un penalty à United dans chacun des huit derniers matchs qu'ils avaient joués à Old Trafford. Cette fois, ils lui mettaient une pression terrible. J'ai tout de suite vu qu'il n'arriverait pas à gérer. Mais je n'aurais jamais imaginé voir un jour un tel manque d'équité dans un match de première importance regardé par des millions de télé-spectateurs dans le monde entier. Et ce penalty a marqué le tournant d'une rencontre que nous avions dominée jusque-là.

Ne parlons pas de la façon dont les joueurs d'United s'adressaient à l'arbitre. On en était malades. L'attitude de Wayne Rooney, surtout, était scandaleuse. Révoltant. Je ne parvenais pas à comprendre comment des arbitres et des officiels pouvaient réagir avec une telle inconséquence. Tout dépendait du joueur à qui ils avaient affaire ! C'est typiquement le genre de choses qui te rend malade quand tu es sur le terrain.

Ce fut une défaite très frustrante pour nous. La déception était de taille. D'abord, nous n'étions plus invincibles ! Mais surtout, l'injustice était accablante.

Ce match avait tout changé. Jusque-là, nous n'avions pas l'habitude de perdre. Soudain, un tournant était pris. Tournant, voilà le mot que nous aurions voulu chasser de notre esprit. Nous ne pouvions croire ce qui était arrivé. Comment notre course vers le succès pouvait-elle avoir pris fin sur une injustice ? Hélas ! nous avions basculé du mauvais côté. Certes, nous ne parlions guère de nos échecs entre nous. Nous restions plus ou moins convaincus que tout allait s'arranger. « Ce n'est pas parce qu'on a perdu une partie, qu'on est condamnés à ne plus en gagner ! » : nous nous répétions cette phrase. Nous pensions à nos 49 matchs invaincus. Nous nous efforcions de rester positifs. Mais je crois que ce match contre United avait fait plus de dégâts qu'il n'y paraissait.

D'autres rencontres se sont succédé, nul, défaite, nul. Lentement mais sûrement, nous perdions confiance en nous. Il nous était déjà arrivé de perdre 1-0, voire 2-0, mais nous savions alors pouvoir nous rattraper. Là était notre force, la certitude que nous allions marquer. Et peu à peu, ce sentiment nous quittait ; notre confiance en nous se révélait bien plus fragile que nous ne l'avions imaginé.

Je n'avais rien oublié de tout cela quand est venue l'heure du match retour, le 1er février 2005. À chaque rencontre avec United, Gary Neville se débrouillait pour jouer les durs. Je ne le connaissais pas personnellement, mais je savais que les mauvais coups venaient de lui. Lors de la rencontre d'octobre à Old Trafford, il s'était conduit avec Jose de façon inacceptable. Pourtant, quand je visionnais les images, je ne le voyais jamais avoir de mauvais gestes avec les joueurs des autres équipes. Alors je me posais la question, pourquoi était-il si mauvais avec nous ?

J'ai décidé de mettre les choses au point : « Toi, lui ai-je dit, je vais t'avoir à l'œil. Au premier mauvais geste, je m'occupe de toi. » D'accord, c'était de l'intimidation pure et simple. Mais je n'avais rien prémédité. C'était sorti tout seul dès l'apparition de Gary Neville dans mon champ de vision. Keane alors est intervenu. Rien d'étonnant ! Keane étant leur capitaine, c'était son boulot de défendre ses joueurs. Il m'a dit de laisser Neville tranquille. Il a ajouté que si j'avais un problème, je devais m'adresser à lui. Il a continué, disant qu'il jugeait mon attitude inacceptable. Je n'avais pas à m'adresser à Neville sur ce ton. En conclusion, je n'étais pas un type bien.

En fait, je n'ai pas vraiment eu de problèmes avec Keane, même si nous nous sommes engueulés plus d'une fois. Je ne peux pas parler de l'homme, je ne le connais pas personnellement. Mais je le respecte. L'image qu'il donne en tout cas. Et la façon qu'il a de mener son équipe sur le terrain. Il fait preuve de charisme, pendant le match et en dehors du terrain. Et il sait défendre ses droits, il se bat pour ses convictions, sans se laisser impressionner. C'est un gagneur, il veut la victoire pour son équipe. Sous bien des aspects, nous nous ressemblons. Sauf pour l'âge : il est plus vieux que moi ! Quand tu compares son attitude avec celle d'un Neville, ou d'un Van Nistelrooy, c'est le jour et la nuit. S'il a envie d'envoyer un joueur se faire foutre, il va le voir et le lui dit en face. S'il a quelque chose sur le cœur, il n'y va pas par quatre chemins. Il te regarde dans les yeux, et il te dit ce qu'il a à te dire. Pendant le match, il exige des autres comme de lui-même un niveau de jeu élevé. « Ils sont payés pour bien jouer, dit-il. »

En conséquence, il n'accepte rien, si ce n'est le maximum d'efforts et de résultats de ses coéquipiers. S'il doit gueuler après ses joueurs, il le fait. D'un autre côté, j'ai été déçu par ce qu'il a pu dire à mon sujet. Il a déclaré, par exemple, que je n'aurais pas dû jouer en équipe de France puisque je venais du Sénégal. Ou que si je n'étais pas allé au Real Madrid, c'est qu'on n'y avait pas vraiment voulu de moi. Ou encore que j'aidais le Sénégal avec mes œuvres de charité tout en jouant dans l'équipe de France...

En fait, ces commentaires ne m'ont fait ni chaud ni froid. Je les trouve pathétiques. Je me demande d'où ça vient, du reste. Je ne vois pas le rapport entre de pareilles idées et ce qui s'est passé dans le tunnel. Après tout, Roy Keane a quitté l'équipe d'Irlande en pleine Coupe du Monde 2002, avant d'y revenir l'année suivante la queue entre les jambes. Si quelqu'un est mal placé pour dire qui doit jouer ou ne pas jouer dans telle ou telle équipe nationale, c'est bien lui.

On sera peut-être surpris d'apprendre que je suis toujours ravi de voir Sir Alex Ferguson à la télévision, même si je ne le connais pas personnellement. J'aime la façon dont il se conduit avec ses joueurs. À mon avis, ses propos au sujet d'Arsenal et d'Arsène doivent être imputés à la rivalité entre les deux clubs. Je pense notamment à ce qu'il a déclaré après le fameux match de septembre 2003 à Old Trafford, pendant lequel le problème avec Van Nistelrooy m'avait valu une expulsion : « C'est pire que tout ce que j'ai vu sur un terrain de foot. Ces crapules... Ils ont tôt fait d'oublier les règles ! »

Croyait-il vraiment à ce qu'il disait ? Je ne suis pas sûr qu'il ne s'agissait pas d'une manœuvre grossière de sa part. La rivalité est terrible entre les clubs. Chaque entraîneur se doit de défendre son camp et ses joueurs. C'est ce qu'a fait Arsène Wenger en déclarant, en octobre 2004, avant un autre match à Old Trafford : « Alex a un grand sens de l'humour. J'espère qu'il va se calmer avant le match. Ce ne sera pas le match du ressentiment. Il n'y aura pas d'agression. Pour ma part, je vous garantis que les incidents passés ne nous influencent pas du tout. »

Les deux entraîneurs parlaient-ils sincèrement ? Je n'en sais rien.

Peu avant ces événements, des bruits m'étaient revenus aux oreilles, on prétendait que Manchester United m'avait approché. J'étais à Arsenal depuis environ deux ans – je ne me souviens plus exactement. J'avais de nouveau signé avec eux et United, à un moment donné, m'avait contacté, en effet. Aujourd'hui, il me serait absolument impossible d'aller jouer à Manchester United. Mais à l'époque, déjà, ma présence au sein des Gunners était si bien établie qu'un tel transfert aurait été perçu comme la trahison suprême.

Oui, United m'a fait une offre – et même une excellente. Et je l'ai refusée. Je ne crois pas que Ferguson ait mal pris ma réaction. Je pense qu'il a compris ; en fait, je ne l'ai jamais rencontré. L'énorme malentendu qui a pesé sur toute cette affaire trouve son origine dans une prétendue interview accordée à un journal : j'aurais déclaré avoir envie de jouer à Manchester United. Mais je n'avais jamais donné cette interview, j'étais en vacances aux États-Unis !

Je n'ai jamais pu éclaircir cette affaire. Aujourd'hui, je ne sais toujours pas qui a décidé de publier ce tissu d'âneries, ni qui avait intérêt à investir dans ce genre de mensonges. Mais l'eau a coulé sous les ponts. Tout cela appartient au passé désormais.

Pendant une période, Manchester United comptait beaucoup de joueurs français, Barthez, Blanc, Silvestre. Je me rappelle encore le match de novembre 2001 à Highbury. Nous l'avons gagné 3-1. Fabien, qui gardait les buts d'United, a commis deux terribles erreurs, et offert du même coup deux buts à Thierry. La première, il l'a commise en voulant dégager après une passe de Beckham. Il a tiré directement sur Henry, qui se trouvait à l'entrée de la surface de réparation et qui n'a eu qu'à glisser la balle dans les buts. La deuxième erreur de Fabien est venue après une passe aérienne que j'avais faite à Thierry par-dessus la défense. Fabien est sorti pour récupérer la balle. Il a réussi à la ramasser, mais elle est retombée aussitôt. Thierry a frappé. Le cuir était dans les filets. Sur le moment, la question ne se posait pas de savoir qui se trouvait dans les cages d'United – Fabien ou un autre. Mais après le match, je me suis dis que j'aurais préféré que ce ne soit pas Fabien. Être battu deux fois, d'une façon aussi humiliante, par un compatriote ! Il avait fallu que ça tombe sur lui, je trouvais ça triste.

Il existe dans chaque pays deux ou trois équipes supérieures aux autres. Et quand ces équipes se rencontrent, tu sais que le résultat fera date. Gagner un match contre United signifie se mettre en orbite pour une victoire en Championnat, en Coupe ou dans toute autre compétition de première importance. Voilà pourquoi j'ai toujours considéré Manchester United comme mon meilleur ennemi. J'ai tout vécu en jouant contre ce club. Toutes les émotions possibles. La joie de la victoire, la tristesse de la défaite. Il y a eu des tensions, aussi, des injustices... et des matchs époustouflants. Quand nous étions vainqueurs, nous chantions victoire pour de bon ! En fait, ces matchs t'offrent tout ce que le football peut offrir.

Manchester United est sans doute une des équipes avec lesquelles j'ai connu les plus fortes émotions. Les joueurs d'United m'ont inspiré de la haine, oui ! Mais de l'amour aussi. Parce que sans United, je n'aurais pas des souvenirs aussi puissants. Et ces souvenirs-là n'ont pas de prix.

13

Cartons rouges

En neuf années passées à Arsenal, j'ai été expulsé exactement dix fois du terrain et j'ai eu peu de conflits avec les arbitres et les officiels. Le moment est peut-être venu d'expliquer comment ces incidents ont pu se produire, et quel effet ils ont eu sur moi, tant d'un point de vue personnel que professionnel.

Un de mes premiers cartons rouges m'a été infligé lors d'un match contre le Charlton Athletic en décembre 1998. Une faute grave commise par un joueur adverse m'avait mis hors de moi. Sur le moment, j'ai réussi à me contrôler. Je ne suis pas allé m'en prendre au joueur concerné, parce que ce n'est pas mon genre de me comporter ainsi. Mais plus tard pendant le match, j'ai eu l'imprudence de me protéger avec mes coudes, ça m'a valu un carton rouge. Mon exaspération avait grandi à mesure que la partie avançait, au point que j'avais fini par me venger en réagissant de façon excessive dans le feu de l'action.

J'étais déjà dans le collimateur de nos adversaires à cause d'un V de la victoire que j'avais adressé deux semaines auparavant aux supporters de Sheffield Wednesday, à la fin d'un match à Hillsborough. Le geste m'avait coûté une amende de vingt mille livres. Or, il avait été mal compris, car je l'avais eu en réaction à des insultes racistes que des fans du camp adverse m'avaient lancées pendant tout le match.

Les deux premiers matchs de ma saison 2000-2001 comptent parmi les pires moments qu'il m'ait été donné de vivre sous les couleurs d'Arsenal. Le premier était une rencontre à l'extérieur avec Sunderland. Tout s'est bien passé pour moi jusqu'à la quatre-vingt-dixième minute. En dépit de ses efforts, Darren Williams n'avait pas réussi à me contrer. Dans les derniers instants, il a fait une dernière tentative et m'a tiré par le maillot. En essayant de me dégager, je l'ai frappé au visage avec mon avant-bras. Le geste était involontaire, je n'avais aucune intention de blesser Darren Williams. Je l'ai dit, ce n'est pas mon genre. Mais l'arbitre n'a rien voulu savoir. J'ai été immédiatement expulsé. Après le match, Williams en personne a pris ma défense, ainsi que Peter Reif, le boss de Sunderland ; en tant qu'ancien footballeur, il en connaissait un rayon sur les échanges physiques entre joueurs. Williams a eu ce propos : « Je l'ai tiré en arrière. J'ai cru que l'arbitre allait me sanctionner. Patrick m'a seulement effleuré de l'avant-bras. Le geste n'était pas aussi méchant qu'il en a eu l'air. » Et Peter Reid d'appuyer : « Je me suis dit que Patrick n'avait vraiment pas eu de chance d'être expulsé comme ça. Je ne crois pas qu'il ait fait exprès de donner un coup de coude. » Leur réaction à tous deux était formidable. Hélas ! il était trop tard. On ne pouvait plus rien y faire.

Le deuxième match, trois jours plus tard, se jouait à domicile contre Liverpool. L'arbitre était Graham Poll. À un moment, il a plus ou moins perdu le contrôle de la partie. Liverpool s'est retrouvé à neuf, et Arsenal à dix car j'ai été expulsé à mon tour. Lors de la première période, déjà, et peut-être en raison de mon carton rouge contre Sunderland, j'avais été l'objet de toutes les attentions de la part de Jamie Carragher qui avait fini par me faucher avec un tacle tardif. Puis, à la trente-huitième minute, Gary McAllister m'avait mis à terre en se jetant sur moi les pieds en avant. McAllister fut expulsé pendant que je gisais sur le sol. Puis on m'a transporté au bord du terrain pour me soigner. Au milieu de la seconde période,

Carragher s'en est de nouveau pris à moi – un tacle incorrect, encore. Là, je n'ai pu me contenir. La colère qui bouillait en moi est remontée d'un coup à la surface. Et quelques minutes plus tard, un accrochage se produisait avec Dietmar Hamann. L'incident m'a valu un deuxième carton jaune. J'ai dû sortir immédiatement. Pour la deuxième fois consécutive, j'étais privé de deuxième période. Certes, Hammann était lui aussi expulsé du terrain – pour un deuxième carton jaune également –, mais cela ne changeait rien à l'affaire ! Pas plus que l'intervention de Gérard Houllier, le manager de Liverpool, qui a pris ma défense en disant : « Pour moi, ces cartons rouges n'étaient pas mérités. Celui de Patrick Vieira non plus. »

En réalité, une fois de plus je m'étais laissé envahir par une situation difficile, et j'avais fini par me venger. Quoi qu'il en soit, je n'étais pas à l'origine de l'incident. Les médias se sont rués sur ces épisodes, is m'ont baptisé le "*Hotheaded Frenchman*" : le bouillant Français. Les journalistes adorent coller des étiquettes aux gens. À bien des égards, j'étais à Arsenal la réplique d'Éric Cantona qui – hélas ! disaient-ils – avait quitté l'Angleterre et pris sa retraite de footballeur. En tout cas, je leur offrais largement de quoi remplir leurs colonnes.

Moi, j'étais désespéré. Deux expulsions ! J'ai commencé à me demander si je ne ferais pas mieux de quitter l'Angleterre, et de rentrer sur le continent jouer *mon* football. Cela me mettait hors de moi d'avoir été pris pour cible à la fois par mes adversaires et par les arbitres. Mon ami Manu Petit, qui venait de partir pour Barcelone, avait même déclaré publiquement que le genre d'incidents auxquels j'avais été confronté avaient pesé dans sa décision de changer de club. Il pensait que je pourrais bien suivre le même chemin que lui. Frank Lebœuf, mon coéquipier dans l'équipe de France, qui jouait à Chelsea, avait également été cité, affirmant que le fair-play anglais était « un mythe ». On disait qu'il avait même ajouté : « Je n'ai jamais vu autant de violence sur un terrain qu'en Angleterre. »

J'ai eu une longue conversation avec Arsène Wenger, qui s'est montré très honnête. Bien sûr, concédait-il, ces événements étaient injustes, injustifiables, mais j'étais tenu de faire face à mes responsabilités et d'apprendre à garder mon sang-froid. Publiquement, il me soutenait ; en privé, il m'invitait à considérer ce que signifiait jouer le Championnat, et à en tirer les conclusions. Sur le moment, j'avoue avoir trouvé la pilule plutôt difficile à avaler, mais j'ai longtemps médité cette leçon par la suite, et j'ai fini par admettre qu'Arsène avait raison.

Je le savais, mon tempérament me prédisposait à céder à la colère quand j'étais sur la pelouse. En principe, j'aborde les matchs avec calme, mais je peux me laisser entraîner facilement dans une bagarre. Je suis un être humain, après tout. J'ai mes faiblesses. Et le poste que j'occupe m'oblige à jouer un jeu physique. En tant que milieu de terrain, je dois me montrer déterminé. Je ne peux éviter le contact avec les joueurs. Je dois m'impliquer à cent pour cent dans le jeu. Je ne dois pas avoir peur d'aller chercher le ballon – je ne crois d'ailleurs pas avoir de reproches à essuyer sur ce point. Bref, le risque d'écoper d'un carton jaune était plus grand pour moi que pour d'autres joueurs à d'autres postes.

Je devais donc accepter cet état de fait, mon style de jeu physique risquait de m'attirer des ennuis, j'étais sur ce point plus vulnérable qu'un autre. Mais il y avait plus : ma réputation me livrait à l'attention de mes adversaires et des arbitres. Il me fallait accepter cela aussi. Peu à peu, je me suis familiarisé avec la nécessité d'apprendre à mieux me contrôler, à ne pas me laisser emporter par les événements – même si c'était dur. Tant que je n'aurais pas changé sur ce point, je serais systématiquement la cible des ennuis.

Un incident, pourtant, continue de me laisser un sentiment de culpabilité, bien qu'il remonte à de longues années. Il y avait certes les circonstances, mais je n'aurais pas dû me conduire de cette manière. C'était pendant le match contre West Ham, à Upton Park, en octobre 1999. Le fond de l'affaire ? Neil Ruddock m'avait copieusement insulté. Tout à coup, j'ai perdu mon sang-froid. Je suis allé à lui et lui ai craché dessus. J'ai immédiatement écopé d'un carton rouge. Par la suite, on a entendu Neil Ruddock la ramener et prétendre qu'il sentait « encore l'ail », cela lui a valu un blâme de la Fédération. Il a même failli en avoir un deuxième pour racisme ! Pourtant, il n'était vraiment pas le seul à avoir proféré des insultes racistes cet après-midi-là, et les siennes n'étaient pas les pires. Mais ça ne changeait rien en ce qui concernait *ma* punition : six matchs de suspension et une amende de quarante-cinq livres. Et ce qu'il m'a dit, en définitive, n'a aucune importance. L'important, c'est ma réaction. Et elle était mauvaise. Donc j'avais tort. Même le boss n'a pu me défendre. Aucun doute, cet incident constitue le moment le plus désastreux de toute ma carrière à Arsenal. J'imagine que Ruddock était satisfait du résultat. Il avait obtenu ce qu'il voulait, faire virer du terrain le « bouillant Français ». Néanmoins, si je devais le croiser aujourd'hui – ça ne s'est jamais produit depuis ce fameux jour –, je ne me donnerais même pas la peine de lui reparler de l'incident. Il ne me semble pas intéressant d'avoir une discussion avec Neil Ruddock.

Pendant la saison 2000-2001, j'ai donc subi deux expulsions. Elles ont donné lieu à d'importantes mises au point avec l'entraîneur et m'ont amené à réfléchir. Désormais, j'étais résolu à ne plus perdre mon calme. Bien entendu, mon caractère ne pouvait changer. Mais après ces faits, le nombre d'incidents auxquels j'ai été mêlé est allé en diminuant. J'ai écopé d'un nouveau carton rouge au début de la saison suivante, lors du match contre Leicester City – 4-1 pour nous. Le match avait été arbitré par Andy d'Urso. Et c'est encore à lui que j'ai eu affaire un an plus tard, lors de notre rencontre avec Chelsea à Stamford Bridge. Pendant la première période, il m'avait infligé un avertissement pour un tacle irrégulier sur Gianfranco Zola. Après la pause, j'ai reçu un second carton jaune pour une faute sur le pied de Jesper Gronkjaer. Je pense avoir joué de malchance dans les deux cas. Avec Gianfranco, je visais la balle, et il a sauté sur le tacle. À mon avis, l'arbitre a mal interprété la situation. En tout cas, c'était plus spectaculaire que méchant. Quant au second incident, je comprends pourquoi l'arbitre a sifflé la faute. Il a vraiment cru que Gronkjaer était blessé : il s'était jeté sur le sol en hurlant. Mais Jesper est un bon gars. Après le match, il a remis les choses au point en affirmant que c'était lui, et non moi, qui avait commis une faute : « En lançant le pied, j'ai heurté le talon de Patrick. Je ne pense pas que c'était délibéré. » En somme, l'arbitre s'était trompé deux fois ; mon expulsion était donc particulièrement sévère.

Il fut un temps où je me révoltais peut-être trop facilement contre l'injustice que représentaient certains cartons rouges, mais j'ai appris à accepter, depuis, que ces erreurs puissent se produire. Les arbitres sont des êtres humains eux aussi. Je ne dis pas que je suis heureux d'avoir été victime d'erreurs d'arbitrage ! Et j'étais hors de moi le jour où Andy d'Urso m'a expulsé du terrain. Mais une fois calmé, on devient plus tolérant. Pour moi, j'ai appris à composer avec l'injustice. Et quant au fait d'avoir été expulsé deux fois deux saisons de suite par le même arbitre, j'y vois une coïncidence. Quoi qu'il en soit, j'avais décidé de ne pas me mettre martel en tête pour savoir si ma réputation était menacée par une décision d'arbitre. J'avais la conscience tranquille. Je savais ne pas être descendu sur le terrain avec l'intention de blesser quiconque. Si les arbitres estimaient devoir se montrer plus sévères avec moi qu'avec d'autres, c'était leur problème, et je ne voyais pas pourquoi leur problème aurait dû devenir le mien.

Si réellement j'avais des craintes quant à ce que les arbitres pensaient de moi, si je croyais vraiment qu'ils me traitaient injustement, alors autant ne pas descendre sur le terrain. Au fil des années, il m'est arrivé d'être sanctionné pour avoir crié un *Fuck off,* ou autre expression très anglaise du même genre, alors que pour exactement la même expression un autre joueur ne recevait même pas une réprimande. Bien entendu, nous avions entre nous des discussions sur certains arbitres. Des coéquipiers me disaient : « Lui, il ne peut pas te voir. C'est évident. » Et tout le monde en était d'accord. Mais encore une fois, tu ne peux pas te laisser influencer par ce genre de choses quand tu es footballeur professionnel. J'ai décidé une fois pour toutes que ma façon de jouer ne changerait jamais. Je suis un joueur physique. J'évolue en milieu de terrain, à un poste où l'implication est totale. Le mieux que je puisse faire, c'est d'apprendre à moins me venger quand un joueur commet une faute sur moi. À maîtriser mes nerfs. À ne pas exploser. Davantage, je ne peux pas. Mais je crois pouvoir dire que ces efforts ont été accomplis sincèrement au fil des années, et qu'ils ont donné des résultats. Depuis l'été 2002, date à laquelle je suis devenu capitaine d'Arsenal, je n'ai été expulsé du terrain que deux fois au Championnat ou en Coupe ; dans les deux cas, il s'agissait d'un double carton jaune.

Après neuf années passés en Angleterre, j'ai aussi fini par comprendre que le football est vécu là-bas comme une passion, autant par les supporters que par les joueurs. Les fans soutiennent leur club avec un enthousiasme rare sur le continent ; et les joueurs se donnent avec une ardeur qui n'appartient qu'à l'Angleterre. Comparé à ses collègues européens, le footballeur anglais est peut-être moins technique, moins tactique aussi, moins soucieux de style quand il fait une passe, mais il sait compenser ces imperfections par l'intensité de son implication. Voilà ce que j'aime dans le football anglais : nulle part ailleurs les joueurs et les supporters ne s'investissent autant dans un match. Mais c'est aussi pourquoi le jeu est plus physique en Angleterre et pourquoi il y a parfois surchauffe. Ailleurs, un joueur peut fort bien écoper d'un carton rouge pour une faute qui, en Angleterre, ne lui aurait même pas valu un coup franc. Dans le feu de l'action, il peut être difficile de ne pas réagir ; en définitive, le jeu se pratique ainsi là-bas.

Cela dit, les joueurs et les arbitres communiquent moins entre eux que par le passé, et je trouve ça dommage. Avant, l'arbitre et moi pouvions avoir un bref entretien à propos d'un incident sur le terrain. On donnait à l'affaire une chance de se résoudre avec intelligence, sans en appeler au règlement ou à rien d'officiel. J'ai connu un certain nombre d'arbitres dans ma carrière, et j'ai vu mes relations avec eux s'améliorer. Désormais, ils me regardent comme un être humain à qui l'on peut parler. Pourtant, il y a eu récemment tellement d'instructions venues d'en haut, soit de la FIFA, soit de la Fédération anglaise, que les arbitres se sentent sous pression, on leur demande d'appliquer la règle à la lettre. C'est en tout cas mon avis. Je pense aussi qu'il existe désormais trop de règles. Les arbitres ont le carton jaune un peu trop facile. Ils n'essaient même pas de résoudre le problème d'une autre manière. Tout se passe comme s'ils avaient perdu l'habitude de « sentir » le match. Le contact avec les joueurs n'est plus là. Le jeu, devenu beaucoup plus impersonnel, repose davantage sur une séparation entre « eux » et « nous ». Dommage… Ce n'est pas fait pour améliorer les relations. Et je ne suis pas certain que ça donne des résultats en retour.

Mes problèmes avec les arbitres se sont dissipés dès que j'ai cessé de jouer avec Arsenal. Sans doute l'âge et la maturité m'ont-ils amené à comprendre certaines choses. J'ai fini par me rendre compte de ceci : j'appartiens à un certain type de joueurs, et les arbitres ont un boulot à accomplir. Parfois, mes objectifs sur le terrain ne coïncident pas avec les leurs. J'ai mis du temps à le comprendre, et à m'adapter à la manière anglaise de pratiquer le football. Après mon arrivée à la Juventus, j'ai été expulsé du terrain en jouant contre Bruges lors du match d'ouverture de la Ligue des Champions 2005-2006 – un carton rouge pour un tacle tardif. Nous avons perdu le match 2-1. Et je savais ce que signifiait, pour une équipe, d'essayer de grimper les échelons au cours d'une telle compétition. Mais je ne doutais pas que nous parviendrions à nous qualifier. J'espérais seulement ne pas mettre neuf ans à m'adapter à la manière italienne de pratiquer le football !

14

Real Madrid

Les débuts de mon histoire avec le Real Madrid remontent à l'Euro 2004. Nous venions de jouer notre premier match contre l'Angleterre, quand j'ai reçu un appel d'Alain, l'agent d'un de mes amis du Real. Il avait lui-même des contacts réguliers avec le club madrilène. Il savait que des tentatives d'approche avaient déjà eu lieu au cours de la saison précédente, et que rien ne s'était concrétisé. La conversation fut des plus brèves :

– Le Real te veut à fond. Ça t'intéresse ?

– Écoute, j'ai entendu dire que le Real aimerait m'avoir. Mais je me sens bien à Arsenal. Si c'est partir pour partir, ça ne m'intéresse pas.

Quelques heures plus tard, nouvel appel d'Alain :

– Je viens de parler au président du Real. Il voudrait en discuter avec Arsenal. Mais avant d'entamer la négociation avec ton club, il veut savoir si tu es prêt à envisager un transfert.

Comprenant que les choses devenaient sérieuses, j'ai donné mon feu vert à Alain. J'étais d'accord pour que les deux clubs discutent. Il ne me restait plus qu'à téléphoner à l'entraîneur d'Arsenal. Je l'ai fait sur-le-champ. Je lui ai expliqué que le Real avait pris contact avec moi, et mon envie de les rencontrer. En fait, j'étais partant pour une nouvelle aventure. Arsène Wenger a paru tomber des nues. Il ne savait que répondre. Un tel coup de tonnerre au beau milieu de l'Euro !

Je me suis retrouvé dans une situation assez bizarre. D'un côté, je m'impliquais à fond dans le tournoi ; de l'autre, j'étais sans cesse pendu au téléphone pour des discussions sans fin...

Après le troisième match, celui contre la Suisse, je suis tombé sur Arsène dans le parking des joueurs. Il était avec David Dein, le vice-président d'Arsenal. Nous avons échangé quelques mots, et Arsène m'a demandé de le rappeler le lendemain. À ce stade des négociations, la position d'Arsenal était très claire. Un quelconque transfert, vers le Real ou ailleurs, était hors de question. Je comprenais parfaitement leur point de vue. Mais le mien était différent. Le Real représentait un progrès dans ma carrière. C'était le seul club pour lequel je pouvais envisager de quitter Arsenal. Arsène et David se disaient étonnés. L'affaire, expliquaient-ils, tombait au mauvais moment. Nous venions de gagner le Championnat. Nous n'avions pas subi une seule défaite de toute la saison. Et voilà que je venais leur parler de transfert ! Ils ne savaient comment réagir.

Certains ont alors commencé à penser que mon désir de changement était guidé par des considérations financières. L'argent ! Tout était là. Les journaux ont dévoilé les salaires de Beckham et Zidane, puis émis des hypothèses sur la somme à laquelle je pouvais prétendre. Des rumeurs circulaient, disant que j'exigeais de gagner autant qu'eux. Inutile de le préciser, c'était faux. Je gagnais très bien ma vie à Arsenal. Et le Real m'offrait à peu de chose près les mêmes émoluments. Autrement dit, le problème, ce n'était pas l'argent.

J'avais atteint un stade de ma carrière où j'avais besoin de faire le point. Je venais d'achever ma septième saison avec les Gunners. J'avais remporté pratiquement tous les trophées possibles. Et voilà qu'une occasion se présentait de jouer avec un Figo, un Zidane, un Ronaldo... bref, avec tous ceux qui incarnaient les valeurs du Real Madrid – un des clubs les plus prestigieux du monde, sinon le plus prestigieux.

Bien entendu, j'en ai aussitôt parlé à Zizou. Juste après le premier coup de téléphone de l'agent, en fait. Zizou représentait pour moi l'interlocuteur idéal. Je me suis adressé à lui, parce que j'avais besoin de m'entendre confirmer certains points. Je voulais notamment savoir si tout cela était bien sérieux, ou si les dirigeants du Real ne me menaient pas en bateau comme ils l'avaient déjà fait les années précédentes. Zizou, c'était évident, avait envie que je vienne à Madrid. Il savait aussi que le club recherchait un joueur doté de mes compétences particulières. Ma présence parmi eux avait toutes les chances de renforcer la défense de l'équipe, et de lui assurer une meilleure possession de la balle. Zidane n'est pas un bavard, il s'est débrouillé pour me faire comprendre la situation en peu de mots.

Je suis resté quelque temps sans plus en parler à personne. Je préférais ne pas mettre la question sur le tapis tant que je ne savais pas vraiment de quoi il retournait. J'avais une grande habitude des agents, et rien ne me permettait encore de dire que les négociations allaient seulement pouvoir commencer. C'est Zizou, en définitive, qui devait m'apporter la confirmation attendue. Il m'a dit que c'était sûr. Dès lors, j'ai pu considérer l'affaire comme lancée pour de bon. Le Real se jetait à l'eau. C'était pour moi un événement considérable. Un des rendez-vous les plus importants de toute ma carrière. Pourtant, je ne me suis pas laissé déborder. Au contraire, j'ai fait en sorte de continuer à prendre les choses avec calme. Je ne voulais pas que cette perspective occupe toutes mes pensées, ou m'empêche de jouer mes matchs. Mais tous les loisirs que me laissaient l'Euro, je les passais à suivre au téléphone l'évolution de l'affaire. J'étais en rapport avec Alain et avec lui seul ; je n'ai jamais parlé directement avec aucun dirigeant du Real Madrid.

Puis l'Euro a pris fin, et l'affaire a commencé à filtrer dans la presse. Le président du Real venait d'être réélu. Les médias se sont empressés de l'interroger sur mon cas. Lui leur lâchait des réponses du style : « Je veux la meilleure équipe du monde. Et je veux le meilleur milieu de terrain défensif du monde. » Là-dessus, il a prononcé mon nom. Comme on pouvait le prévoir, les journaux anglais n'attendaient que ça pour passer à l'action. « Vieira sur le départ »,

« Le Real veut Vieira », « Le président du Real a toujours obtenu les joueurs qu'il voulait – Figo, Zidane, Ronaldo, Beckham – et il ne lui manque plus que Vieira... »

Habitué comme je l'étais à ce genre de spéculations, je ne m'y suis guère intéressé. D'ailleurs je m'étais envolé pour les Caraïbes immédiatement après notre défaite contre les Grecs en équipe de France. Juste un bref crochet par Londres : je n'avais pas le temps de m'attarder, car les vacances seraient de courte durée. Pendant mon séjour aux Caraïbes, je suis resté en contact avec Alain. Puis je me suis envolé pour Miami. Les choses, alors, se précisaient. Plus se rapprochait la date de mon retour à Londres, plus le transfert devenait une certitude. Pourtant, je ne m'étais encore entretenu avec personne du Real !

En revanche, j'ai souvent eu ma mère au téléphone cet été-là. Nous sommes très proches, comme je l'ai dit. Elle avait toujours été là lorsque j'étais enfant. Toujours elle m'avait servi de guide. C'est une femme de volonté. À notre arrivée en France, elle travaillait le jour et étudiait le soir. On ne la voyait pas beaucoup à la maison, mais nous savions qu'elle bossait dur et se démenait pour nous, pour nous offrir ce dont nous avions besoin et envie. À présent j'étais un adulte, et elle avait toujours à cœur de défendre mes intérêts ! Alors je me suis tourné vers elle, comme j'aurais tellement voulu pouvoir le faire neuf ans plus tôt au moment de signer avec le Milan AC – faveur qui m'avait été refusée. J'étais résolu à ne pas voir se répéter cette situation. Je lui ai posé la question franchement : à son avis, devais-je partir ou rester à Arsenal, le club où tant de mes rêves s'étaient réalisés ? Elle n'avait pas la réponse. Elle m'a affirmé avoir pleinement confiance en moi. Elle était sûre que je saurais prendre la bonne décision. Après tout, j'avais assez d'expérience pour juger moi-même où était mon intérêt. Elle avait raison. Sa réaction n'avait rien de surprenant. Mais je ne parvenais pas à arrêter mon choix...

La dernière fois que j'avais vu l'entraîneur d'Arsenal, c'était au Portugal, après le match France-Suisse. Depuis lors, nous ne nous étions parlé qu'au téléphone. Je lui disais mon désir de réfléchir à la chance qui se présentait à moi ; il me répondait d'attendre, et d'en discuter avec lui quand nous nous verrions en Autriche, où était programmée une session d'entraînement préparatoire à la prochaine saison.

En Autriche, nous nous sommes débrouillés pour avoir d'abord deux ou trois échanges informels en tête à tête. L'ambiance était calme. Le reste du temps, à l'entraînement, il n'y avait pas de problème non plus. Puis, lentement mais sûrement, nous sommes entrés dans le vif du sujet. La discussion s'est concentrée sur mes objectifs et sur les questions que je me posais. J'ai expliqué à Arsène qu'à vingt-huit ans je me demandais si le moment n'était pas venu pour moi de faire l'expérience d'un autre club – et ce ne pouvait être que le Real Madrid. J'avais toujours été au clair sur le point suivant : soit je partais au terme de cette négociation, soit je restais définitivement à Arsenal.

Ces discussions m'ont fait le plus grand bien. Je sentais qu'Arsène me comprenait. Il percevait mes aspirations. C'est pourquoi il ne fermait aucune porte, tout en me laissant entendre que je pouvais partir si tel était vraiment mon désir. J'avoue avoir beaucoup apprécié son attitude. À aucun moment, il n'a cherché à me coincer avec des phrases du genre : « Tu es sous contrat, ton contrat arrive à expiration en 2007, donc tu ne pars pas. » À ce stade, il n'y avait pas de négociation possible sur une modification de mon contrat avec Arsenal. Et la hache de guerre n'était pas déterrée. Aussi n'ai-je pas essayé de leur arracher quelque chose de plus.

J'en étais arrivé désormais à un point où je me sentais sûr de vouloir partir. Oui, sûr... J'avais l'impression que ce départ pour Madrid se précisait de jour en jour. Toutes les conditions étaient réunies. Je l'avais expliqué à David Dein et à l'entraîneur en Autriche. Ils ont fini par me dire qu'ils me laissaient le choix. À moi de me former un jugement. En ce qui les concernait, la porte d'Arsenal me restait grande ouverte. Cela dit, ils auraient impérativement besoin de connaître ma décision définitive le jeudi 12 août au plus tard, puisque la saison commençait le 14. Je comprenais très bien leur point de vue.

Les relations étaient bonnes entre David, Arsène et moi. Nous avions l'habitude de nous parler franchement. Je leur avais dit exactement ce que je ressentais. Eux avaient évoqué les services que j'avais rendus au club pendant sept ans, en soulignant le fait que l'équipe avait progressé grâce à mes compétences. Ils savaient que j'avais donné le meilleur de moi-même. J'ai compris qu'ils étaient contents de mon travail. C'est pendant l'entraînement préparatoire en Autriche, puis pendant un match de tournoi à l'Amsterdam Arena, que je me suis de nouveau blessé à la cuisse. Cette blessure me poursuivait depuis l'Euro, et m'avait d'ailleurs empêché de participer aux quarts de finale contre la Grèce.

J'étais fragile psychologiquement aussi. Je me sentais assis entre deux chaises : d'un côté Arsenal, de l'autre le Real. J'ai commencé à me poser des questions très sérieuses. J'étais plus près de la fin de ma carrière que du début. Autrement dit, il se pouvait que le Real Madrid devienne le dernier club dans lequel je jouerais au football...

Partir ou ne pas partir – telle était la question.

Cette session d'entraînement n'a pas été une période facile pour moi. J'avais beau ne parler de rien, les autres joueurs savaient ce qui se passait. Ils lisaient les journaux, qui se répandaient en commentaires sur « l'affaire ». Certes, il n'y avait pas d'interview, mais les joueurs avaient adopté le point de vue selon lequel il n'y a pas de fumée sans feu. J'ai tenu bon, et décidé de ne pas parler à la presse. Avec le recul, je pense avoir bien fait. Mais sur le moment, j'avoue qu'il m'arrivait de penser que la situation méritait un communiqué de ma part, ne fût-ce que par égard envers les fans d'Arsenal. Car je ne cessais de lire dans la presse des informations fausses. On racontait par exemple que je m'étais disputé avec Thierry et Robert pendant l'Euro 2004, d'où ma décision de partir. D'autres bruits prétendaient que je partais pour des raisons financières : le Real m'offrait des conditions meilleurs qu'Arsenal, et ma maison était déjà en vente... Des pages et des pages de mensonges ! Je le répète, je n'ai pas cédé. J'estimais que le mieux était de ne rien dire. Si je commençais à parler, je ne pourrais plus m'arrêter. Après tout, les gens pouvaient bien raconter ce qu'ils voulaient ! Les choses finiraient par s'arranger d'elles-mêmes. Tel fut mon choix, parfois difficile à assumer.

Une période désagréable, donc. Les faux bruits circulaient. Par chance, ils n'ont pas affecté mes relations avec David Dein et Arsène Wenger. Tous deux étaient au courant de ce qui se passait. Ils étaient informés de tout depuis le début. Entre nous trois, tout est toujours demeuré ouvert et transparent.

En fait, ce qui me préoccupait le plus, c'était ma relation avec les supporters. J'entretenais avec eux un lien merveilleux. Je redoutais de voir se ternir l'image qu'ils avaient de moi. Or ce qui se disait pouvait les décevoir. Le jour où je quitterais Arsenal, je voulais que mes fans pensent que j'avais servi le club de toutes mes forces, et jusqu'à la toute fin. Je tenais absolument à m'en aller sans regret.

Mais mon image n'était pas affectée. Je ne le crois pas, du moins. Bien sûr, tout le monde m'a regardé évoluer d'un autre œil, quand je choisis en définitive de rester à Arsenal. Désormais le public et la presse s'intéressaient à moi de plus près. On se demandait pourquoi je n'étais pas allé au Real. Les gens ont sans doute fini par penser que j'avais choisi la solution de facilité. Je suis sûr que c'était leur opinion. D'où mon sentiment de vivre sous pression pendant la saison 2004-2005 – la contrainte était beaucoup plus forte que lors de la saison précédente. Mais il n'y avait pas de souci : je gérais. Et même, j'adorais ça...

Aussi fou que cela paraisse, je n'ai parlé qu'une fois avec Florentino Perez, le président du Real Madrid. Et cette conversation s'est déroulée le jour même où j'ai finalement décidé de ne pas rejoindre le Real et de rester à Arsenal.

Pendant le séjour en Autriche, David Dein m'avait convoqué dans sa chambre. Il voulait que nous parlions, tous les deux. Comme nous nous étions déjà entretenus plus d'une fois, et avec la plus grande honnêteté, il n'y est pas allé par quatre chemin. Il m'a expliqué franchement qu'ils avaient arrêté, l'entraîneur et lui, une position commune. Tous deux acceptaient de me laisser partir. L'accord avec le Real était conclu. J'étais très surpris, car je n'avais participé à aucune négociation sur le montant du transfert. Mais l'affaire semblait bel et bien terminée. Nous avons quitté l'Autriche pour Amsterdam. Puis ce fut le retour à Londres.

En Angleterre, la saison s'ouvrait traditionnellement sur le match de bienfaisance appelé Community Shield. Il se jouait cette année-là le 8 août. Je n'étais pas sur le terrain, je soignais ma blessure à la cuisse. Je ne suis même pas allé au stade, j'ai regardé la rencontre à la télévision. Notre équipe affrontait Manchester United. Mes jeunes coéquipiers ont pratiqué un excellent football. Après le coup de sifflet final, Arsène Wenger m'a téléphoné pour me presser d'arrêter une décision. Il était plus que temps. La saison était sur le point de commencer. Arsenal devait bientôt jouer son premier match. J'étais censé me déterminer avant le jeudi qui précéderait cette rencontre – le fameux jeudi 12 août. Bref, on me mettait de plus en plus la pression. Je pense qu'à ce stade Arsène avait abandonné tout espoir de me garder dans son équipe. Il savait que discuter ne servait plus à rien. Je ne ferais que répéter indéfiniment que j'avais envie de partir.

Cependant il me restait encore un délai de réflexion. J'ai participé le mercredi 11 à la dernière session d'entraînement. Pendant toute cette période, j'avais continué de m'entraîner, et surtout de me soigner, comme s'il n'y avait aucun changement à l'horizon. Comme d'habitude, je me suis présenté sur le terrain avec le sourire. Au moment de partir, je suis passé voir David Dein dans son bureau. Nous avons parlé brièvement du Championnat dont la première rencontre se jouait donc le week-end suivant. Puis David m'a dit que tout reposait maintenant sur mes épaules. Il avait discuté avec Perez, le président du Real. Les deux clubs s'étaient mis d'accord sur le montant du transfert. David a ajouté : « Tu sais, tu peux encore changer d'avis. Tant que ce n'est pas signé... »

J'ai répondu que je le savais très bien, mais que je n'avais pas modifié ma position. Mais David me connaissait bien. Il a repris, en me regardant droit dans les yeux : « Je sens que tu prends les choses beaucoup moins calmement, tout d'un coup. Qu'est-ce qui se passe ? »

C'était un fait. Plus se rapprochait la date du départ, plus j'inclinais à changer d'avis. Je pensais à Steven Gerrard à la fin de la saison 2004-2005 – il avait décidé au dernier moment de rester à Liverpool, alors que tout le monde le voyait déjà parti à Chelsea...

Après cet échange avec David Dein, je suis rentré chez moi, et j'ai discuté toute la soirée du problème avec Cheryl.

Je n'aime guère évoquer ma vie privée, pour la bonne raison que je n'ai pas envie de jouer le jeu de la célébrité – j'ai trop vu où ça mène les gens. De Cheryl, je souhaite seulement dire que je l'avais rencontrée quelques années auparavant à un concert des Destiny's Child, et que depuis nous vivions ensemble. Originaire de Trinidad, elle vivait en Angleterre depuis onze ans déjà quand nous nous sommes connus. Anglophone, elle m'a beaucoup aidé à faire des progrès dans sa langue et à m'adapter au mode de vie britannique. Ce qui me plaît chez elle, c'est son caractère indépendant. Elle aime faire ce qu'elle veut de son côté. Cette histoire avec le Real Madrid lui inspirait depuis le début la même réaction très claire : elle préférait pour sa part rester à Londres, car elle y était heureuse. Nous avions une maison merveilleuse à Hampstead, et une vie très agréable. Et nous ignorions tout de ce qui nous attendait à Madrid. D'un autre côté, elle ne souhaitait pas interférer dans mon choix. C'était une décision importante, et elle estimait qu'il me revenait de la prendre. Je lui étais d'ailleurs reconnaissant de son attitude. Jamais elle n'a exercé la moindre pression sur moi. Elle devait d'ailleurs conserver la même ligne de conduite plus tard, lors de mon transfert à la Juventus.

J'ai donc passé ce mercredi soir à la maison, alors que ma réponse était attendue le lendemain matin. Je n'y voyais plus clair du tout, et me posais mille questions. En fait, je n'avais plus la moindre idée de ce que je devais faire. Je me sentais partagé. J'étais complètement déstabilisé – ce qui, d'une certaine manière, était positif. Après tout, je n'étais pas à la rue ! Personne ne m'avait mis dehors. Et il y a de pires expériences, dans la vie, que d'avoir à choisir entre Arsenal et le Real Madrid ! En d'autres termes, si j'avais à affronter un dilemme, je n'étais pas désespéré. Je voulais seulement être sûr de faire le bon choix. Comme je l'avais toujours fait au cours de ma carrière – ce en quoi j'avais eu beaucoup de chance. J'étais en train d'affronter ce qui serait sans doute la dernière grande décision de ma carrière – la dernière et la moins facile.

Il m'est soudain paru évident que j'avais besoin d'un conseil. J'ai appelé Dennis Bergkamp, probablement la personne que je connaissais le mieux à Arsenal. Il avait rejoint le club un an après moi. En somme, nous étions tous les deux des « survivants ». Je lui ai expliqué que je me sentais assis entre deux chaises puis lui ai demandé son avis. Il m'a répondu que le Real Madrid était le rêve ultime de tout footballeur. Mais renoncer à ce que j'avais ici à Arsenal... Il comprenait mes hésitations ! Bref, les deux options s'équivalaient. Il semblait incapable de me dire si je devais partir ou rester. Nous avons discuté ainsi une demi-heure, puis j'ai raccroché. Et j'ai appelé Thierry, je savais qu'il me dirait franchement son opinion. Mais le résultat fut le même qu'avec Dennis ! Nous abordions ce sujet ensemble pour la première fois. Lui non plus ne voyait pas du tout comment me conseiller. Partir ? Rester ? C'était impossible à dire. Surtout compte tenu du respect que nous avions l'un pour l'autre. Manifestement, il aurait préféré que je reste à Arsenal – il devait me l'avouer plus tard – mais ne voulait pas m'influencer.

J'avais longuement parlé avec deux amis, sans avoir réussi à clarifier les choses dans ma tête. Au contraire ! En tout cas, ma décision n'était toujours pas prise.

De nouveau j'étais seul avec Cheryl. J'ai repensé à toutes les bonnes choses dont je bénéficiais à Arsenal. Aux relations que j'entretenais avec les supporters. Avais-je la moindre chance de les retrouver ailleurs ? En tout cas, pas au Real Madrid. Sans parler de la reconnaissance dont je jouissais de la part de mes coéquipiers, de l'entraîneur, de tous ceux qui travaillaient dans le club, depuis les vendeurs de la boutique jusqu'aux secrétaires... Tout cela représentait au quotidien des rapports enrichissants. Jamais je ne m'étais réveillé un matin en me disant que je n'avais pas envie d'aller à l'entraînement. J'étais pleinement satisfait de mes contrats. Je gagnais bien ma vie. Et, par-dessus tout, j'avais à Londres tout ce qu'il fallait pour me détendre. Il suffisait de sortir, de se balader, de profiter. Avec mes coéquipiers, nous avions nos habitudes dans notre café favori au cœur de Hampstead. Autour, il n'y avait que des boutiques. Personne ne venait nous importuner. Les gens nous laissaient tranquilles, alors qu'ils nous avaient reconnus. J'adorais y aller après l'entraînement, avec Thierry ou Robert. On regardait passer les gens. À Londres, je n'avais pas besoin de réfléchir pour savoir où aller. Je ne redoutais jamais que l'on vienne me casser les pieds. Je faisais ce qui me plaisait. Alors qu'à Madrid, je le savais, c'était la croix et la bannière rien que pour sortir dîner quelque part. Et le racisme ! Je m'étais rendu compte que quelque chose n'allait pas, de ce côté-là, lors du match que nous étions allés jouer contre Valence. Ces problèmes n'étaient pas réglés. Ils touchaient même Madrid, hélas ! Comme l'avait montré le match Angleterre-Espagne de l'automne 2004, et dont avaient fait les frais Ashley Cole et les autres joueurs noirs. Cela faisait longtemps que le racisme empoisonnait l'Espagne. Cet élément ne devait-il pas peser sur ma décision ?

Mais le Real Madrid me réservait peut-être un avenir heureux et épanouissant. J'avais interrogé Claude Makelele et Zizou. Lui se sentait très bien au Real. Claude aussi y avait bien vécu avant son transfert à Chelsea. Le club lui-même était très vaste, mais en dehors de ce cadre il n'y avait pas grand-chose à faire. Impossible de sortir faire du shopping, par exemple, ou d'aller dîner entre amis. Tout était compliqué. Alors qu'à Londres, que ce soit en semaine ou le week-end, Cheryl et moi faisions ce qui nous plaisait. Nous allions dans les magasins, et poussions notre Caddie dans les allées des supermarchés, comme tout le monde. Et j'appréciais tellement les dimanches ! Je les passais à me détendre, à lire les journaux, et même à m'offrir de temps en temps un *english breakfast* ! Madrid, c'était tout autre chose. Bien sûr, il s'agissait là de détails, surtout si on les considérait en rapport avec la progression d'une grande carrière de footballeur. Mais les détails peuvent quelquefois générer des problèmes. Et il est difficile d'être bon sur le terrain si on ne peut pas se détendre par ailleurs.

Du reste, je me posais aussi beaucoup de questions à propos du football lui-même. À Arsenal, on me laissait m'exprimer pleinement. J'avais la possibilité d'attaquer, de défendre, de m'investir à fond dans les matchs. J'adorais récupérer la balle, même si c'était juste pour le plaisir de faire de petites passes. Or le Real, depuis le départ de Claude, était véritablement en quête d'un défenseur, d'un joueur qui ne pourrait faire autre chose que jouer à l'avant de la défense. Et si j'étais honnête, je devais admettre que ce n'était pas le poste que je recherchais. Cela pourrait durer quelques matchs, certes, mais je ne tarderais pas à trouver ça... disons, ennuyeux.

Ce fut une longue et douloureuse réflexion. J'entendais ne laisser aucun sujet de côté. Je basculais tantôt d'un côté, tantôt de l'autre. *À Arsenal*, me disais-je, *tu as ceci et cela*. Puis : *Au Real, tu auras ceci et cela*. La situation commençait à devenir sérieusement embrouillée. Or, mon avenir était en jeu ! Je ne pouvais nier, à vingt-huit ans, que j'étais plus près de la fin de ma carrière que du début. À Arsenal, nous avions une équipe plus jeune qu'au Real – composé de joueurs qui incarnaient la fin d'une génération...

Il était tard, ce mercredi soir, quand j'ai enfin arrêté ma décision, assis dans mon canapé. Puis j'ai décidé d'aller me coucher. J'avais réfléchi. Tout était clair. Je leur dirais le lendemain que je ne voulais plus partir. J'avais étudié le problème sous tous ses angles. Mon choix était arrêté. J'étais très reconnaissant à l'entraîneur et à David Dein de ne pas avoir fait pression sur moi, alors que je les mettais dans une situation difficile en leur annonçant la nouvelle au dernier moment, sans leur laisser le temps de se préparer à mon départ, de me chercher un remplaçant, et même d'y penser sérieusement. Ils m'avaient juste demandé de leur communiquer rapidement mon choix définitif.

J'ai annoncé à Cheryl que ma décision était prise : je restais à Arsenal. Elle était contente. Surtout pour moi. Enfin, j'avais choisi ! Le jeudi matin, je commence par rencontrer Titi. Je lui dis que je ne pars plus, réflexion faite. Lui aussi est heureux de la nouvelle.

Nous faisions du si bon travail ensemble ! Il devait me dire plus tard que j'aurais cassé beaucoup de choses en partant. Après l'entraînement, je suis rentré chez moi. Je n'avais pas vu Arsène. À 17 heures, j'ai appelé David Dein : « Écoute, je n'ai plus envie de partir. Je reste. »

Il a paru surpris. Je suis sûr qu'il s'attendait à tout autre chose, pensant que j'allais lui confirmer mon départ. Ce soir-là, nous avions projeté d'aller au cinéma, Cheryl et moi. Son frère devait nous accompagner. L'idée était de me changer les idées, car mon crâne menaçait d'exploser. Mais David Dein m'a dit : « Je suis chez Arsène. Viens donc te joindre à nous ! »

J'ai sauté dans ma voiture. La maison d'Arsène se trouvait à Totteridge, dans le nord de Londres. Tous deux m'ont accueilli avec un large sourire. Je me suis installé, très calme. L'entraîneur a commencé à me taquiner : « Alors, qu'est-ce qui ne va pas ? Qu'est-ce qui se passe ? Tu n'as plus envie de partir ? Tu avais pourtant l'air décidé. Qu'est-ce qui t'a fait changer d'avis ? »

J'ai repris mon raisonnement. Je leur ai dit mes pensées, ce que je ressentais, et tout ce qui m'avait amené à cette décision. Je leur ai parlé de mes inquiétudes quant à ce qui m'attendait à Madrid. Arsène m'a interrompu : « J'espère que tu ne choisis pas la solution de facilité. »

Je comprenais parfaitement son point de vue. Il s'inquiétait et c'était tout naturel. Mais je n'ai eu aucune peine à le rassurer sur ce point précis. En aucun cas je ne choisissais de rester à Arsenal parce que c'était plus facile. Je voulais rester à Arsenal parce que j'y étais heureux, parce que je sentais que nous pouvions gagner ensemble beaucoup de compétitions encore, et parce que j'estimais pouvoir contribuer demain aux succès de l'équipe. J'aspirais à gagner la Ligue des Champions avec Arsenal ; j'avais ce projet chevillé au cœur.

J'ai remercié Arsène de m'avoir donné le temps de mûrir ma décision. Mon problème ne lui avait pas facilité les choses durant la dernière période, je le savais. Le club avait dû attendre que j'aie arrêté mon choix, et en avait souffert. Après tout, la saison était sur le point de commencer, et il avait fallu envisager sérieusement de bâtir l'équipe sans moi. J'ai dit à Arsène qu'il pouvait encore m'aider à m'améliorer – et aussi que nous formions une grande équipe avec Henry, Campbell, Cole et les autres. Grande était mon émotion. Le boss avait toujours été génial avec moi ; il devait absolument connaître toutes les raisons qui m'amenaient finalement à rester.

En réponse, il m'a assuré qu'il était très heureux. J'étais le capitaine de l'équipe, et l'équipe serait plus forte si je continuais d'en faire partie. Toute notre discussion s'était déroulée en français, langue que David Dein comprenait très bien. David m'a rassuré à son tour : « Le club est vraiment content que tu restes. Mais il faut qu'on appelle le président du Real, maintenant. Tu vas lui faire part toi-même de ta décision. »

David Dein a téléphoné à Florentino Perez. Et il m'a enfin été donné de lui parler, pour la première fois depuis le début des négociations ! « Écoutez, Monsieur, lui ai-je dit, je suis vraiment désolé de vous le faire savoir à la dernière minute, mais en définitive je ne viens pas au Real. Quitter Arsenal m'est très dur. Je vais y rester parce que je m'y sens bien. Et c'est là que je veux finir ma carrière. » M. Perez m'a répondu que c'était dommage pour son club, mais qu'il n'y avait pas de problème. Il m'a remercié de l'avoir appelé personnellement pour le lui dire de vive voix. Et il m'a souhaité bonne chance. Un vrai gentleman.

Ce soir-là, j'ai décidé d'aller au cinéma, comme prévu, car j'avais vraiment besoin de me changer les idées. Mais sous mon crâne se bousculaient encore toutes les questions qui s'y étaient pressées ces derniers jours. Pensées et émotions continuaient de tourbillonner en moi. À l'évidence, je venais de franchir un grand pas. Voilà pourquoi je suis incapable de me rappeler quel film j'ai vu ce soir-là – ça n'a, bien sûr, aucune importance.

Une conférence de presse s'est tenue le lendemain, et les sempiternelles questions ont fusé... « Pourquoi n'avoir rien dit avant ? » « Pourquoi avoir tant attendu pour expliquer la situation ? » « Que s'est-il passé avec le Real ? » « Pourquoi n'êtes-vous pas parti ? » « Les supporters vous en veulent de ne rien savoir. » Je n'étais pas gêné par toutes ces questions, je m'étais préparé à cet exercice. Mentalement, j'étais au point – et cela depuis le moment précis où, la veille au soir, j'étais sorti de chez le boss. Je savais que le lendemain, ce ne serait pas une partie de plaisir...

Surtout j'avais bien conscience qu'à ce moment précis, alors que la saison allait s'ouvrir, les gens se partageaient en deux camps. Les uns étaient favorables à mon transfert, les autres voulaient que je reste. Nul doute qu'il ne manquait pas de gens pour dire : « Vieira ? C'est toujours la même chose avec lui. Un jour, c'est oui, et le lendemain c'est non », ou encore : « Il part, il ne part plus, il ne dit rien. Ce n'est pas normal. » Heureusement, il y avait aussi tous les autres, ceux qui se contentaient de dire tout simplement : « Il reste, et c'est tant mieux. »

Tout devait bien finir. Les fans d'Arsenal que j'ai rencontrés se sont tous déclarés heureux de ma décision. De même tous ceux qui travaillaient pour le club. Et c'était le plus important pour moi. Je m'étais fait du souci, à tort, en m'imaginant que les supporters me tiendraient rigueur de toute cette affaire.

À ce point de mon récit, je veux être clair. Depuis mon arrivée au club, des années auparavant, c'était la première fois qu'il y avait du vrai dans une rumeur de transfert me concernant. Depuis l'été 2001, la presse s'était fait l'écho des rumeurs de transfert pratiquement à chaque intersaison. À chaque fois, les médias me voyaient sur le départ. Pour Manchester United. Ou pour la Juventus. Ou pour le Real Madrid. Ces commérages avaient toujours été suscités par des agents, ou par les autres clubs eux-mêmes. Quoi qu'il en soit, je venais de vivre mon premier vrai contact avec le Real. Deux ans plus tôt, les médias avaient publié une photo de moi à Madrid... mais je m'y trouvais pour rendre visite à Claude Makelele qui venait d'avoir une petite fille. Aucun contact n'avait été pris avec personne. Mais ma photo figurait en une ! Les négociations étaient même censées avoir déjà commencé ! L'histoire était fabriquée de toutes pièces. Je suis sûr que si ma blessure à la cuisse a mis si longtemps à guérir, c'est à cause de la pression ininterrompue à laquelle j'ai été soumis pendant cette affaire avec le Real. Je n'arrivais pas à accélérer le processus de guérison parce que j'étais constamment sous tension.

Cela étant dit, pourquoi n'aurais-je pas eu le droit d'envisager un départ ? Chacun peut rencontrer ce genre de problèmes. Et pas seulement dans le monde du football. Même un employé de bureau peut être sollicité par une autre société, et se voir offrir un contrat plus avantageux. À lui de décider s'il part ou s'il reste. Il effectuera peut-être son choix en fonction de sa famille, et pas seulement de lui seul. Il se dira qu'il préfère travailler avec telle ou telle équipe. Peu importe. En définitive, chacun a parfaitement le droit de penser à travailler ailleurs.

Ma décision était donc arrêtée et annoncée publiquement. Je me suis senti aussitôt soulagé, comme si on m'avait libéré d'un fardeau. J'avais aussi les idées plus claires. Je me suis remis au travail sur-le-champ en me disant que j'avais plus que jamais envie de faire mes preuves. De nouveau, j'étais impliqué à cent pour cent dans le club ; de nouveau j'étais persuadé de pouvoir atteindre mes objectifs au sein de mon équipe et avec mes amis.

Le premier match que j'ai joué après ces événements a eu lieu à Fulham le 11 septembre. Nous l'avons gagné 3-0, alors que le score était encore vierge à la pause. Je suis sorti de cette rencontre heureux d'avoir porté à nouveau les couleurs d'Arsenal, mais conscient en même temps de n'avoir pas été à mon meilleur niveau. La tension ne m'avait pas quitté. La faute en incombait à tous ces articles dans la presse. J'étais entré sur le terrain en me demandant quel accueil les fans allaient me réserver. Notre relation n'en avait-elle pas pris un coup ? N'était-elle pas irrémédiablement affectée ? Allions-nous pouvoir nous aimer à nouveau ? Les fans, en fait, m'avaient acclamé dès qu'ils m'avaient vu m'échauffer. Il avaient chanté V-I-E-I-R-A sur l'air italien *Volare*. Ma blessure m'avait empêché de jouer les premiers matchs du Championnat. Je suivais alors les rencontres à la télévision, et j'entendais chanter mon nom dans les gradins. C'était vraiment extraordinaire, la preuve qu'un lien fort existait entre nous. Le charme pouvait-il un jour être rompu ? Je l'avais redouté. D'où mon anxiété au moment du retour. Si mes fans cessaient de m'aimer, je perdais tout – et je le savais. Puis vint la rencontre avec le PSV d'Eindhoven, et je suis descendu de nouveau sur le terrain d'Highbury. Nous n'avons pas joué ce jour-là un merveilleux football, mais notre défense était bonne et nous nous étions armés de patience. Le match s'est conclu par un petit 1-0 en notre faveur. Nous avions notre billet pour la Ligue des Champions. Et surtout, ma chanson était encore là ! Ce match à domicile a véritablement constitué un tournant pour moi. J'avais été rassuré par l'accueil reçu à Fulham, mais Highbury, c'était encore autre chose. Highbury, c'était chez nous. C'était notre terrain à tous. Et le soulagement, pour moi, était immense.

Peut-être n'est-il pas facile de comprendre ce que l'on éprouve en pareille situation si on n'en pas fait soi-même l'expérience. Si tu arrêtais une personne dans la rue pour lui demander : « Tu as pigé pourquoi Patrick Vieira n'est pas allé au Real ? », elle te répondait infailliblement : « Il s'est dégonflé, c'est tout. »

Même mes copains, en France, ne comprenaient pas : « Quoi ? Tu n'es pas allé jouer avec Zidane, avec Figo ? Mais tu es dingue ! Le Real ! » J'avais beau expliquer... Rien à faire, ils ne comprenaient pas. Mais il ne pouvaient pas comprendre. Pour comprendre, il faut avoir joué à Highbury !

Je suis pratiquement le seul footballeur à avoir refusé de rejoindre le grand club espagnol. Peut-être est-ce pour cette raison qu'ils ont eu du mal à comprendre ma décision. Mais pour être honnête, le fait d'aller finir ma carrière au Real et d'avoir deux ou trois millions de plus sur mon compte n'aurait pas fait de moi un homme plus heureux. En vérité, j'étais fier de mon choix. Il ne m'avait pas été dicté par l'argent. Dans le football, on n'est guère habitué à entendre un joueur déclarer : « Je suis content. Je n'ai pas besoin de plus d'argent. » Telle fut pourtant ma réaction.

Ma relation avec les supporters est impossible à définir. Quand nous avons fêté notre victoire en Championnat, à Town Hall, en 2004, c'est aux fans que le boss s'est adressé en premier. Ensuite, il m'a parlé parce que j'étais le capitaine de l'équipe. Quand est venu mon tour de parler aux supporters, ils se sont mis à chanter mon nom. Je ne m'entendais plus moi-même. J'avais des frissons jusque dans les reins. Ce fut vraiment un moment fort. Cette réaction dépassait le cadre du club de football Arsenal. En Angleterre, dans tous les domaines, tu es reconnu pour le travail accompli, à quelque niveau que tu sois. Ce n'est pas comme dans les autres pays. Nulle part ailleurs qu'en Angleterre, on n'acclamera un défenseur, ou un défenseur de milieu de terrain comme on fête un buteur. Enfin, ça peut arriver, mais rarement. En Europe continentale, on aime le buteur. C'est à lui que va le Soulier d'or. Et les autres récompenses aussi. Ces vingt dernières années, ces grandes récompenses sont peut-être allées dix-huit ou dix-neuf fois à des buteurs. Je ne vois guère, comme exception, que Matthias Sämmer après l'Euro 96 en Angleterre et Fabio Cannavaro après le Mondial 2006. Mais bon, c'est le foot ; et dans ce sport, le buteur se trouve sous les projecteurs.

Et cette raison aussi a motivé mon choix. Bien sûr, Arsenal m'offrait tout ce que je pouvais espérer en matière de style de jeu. Mon caractère y trouvait son compte, comme mon mode de vie quotidien. Mais en définitive, ce transfert n'aurait pu avoir lieu. Bien sûr, j'avais eu raison d'en étudier la possibilité. C'était logique. Imaginons que j'aie dit : « Non, non, pas question de partir. Je ne veux pas aller au Real. Je ne veux même pas en discuter... » On en aurait conclu que je manquais pour le moins de discernement !

J'avais laissé un message à Zizou pour l'informer de ma décision ; depuis, nous n'en avons plus jamais reparlé.

Pas une seule fois, je n'ai regretté mon choix. Jamais je ne me suis dit : « Tu aurais dû partir ! ». Jamais. Je n'avais rien à prouver à personne. J'ai décidé de rester sur la base de motifs purement personnels, non parce que j'estimais avoir une dette quelconque envers le club. J'avais vingt-huit ans. J'étais à Arsenal depuis huit ans. Jamais ma loyauté ne leur avait fait défaut. Franchement, je me voyais finir ma carrière avec eux. Certes, la vie devait par la suite en décider autrement. Mais ce fameux soir du mois d'août, j'avais pris une résolution inflexible. Puis j'avais foncé sans regretter ni regarder en arrière – de toute façon, ce n'est pas trop mon genre.

15

2004-2005 : dernière saison en Angleterre

Le boss m'avait désigné comme cinquième buteur et j'avais répondu : « Pas de problème. » Il ne me restait donc plus qu'à aller me poster en face du gardien Roy Carroll, et à marquer pour mon club le but de la victoire en Coupe d'Angleterre. Le chemin n'était pas très long entre la ligne médiane et le point de penalty, pourtant j'ai eu le sentiment de couvrir une distance interminable. J'avais soin de marcher lentement, avec précaution. Car la pression était forte. Mais c'était une bonne pression – du genre qui te procure des émotions positives.

Score : 4-4. À moi de jouer, donc. En 2000, j'avais manqué un tir au but contre Galatasaray en finale de la Coupe UEFA. Et mon coéquipier Davor Suker avait raté le sien aussi. Résultat, nous avions perdu le match et la coupe avec. Depuis, j'avais marqué plusieurs penalties pour Arsenal... Mais réfléchir à tout cela ne servait plus à rien. À rien non plus de penser à tout ce que ce tir au but symbolisait pour moi du point de vue de ma relation avec les supporters. Il y avait eu ce transfert avorté avec le Real. La saison qui s'achevait avait été émaillée de problèmes. Mais si je ne m'ôtais pas de la tête ces préoccupations, j'étais battu. La seule solution consistait à rester positif. Tout en marchant, j'ai pris la décision de tirer à droite du gardien. Ce choix arrêté, je n'avais plus qu'à me concentrer sur mon objectif – le fond du filet – et surtout à prendre mon temps. C'est ce que j'ai fait. Puis j'ai tiré. But ! Score 5-4 pour nous. L'instant d'après, toute la tension se relâchait. Je me suis tourné vers Jens Lehmann : nous venions de remporter cette coupe grâce à lui.

Je me suis donc retrouvé en train de lever la coupe devant la foule de nos supporters. Mon penalty avait effacé tout ce qui s'était dit et fait au cours de cette difficile saison, et je pouvais mesurer maintenant l'importance de la relation établie avec mes fans. Arsenal est le seul club où j'aie développé un tel lien de proximité avec mes supporters. Voilà pourquoi j'avais tant de peine à le quitter. Je pouvais partir ; mais en ce qui concernait les fans, je savais que je ne retrouverais jamais l'équivalent ailleurs.

Ils avaient entonné ma chanson. Je suis allé les saluer. Ils formaient au-dessus de moi une véritable mer pourpre. Une victoire sur Manchester United ! Les supporters d'Arsenal appréciaient pardessus tout...

Après ce match, on m'a posé beaucoup de questions sur mon avenir – c'était déjà le cas avant, d'ailleurs, ça n'avait rien d'étonnant. Les journalistes n'ignoraient pas que je devais encore deux années à mon club par contrat, mais ils voulaient tout de même savoir si je me préparais à rester à Arsenal ou si – pour user d'une métaphore – j'avais l'intention d'aller jouer le premier rôle dans une autre série télé.

Sur le plan personnel, en tant que joueur, j'avais fait une saison moyenne, même si elle avait mieux fini qu'elle n'avait commencé. À la vérité, j'avais sous-estimé l'impact psychologique de mon non-départ pour le Real Madrid. Je ne cessais d'insister sur le fait que le feuilleton était bel et bien terminé, mais j'étais déstabilisé. Plus que je ne l'avais cru en tout cas. Quelque chose me disait que je n'allais pas vraiment bien. J'éprouvais un certain malaise, comme un sentiment de responsabilité croissante vis-à-vis de mon club, de mes coéquipiers et de mes fans. Parfois je jouais vraiment bien, comme dans cette demi-finale de la Coupe contre Blackburn ; mais à d'autres moments, en particulier au début de la saison, j'avais été frustré, tendu – comme si j'avais voulu montrer à tout prix aux autres que j'étais toujours impliqué à cent pour cent dans la vie de club, comme si j'avais perçu des doutes dans mon entourage sur ce point.

Je me suis blessé à la cuisse pendant l'entraînement de préparation à la saison. Il s'agissait en fait d'une récidive de ma blessure dans l'Euro 2004, et je suis sûr qu'elle résultait de mon état psychologique : mentalement, je n'étais pas pleinement apaisé. À cause d'elle, je n'ai pu préparer correctement ma saison ; Titi et Sol se trouvaient d'ailleurs dans le même cas puisqu'ils avaient des ennuis avec leur tendon d'Achille.

Puis vint, à la mi-octobre, le match contre Aston Villa, à Highbury ; là, je me suis blessé à la cheville lors d'un contact avec Jlloyd Samuel. Nous avions fait un grand match dont Arsenal était sorti vainqueur 3-0, et qui aurait pu finir sur un 6-1 sans l'incroyable talent de Stefan Postma, le gardien tchèque d'Aston Villa. Mais j'allais devoir jouer longtemps avec une mauvaise cheville. Je n'ai même pas pu prendre de vacances, car Gilberto aussi était sérieusement blessé, ainsi qu'Edu. Bref, le club avait besoin de moi, même si mon niveau de performance n'était pas excellent à cette période. Je suis fier de pouvoir le dire : je ne me suis pas dérobé. C'est une habitude chez moi. Je donne toujours le meilleur de moi-même, même si ce meilleur se révèle insuffisant.

Cette saison 2004-2005 m'a donc laissé la déception au cœur. À aucun moment, je n'avais été à cent pour cent de mes capacités. Mais tu es obligé de l'accepter à partir d'un certain âge. Vient un moment où tu ne peux pratiquement plus jouer un match sans avoir un problème ou un autre. D'où les critiques que j'ai dû encaisser. Les journaux disaient que le vrai Vieira était parti. Ce n'était pas agréable, mais l'honnêteté me forçait à reconnaître que mes performances n'étaient plus les mêmes. Et puis, quand tu as conquis un certain statut, quand tu joues à un niveau supérieur, tu sais que les gens ont tôt fait de relever tes défaillances. Dans mon cas, ils pouvaient en plus s'appuyer sur les événements de l'été précédent, quand il avait été question de mon transfert vers le Real. Les journaux anglais en étaient venus à se former leur opinion : ils estimaient que j'aurais mieux fait de partir, vu que je n'étais plus impliqué mentalement. Ces commentaires ne me gênaient pas. Je me connaissais assez bien pour savoir où j'en étais. C'est vrai, je n'avais pas très bien joué en début de saison, mais je m'étais amélioré au fil des semaines, jusqu'à atteindre un niveau satisfaisant. Fatalement, mon faux départ avait contribué à faire de moi une cible idéale. Mais pendant un an et demi, Arsenal avait gagné tout ce qu'il pouvait gagner en Angleterre, et il fallait bien que les journaux trouvent un bouc émissaire – ce fut moi. Mais j'avais les épaules larges, et je savais que ces attaques faisaient partie du job.

J'ai donc vécu cette année-là avec Arsenal une saison en demi-teinte. Des doutes s'exprimaient sur mon niveau de jeu, et je n'aimais pas ce que je lisais dans les journaux. J'avais toujours voulu être le meilleur, et je continuais de vouloir être considéré comme un des meilleurs joueurs du monde au poste que j'occupais. Cependant j'avais ces problèmes de forme physique, les Brésiliens Edu et Gilberto aussi – ce qui a permis à Mathieu Flamini et à Cesc Fabregas de jouer une quantité de matchs. Cesc, à l'époque, n'avait que dix-sept ans, et il était certes incroyablement talentueux. Il était arrivé de Barcelone durant l'été 2003, alors à peine âgé de seize ans. En octobre de la même année, il faisait ses débuts en équipe première contre Rotherham United, et devenait le plus jeune footballeur de tous les temps à avoir joué à Arsenal. Ensuite il a marqué contre les Wolves à sa deuxième sélection. Cela a fait de lui le plus jeune joueur à avoir jamais inscrit un but pour Arsenal. Quelle réussite, pour lui, d'occuper si jeune un poste d'arrière-centre, et dans une ligue aussi exigeante, physiquement parlant, que le Championnat ! Mais il était vraiment doué. D'ordinaire, quand tu commences, le plus dur, c'est encore de te débarrasser de la peur de jouer mal. Mais Cesc croyait à fond en lui-même. Il n'arrêtait jamais de réclamer des passes, même en situation dangereuse. La capacité de ce garçon à garder la tête froide ! Et il ne devait pas changer, en dépit de tout ce qui lui arrivait. Il demeurait tel qu'en lui-même. Ils n'était pas un *futur* grand footballeur, il l'était *déjà*.

Quant au milieu de terrain Mathieu Flamini, il avait juste vingt ans à son arrivée à Arsenal en 2004. Venant de Marseille, il avait déjà passé quatorze ans à l'OM ! Il figurait désormais dans les projets d'avenir d'Arsenal.

Il y eut une époque durant laquelle beaucoup jugeaient Arsenal comme une équipe trop jeune, mais je ne partageais pas cet avis. C'était simplement un ensemble de joueurs jeunes et de plus anciens. On pouvait noter un certain déséquilibre à certains moments, voilà tout. Ne jetons pas la pierre aux jeunes. Individuellement, ils avaient tous d'immenses qualités. C'est plutôt sur le plan collectif que les choses pouvaient déraper de temps en temps.

Cela ne veut pas dire que nous avons limité nos ambitions. Financièrement parlant, Arsenal était sûrement moins à l'aise que Chelsea ou Manchester United, mais l'argent n'est qu'un critère parmi d'autres. Dès lors qu'il est question du jeu et de la vie du club, Arsenal est au-dessus de ses deux rivaux. Les Gunners regardent autre chose que leur compte en banque – ils essaient plutôt de former une équipe géniale.

En avril, Gilberto a repris l'entraînement après huit mois d'absence pour cause de vertèbre fracturée. C'était une excellente nouvelle pour l'équipe et pour moi. Elle coïncidait avec la dernière partie de la saison, alors que nous avions cédé quatre points seulement lors des huit derniers matchs du Championnat. Nous avons aussi gagné la demi-finale, puis la finale de la Coupe d'Angleterre. Avec Gilberto, c'était notre troisième saison ensemble, et nous avions développé une solide entente sur le terrain. Avec lui, on oublie tout de suite que l'on a affaire à un champion du monde. Il est plus défensif que moi, de sorte que sa présence m'offrait plus d'occasions de monter aux avant-postes. Ça me rappelle une phrase de Roger Lemerre, l'entraîneur qui coachait l'équipe de France quand nous avons gagné l'Euro 2002. Il disait que mon rôle consistait à faire du 60-40. Autrement dit, je devais passer soixante pour cent de mon temps à attaquer et le reste à défendre. Quand je jouais avec Manu Petit, les pourcentages s'inversaient : lui se montrait alors plus attaquant que moi. Soyons clairs, je n'essaie pas de me justifier. Ça n'a jamais été mon genre. Je sais pourquoi j'ai rencontré certaines difficultés pendant quelques mois de la saison 2004-2005. Et je puis même dire que je suis fier de la façon dont tout s'est terminé.

À l'évidence, la priorité d'Arsenal est maintenant de montrer ce dont l'équipe est capable en Ligue des Champions. Au temps où je jouais chez eux, c'était notre manque de succès dans cette compétition qui nous décevait le plus. Mais je sais qu'ils ont le potentiel pour s'en sortir au mieux, et même pour rapporter à la maison la célèbre coupe au grandes oreilles. Lors de ma dernière saison chez eux, nous avons bien failli l'emporter, une fois de plus. Nous en avions les capacités. Il ne nous a manqué que le résultat. Dans notre groupe, nous avons battu le PSV d'Eindhoven, 1-0, sur notre pelouse à Highbury. Nous avions de quoi être satisfaits puisque notre objectif, cette fois, était de gagner la Ligue des Champions – alors que nous l'avions mal commencée l'année précédente. Mais le PSV n'était pas une équipe facile. Elle était forte techniquement. Et le groupe dans lequel nous étions tombés n'était pas des plus faciles non plus. Le match retour contre Eindhoven s'est conclu sur un nul, 1-1 ; nous l'avons pris comme un bon résultat, surtout que nous avions joué le dernier quart d'heure du match à neuf, après mon expulsion et celle de Lauren. C'était mon deuxième carton rouge depuis que j'étais capitaine d'Arsenal. Le premier m'avait été infligé la saison précédente à Old Trafford, au terme de cet incident avec Van Nistelrooy, dont j'ai déjà parlé, et qui m'a laissé un goût amer. Je n'avais pas l'habitude d'être expulsé du terrain. Ce deuxième carton rouge arrivait après un jaune. Le match était particulièrement dur. Thierry, notamment, avait reçu son lot de mauvais coups. Mark van Bommel, le capitaine du PSV, avait passé sa soirée à collectionner les fautes. Et c'est nous qui avons été punis le plus sévèrement. Il nous avait fallu beaucoup de résolution pour ne pas craquer, mais nous avions tenu bon. Hélas ! en dépit de ces débuts encourageants contre les Hollandais, ils ont finalement fait une magnifique Ligue des Champions puisqu'ils sont allés jusqu'en demi-finale où ils ont dû s'incliner de justesse devant le Milan AC.

Mais la saison devait s'achever superbement, tant pour Arsenal que pour moi. Avec notamment cette victoire 7-0 sur Everton, à Highbury, lors d'un match plein de signification. D'abord, ce 7-0 était le meilleur résultat de toute l'histoire du Championnat. Nous avions tellement bien joué que je me suis demandé ce soir-là pourquoi nous n'avions pas gagné le Championnat et pourquoi nous n'avions pas été capables de dépasser les quarts de finale en Ligue des Champions. Notre jeu était sûr. Plein de style aussi. C'était de l'Arsenal à son meilleur ! Cela dit, Everton n'avait pas gagné une seule fois à Highbury lors de leurs dix dernières visites. Cette nouvelle défaite n'était donc pas une surprise pour eux. Mais notre façon de marquer – trois buts avant la pause et quatre après – a vraiment dû les déprimer. D'autant qu'ils devaient tout de même finir en quatrième place du Championnat. Sol Campbell était de retour comme arrière-centre avec Senderos. C'était son premier match depuis le 1er février. Nous avons même eu la chance d'avoir Thierry sur le terrain en deuxième période – alors qu'il n'avait pas joué depuis cinq semaines à cause d'une blessure à l'aine. Le score fut ouvert par Van Persie et Pires. Huit minutes avant la pause, Dennis m'a fourni un ballon que j'ai lobé par-dessus Richard Wright, le gardien d'Everton qui venait à ma rencontre. J'ignorais encore que ce but serait mon dernier marqué en Championnat avec les Gunners. C'était incroyable. Non seulement tout cela se passait à Highbury, mais en plus lors d'un match époustouflant. Edu a marqué le cinquième but sur penalty. Lui aussi faisait sa dernière apparition dans ce stade – mais lui le savait, voilà pourquoi il avait voulu tirer ce penalty.

Le programme du match avait recommandé aux supporters de venir pour la dernière fois en rouge et blanc. En effet, les Gunners allaient quitter leur siège actuel, et la saison suivante les verrait jouer en marron, la couleur même qu'ils portaient à leur arrivée, des années auparavant. Les fans avaient donc été invités à venir avec des drapeaux, des foulards, des chapeaux, des maillots – tout ce qu'ils voulaient en fait, à condition que ce soit rouge et blanc. Nous voulions que le vieux stade soit couvert de rouge et de blanc ce soir-là. Soudain je me suis senti imprégné de l'immense signification que revêtait ce match. Les flashes ont illuminé le stade à la fin de la partie, on aurait cru que nous avions gagné le Championnat ! L'exaltation s'est emparée des joueurs et des supporters. Même les joueurs d'Everton ont lancé leurs maillots dans la foule. Pour le club comme pour moi, l'événement était fabuleux.

Souvent je repense à ce que furent mes débuts à Arsenal, en 1996. Le coach n'était pas encore arrivé du Japon. Plusieurs semaines durant, je me suis entraîné avec l'équipe réserve. J'avais beau venir du Milan AC, personne ne s'en souciait. C'est pourquoi je suis fier d'avoir parcouru ensuite tout ce chemin. Ce que je représentais pour les Gunners à l'heure de mon départ est un authentique accomplissement personnel. Exposé dans un roman, ou dans un film, un tel parcours semblerait improbable ou irréaliste. Je n'aurais pu rêver de meilleure fin avec les Gunners.

16

Là où je suis maintenant… et autres réflexions

Ce soir d'été 2006, en Italie, a commencé la nouvelle saison de football. Nous avons battu la Fiorentina 3-2 à l'extérieur. C'est Zlatan Ibrahimovic qui a marqué le but de la victoire. Les gens, sans doute, se sont dit que c'était chose habituelle. Pourtant, au cours de l'été, Zlatan et moi avons troqué le maillot noir et blanc de la Juventus pour le maillot noir et bleu de l'Inter Milan ; et la façon dont s'est passé ce transfert n'a rien d'habituel, justement.

En juillet 2005, arrivant à la Juventus plein d'enthousiasme, je ne m'attendais pas du tout à y connaître des péripéties et des coups de théâtre. Je ne crois pas qu'il ait été donné à beaucoup de joueurs de vivre ce que j'ai vécu en l'espace de douze mois, tant au niveau du club qu'au niveau international. À certains moments, j'ai dû affronter des vérités brutales et de sévères défaites ; à d'autres, j'ai connu de grandes joies et une indescriptible fierté. Ce fut une année dingue. Mais je ne voudrais pour rien au monde ne pas l'avoir vécue. À l'exception d'un match, toutefois…

Ma saison avec la Juventus avait bien démarré. À un niveau personnel, je m'étais remis à l'italien, langue que j'avais apprise dix ans plus tôt ; avec ma femme et sa fille Cheries, nous nous adaptions à Turin et à notre nouvelle vie. Professionnellement parlant, j'essayais de m'habituer au football italien – dix ans après avoir joué en Série A. En général, les équipes italiennes pratiquent un style de football plus défensif ; elles aiment construire leurs attaques sur la multiplication des passes. Le jeu anglais est tout différent : physique, il tend à privilégier le jeu ouvert et les centres – le cas d'Arsenal est cependant différent. Cela dit, je n'avais pas modifié ma façon de jouer, ni mon style de présence physique sur le terrain puisque c'est ce qui me définit en tant que footballeur. De toute façon, j'avais toujours joué ainsi. Changer m'aurait été impossible.

Je me sentais parfaitement bien dans cette équipe assez réduite – 17 ou 18 joueurs. En fait, je n'aurais pu rêver de meilleures conditions pour mon début de carrière sous le maillot des *Bianconeri*. Nous nous sommes tout de suite lancés à l'assaut du titre. J'ai senti que j'avais un bon niveau de jeu. J'ai vu que je contribuais aux résultats de l'équipe. Il y a bien eu en milieu de saison une passe difficile et nous avons dû batailler dur pour rester en tête du classement, mais nous avions foi en nous-mêmes ; nous pensions que nous allions bel et bien remporter le *Scudetto* – le titre très convoité de vainqueur du Championnat. En ce qui me concerne, j'avais le sentiment d'appartenir à fond à la Juve ; sauf blessure, je me voyais tout à fait jouer dans ce club pour les cinq ans à venir.

À la fin du mois de mars, nous avons essuyé un revers, lors du match aller en quart de finale de la Ligue des Champions. Ce match se jouait à Highbury, sur la pelouse de mon précédent club. Aucun doute, cette rencontre arrivait trop tôt pour moi. La saison précédente, je jouais encore à Arsenal ! Pour être franc, j'aurais préféré ne pas avoir à affronter les Gunners ce jour-là. N'importe quelle équipe, mais pas cellle-là. J'avais passé chez eux neuf années merveilleuses. Sous la direction d'un seul et même entraîneur, un homme qui m'inspirait un immense respect. Dans une équipe composée de grands joueurs dont beaucoup m'étaient proches, certains même des amis intimes. Je ne pouvais pas y retourner comme si de rien n'était ! Ce fut pour moi une journée douloureuse. Je savais que ce match allait arriver, évidemment. J'étais résolu à m'y préparer psychologiquement, à tâcher d'étouffer mes émotions. Mais je ne suis qu'un homme. Et Arsène Wenger aussi, apparemment. Et ça m'est apparu après coup, quand j'ai lu dans les journaux que les choses n'avaient pas été faciles pour lui non plus. Il estimait que ce n'était pas une bonne idée de m'avoir fait jouer si vite contre les Gunners – qui d'ailleurs ne vivaient pas très bien cette affaire, eux non plus.

Six mois seulement s'étaient écoulés depuis mon départ d'Highbury et le transfert auquel je ne m'étais pas préparé. Soudain, certaines choses s'étaient produites ; à la mi-juillet, je partais brusquement pour la Juventus. J'ignorais alors que ma dernière action pour Arsenal serait cette frappe en finale de la Coupe d'Angleterre à Cardiff – ce tir au but qui nous avait permis de rentrer à la maison avec le trophée. J'étais parti sans pouvoir dire au revoir à mes fans et j'en étais très triste ; Dennis Bergkamp, lui, avait eu au moins cette opportunité. De sorte que ces adieux auraient finalement lieu à Highbury en mars, dans des conditions loin d'être idéales.

Voyant venir cette rencontre, j'ai essayé de me concentrer strictement sur le match. Je me répétais : c'est un rendez-vous comme tous les autres, je me suis sorti par le passé de situations bien plus délicates, et la différence, cette fois, n'est pas si grande. Avant le match, j'ai parlé à Thierry Henry et à Robert Pires. Nous savions que l'épreuve s'annonçait pénible. Mais nous étions des professionnels. Nous ne pouvions pas nous permettre de nous laisser dominer par les circonstances. Cependant, c'était un cas de figure vraiment étrange, et je m'en suis rendu compte pendant que nous nous rendions au stade. J'ai alors eu avec Titi une conversation sur mon mobile : « Salut ! On arrive dans quelques minutes. À tout de suite. »

Soudain, je trouvais bizarre de lui parler ainsi. L'instant d'après, nous étions à Highbury. J'ai revu tous ces gens avec qui j'avais travaillé neuf années durant. Des hommes qui tous avaient compté dans mon existence pendant la majeure partie de ma vie d'adulte. Je me suis retrouvé en train de les embrasser, alors qu'ils étaient mes adversaires. Là-dessus, il a bien fallu gagner les vestiaires, pas ceux de l'équipe à domicile, comme à mon habitude, mais ceux des visiteurs ! Il m'a fallu tout mon courage pour ne pas laisser libre cours à mes émotions.

Et ce n'était que le début. Il restait encore une partie de football à jouer. J'allais devoir tout faire pour que mon équipe l'emporte. Nous étions venus pour gagner, après tout ! Je n'étais pas là pour m'offrir un moment de nostalgie. Quand nous sommes entrés sur le terrain, je ne savais pas du tout à quoi m'attendre de la part de mes supporters, et cela me rendait un peu nerveux. J'ai commencé l'échauffement. À la périphérie de mon champ de vision, je pouvais voir mes ex-coéquipiers s'échauffer eux aussi. Je savais exactement ce qu'ils allaient faire à présent ; les yeux fermés, j'aurais pu deviner chacun de leurs gestes. Je me suis efforcé de ne pas y penser. J'essayais de me concentrer sur mon propre échauffement. Mais je ne pouvais pas feindre de ne pas entendre les applaudissements des fans, qui chantaient ma chanson à tue-tête dans les gradins de Highbury ! C'étaient les mêmes paroles, le même air entonné avec la même ardeur qu'hier. Comment faire abstraction d'un tel accueil ? C'était comme si je n'étais jamais parti. Je me sentais déchiré. D'un côté, ces supporters incroyables auxquels je ne pouvais qu'exprimer ma gratitude du fond du cœur ; de l'autre, l'obligation où j'étais de me concentrer sur le match et de paraître aussi détaché que possible. Je n'ai rien pu faire d'autre que de garder les yeux baissés ; je tentais de n'avoir aucun contact avec mes fans, et d'ignorer leur bonheur de me revoir.

Nous avons fait un mauvais match. Arsenal jouait vraiment bien. Fabregas et Henry ont marqué deux grands buts. J'ai écopé d'un carton jaune après un tacle fautif qui devait beaucoup à l'adrénaline et à la nervosité ; de plus, cette sanction me privait du match retour la semaine suivante. C'était d'autant plus frustrant que j'aurais voulu jouer et rattraper ces deux buts de retard. Pour tout arranger, Camoranesi et Zebina se sont fait expulser. Mon retour à Highbury était un cauchemar. J'étais tellement bouleversé que je suis rentré à Turin dès le lendemain.

En vérité j'avais vraiment voulu que la Juventus gagne ce match et se hisse plus tard en finale. Mais je m'étais rendu compte aussi d'une chose : si la victoire ne devait pas aller à mon nouveau club, alors je préférais qu'Arsenal l'emporte. Arsenal, où j'avais joué pendant des années. Et, bien sûr, Arsenal est allé en finale de la Ligue des Champions. Beaucoup se sont dit que j'allais avoir du mal à digérer cette défaite-là, mais c'était ne pas comprendre que j'avais trop d'expérience pour être jaloux d'un succès d'Arsenal. Ce club ne comptait-il pas en définitive parmi ceux qui avaient le plus progressé en termes de résultats, de préparation, de coaching et d'amélioration des infrastructures ? Le club Arsenal s'était amélioré à tous les niveaux, il avait acquis un haut degré de professionnalisme. C'était désormais un des meilleurs d'Europe. Tout cela grâce à la vision et à la détermination d'un homme : Arsène Wenger, qui avait rendu tout cela possible. Ne méritait-il pas de remporter le trophée ? Cette finale, je l'ai regardée à la télévision. Je savais qu'Arsène Wenger avait travaillé dur pour parvenir à ce résultat. Je devinais sans peine ce que cette victoire représentait pour lui. D'où ma déception quand Arsenal a échoué à battre Barcelone au Stade de France – surtout que le résultat s'est joué à peu de chose !

Cette élimination de la Ligue des Champions devait être notre principal revers de la saison. Mais un autre échec nous attendait, qui se révélait lourd de conséquences inattendues pour la Juventus. Début mai, nous n'étions plus qu'à un point d'une victoire au Championnat – tout près du fameux *Scudetto*. Les médias italiens ont alors diffusé l'information selon laquelle plusieurs grands clubs du pays étaient visés par une enquête. L'affaire a aussitôt pris une importance considérable. On parlait de corruption, de matchs arrangés. Et les responsables de la Juve, selon toute apparence, se trouvaient au cœur de la tourmente. Luciano Moggi, notre manager général, était touché de près par le scandale – accusé d'avoir influencé les décisions des arbitres lors de matchs importants, faussant ainsi le résultat des tournois.

Avec mes coéquipiers, nous n'avons pas mis longtemps à comprendre que si ces allégations se révélaient exactes, nous allions en effet au-devant d'une grave tourmente. Des sanctions risquaient d'être prises contre le club. En pareil cas, je ne me voyais pas du tout jouer la prochaine saison sous le maillot des *Bianconeri*. J'étais choqué, les autres joueurs aussi. J'avais de bonnes relations avec Moggi, comme avec Antonio Giraudo, le directeur. À la Juventus, régnait une ambiance géniale, très familiale. Chacun s'y sentait bien. On se faisait tous confiance. L'équipe s'est lancée dans de longues discussions qui ont entièrement occupé les semaines suivantes. Il suffisait que l'un d'entre nous tombe sur un article dans la presse, ou que l'affaire connaisse un nouveau développement, aussitôt l'information circulait entre nous, et le débat était relancé. Après tout, nous nous étions donnés au club de tout cœur. Nous avions fourni tous les efforts possibles pour essayer d'obtenir les meilleurs résultats. Nous étions certains de mériter notre *Scudetto*, alors cela nous rendait malades. Nous nous étions battus pour ça, et durement. Nous avions lutté tout l'hiver pour nous maintenir en tête du classement. Une victoire aurait été pleinement justifiée. On nous la confisquait à la dernière minute !

Neuf mois d'efforts anéantis en quelques jours ! Je me suis retrouvé plongé dans une incertitude complète. Mon avenir était soudain compromis, tandis que s'annonçaient déjà les échéances de la Coupe du Monde. J'avais cru pouvoir préparer sereinement le Mondial, et m'y présenter avec en poche mes bons résultats obtenus à la Juve. Or, ce n'était pas le cas. J'avais l'impression de m'être fait gruger à tous les niveaux.

Les soupçons pesant sur la Fédération italienne allaient-il être confirmés ? Apparemment, oui. En tout cas, les chaînes de radio et de télé diffusaient aux quatre coins de l'Italie des conversations compromettantes pour Moggi. La Juventus risquait d'être reléguée en deuxième division. Avec en plus une importante pénalité. De sorte qu'elle ne pourrait espérer revenir en première division avant un an. Quand le verdict est tombé, la Coupe du Monde venait d'entrer dans sa phase finale. Je n'ai pas eu le choix, j'ai dû m'adresser à mon agent. Je lui ai expliqué qu'il était hors de question pour moi de jouer en deuxième division. J'allais devoir changer de club, et si possible très vite.

Je suis donc allé jouer la Coupe du Monde en Allemagne dans une atmosphère plutôt déstabilisante. J'ai fait le voyage avec David Trezeguet et Lilian Thuram. Beaucoup de nos coéquipiers de la Juventus étaient dans le même cas que nous puisqu'ils jouaient eux aussi dans des équipes nationales. Sur place, j'ai passé une partie de mon temps à essayer de me concentrer sur les matchs à venir, et l'autre à tenter d'organiser la suite de ma carrière. La situation, très difficile, ne correspondait pas du tout à ce que j'avais espéré. Or l'équipe de France, sous pression, avait besoin de tous ses joueurs pour construire et préparer ses rencontres – ce n'était pas le moment d'attendre anxieusement des coups de fil des agents et des clubs.

La France était dans le groupe G avec la Suisse, la Corée du Sud et le Togo. Une majorité du public et les journalistes eux-mêmes pensaient que nous n'aurions aucun mal à nous qualifier. Cependant, nous étions tous bien conscients de deux choses. D'abord, un groupe facile, en Coupe du Monde, ça n'existe pas. Ensuite, chacune de ces trois équipes devait être prise au sérieux. L'équipe suisse était bonne, dotée de plusieurs grands talents. La Corée du Sud avait très bien joué sa dernière Coupe du Monde et ne se laisserait pas éliminer aisément. Quant à l'équipe du Togo, il était impossible de l'évaluer. Comme toutes les équipes africaines, elle pouvait produire des résultats surprenants – d'autant que nombre de ses joueurs évoluaient en France et connaissaient bien notre football.

Nous avons commencé par rencontrer la Suisse. Notre jeu était crispé et la tension palpable. Nous n'arrivions pas à entrer dans ce match qui s'est achevé sur un nul 0-0. Même chose lors de la rencontre suivante contre la Corée du Sud. Thierry Henry nous a permis de mener dès la neuvième minute – son but était le premier que nous marquions en Coupe du Monde depuis 1998. Mais cela n'a pas suffi à nous libérer. Et comme nous ne le savions que trop bien, un but d'écart était une avance trop faible pour nous permettre de nous sentir à notre aise. À la quatre-vingt-unième minute, les Coréens ont égalisé au terme d'une de leurs rares attaques. Pour tout arranger, Zidane a écopé d'un carton jaune dans la dernière minute de jeu. Il était donc suspendu pour la rencontre suivante, pourtant un enjeu majeur.

Notre troisième et dernier match devait se jouer contre le Togo, et la presse française se déchaînait contre nous. Les commentaires visaient en particulier le sélectionneur, Raymond Domenech, déjà soumis à une énorme pression pendant la longue préparation du tournoi et les matchs éliminatoires. Toutes sortes de rumeurs circulaient. On parlait de querelles entre les joueurs, affirmant même que certains ne se parlaient plus. On prétendait aussi qu'une partie des joueurs était en désaccord avec l'entraîneur sur la tactique à suivre et la sélection. Que puis-je dire à ce propos ? Les journaux ont fatalement besoin de noircir du papier, et je le comprends fort bien par ailleurs. Sauf quand ils font une montagne d'une taupinière ! L'équipe et le coach étaient arrivés en Allemagne résolus à bosser ensemble. C'est exactement ce qui s'était passé, du reste : les joueurs, l'entraîneur, tout le monde y avait mis du sien. Nous avions décidé de laisser nos différences de côté. Si un problème survenait, on en discutait. Mais cette réalité a complètement échappé aux journalistes. Nous, nous n'avions pas de contact avec les médias en dehors des conférences de presse. Et nous ne lisions pas ce qui s'écrivait sur nous. Nous parlions au téléphone avec nos familles et nos proches ; celà mis à part, nous étions coupés du monde – une excellente chose quand un groupe a besoin de se souder. Nous éprouvions la nécessité de nous sentir entre nous et d'acquérir de la confiance, pas de lire les opinions des professionnels de la critique et du doute.

Pour ne pas être éliminés de la compétition, nous avions besoin d'une victoire nette sur le Togo, avec au moins deux buts d'écart – et à condition que la Corée du Sud ne batte pas la Suisse ! Or Zizou était suspendu. J'ai donc enfilé le brassard de capitaine. La rencontre tombait le jour de mon trentième anniversaire, et Zizou fêtait ses trente-quatre ans. Je sentais que nous avions besoin de nous libérer et de jouer comme je savais que nous en étions capables. Cela dit, nous n'étions pas là juste pour jouer un merveilleux football : nous voulions nous qualifier.

La première mi-temps fut intense. Elle s'est achevée sur un nul, 0-0. Nous avions eu des occasions. Trezeguet avait même expédié le ballon dans les filets... déclaré hors jeu, et l'arbitre nous avait refusé le point. Nos efforts cependant ont fini par payer, à la cinquante-cinquième minute, quand Franck Ribéry m'a fait une passe dans la surface. J'étais devant le gardien. J'ai pivoté. Et j'ai envoyé la balle dans l'angle du filet. Tout était allé très vite ! J'étais ravi, je faisais un bon match, j'étais capitaine de l'équipe et c'était mon anniversaire. Ce but, c'était la cerise sur le gâteau de ma journée ! Mais je n'ai pas eu le temps de la savourer car nous avions besoin d'un autre but pour nous qualifier. Et mon exploit, apparemment, avait eu pour effet d'électriser l'équipe : Thierry devait marquer cinq minutes plus tard, au terme d'une occasion créée par mes soins. Au coup de sifflet, nous avions gagné 2-0. Objectif atteint !

Nous nous savions capables de faire beaucoup mieux que dans ces trois derniers matchs. Nous avions les joueurs pour ça. Nous avions bossé dur pour devenir une équipe. Et le fait d'avoir franchi ce palier nous galvanisait. En un sens, l'épreuve nous avait libérés. Nous avions repris confiance. Nous nous sentions moins sous pression. N'oublions pas que les médias avaient même émis des doutes sur notre capacité à franchir le premier tour de la compétition !

Notre prochain adversaire était l'Espagne, une équipe qui avait très bien joué dans son groupe. Ils avaient marqué beaucoup de buts. Tout indiquait qu'ils comblaient les attentes de leurs fans. On les considérait depuis toujours comme une équipe qui n'obtenait pas les résultats mérités en Coupe du Monde. Et les médias disaient maintenant qu'ils avaient des chances d'aller loin, surtout en l'absence de vrai favori. Tout le monde nous voyait battus et prenant le prochain avion. En fait, ces critiques n'ont finalement réussi qu'à piquer notre fierté. Soudain nous n'avions plus qu'une envie, montrer à nos détracteurs qu'ils se trompaient. Ici, il faut rendre hommage à Raymond Domenech, qui avait pris des risques en affirmant nous voir en finale. Mais il avait le cran de croire en son équipe, voilà tout. Même seul contre tous, il croyait en nous ! C'est tout à son honneur. Il a fait preuve de beaucoup de volonté à ce moment-là. Il a su être fort. Pourtant, sa tâche n'était pas facile. Rien que pour cette attitude, il mérite notre reconnaissance.

L'entraîneur espagnol avait tenu des commentaires racistes à propos de Titi ; nous avons ignoré cet incident... et joué. Nous avons commencé par être menés 1-0 sur un penalty contestable accordé à l'Espagne. Puis la confiance est revenue. Nous avions de nouveau foi en nous-mêmes. Nous ne voulions pas lâcher. Juste avant la pause, j'ai fait une passe à Franck Ribéry qui a démarré en trombe, trompé le gardien adverse et glissé la balle dans ses cages : 1-1 à la pause.

Durant la seconde mi-temps, les deux équipes se sont créé des occasions de but. À la quatre-vingt-troisième minute, alors que nous sentions se rapprocher les prolongations, Zizou a tiré un coup franc lobé. Xabi, le gardien adverse, l'a arrêté sans réussir à bloquer la balle qui s'est trouvée renvoyée sur moi. Il ne me restait qu'à inscrire le but. Quelle sensation ! J'avais marqué deux buts en deux matchs ! Deux buts dont le dernier offrirait sans doute la victoire à mon équipe... Mais ce n'était pas fini. À la quatre-vingt-douzième minute, pendant le temps additionnel, Zizou démarre sur l'aile gauche. Il revient à l'intérieur, se joue habilement de Carles Puyol. Et il frappe, marquant notre troisième but à quelques secondes du coup de sifflet final ! Le moral était au beau fixe. Nous avions repris confiance. Nous sentions vraiment que nous formions une équipe, et non pas seulement un agrégat de joueurs. Nous n'avions désormais plus qu'une hâte : nous retrouver face à notre prochain adversaire, les Brésiliens détenteurs du titre, et revivre notre finale de 1998.

Ce match allait être moins bon que le précédent, du point de vue de la qualité du jeu. Mais à la cinquante-septième minute, Zidane tire un coup franc. La balle se dirige vers le deuxième poteau où l'attend un Thierry Henry démarqué. Thierry frappe sur une reprise de volée et inscrit le but. Nous avions notre billet pour la demi-finale ! Ce n'était pas le plus grand match de notre vie, mais quelle importance ? Seul le résultat compte, et battre le Brésil dans un match de Coupe du Monde n'est pas un mince exploit !

Cela dit, il est surprenant d'observer à quel point les gens sont versatiles. En un clin d'œil, les opinions étaient complètement modifiées. Demi-tour toute ! Les journaux se sont mis à parler des Français comme des possibles vainqueurs de la Coupe. Miracle ! Nous n'étions plus les malheureux perdants, les joueurs hors d'âge, les sans espoir. Ce genre de réaction m'a appris à ne plus attacher d'importance à ce que l'on dit de moi : tout peut changer en l'espace d'une minute, je le sais désormais.

Nous le savions, cette demi-finale contre le Portugal ne se présentait pas comme un parcours de santé. Nos adversaires ne seraient peut-être pas les plus difficiles à battre, mais ils jouaient un football parmi les plus efficaces. En fait, les Portugais jouaient comme nous, ce qui risquait de compliquer l'affaire. Certains avaient beau s'imaginer que nous avions déjà notre billet pour la finale, ils se trompaient. Le Portugal devait se révéler la meilleure des équipes qu'il nous serait donné d'affronter durant ce tournoi. Certes, ils ne jouaient pas comme les Brésiliens et les Espagnols, mais ils alignaient une équipe puissante. Sur le terrain, ils se donnaient à fond, et quelques-uns de leurs joueurs se montraient capables de renverser un match. De plus, leur organisation était excellente – elle ressemblait à la nôtre à bien des égards. Leur entraîneur, Luiz Felipe Scolari, affichait un palmarès éloquent. Résultat, ce match fut pour nous le plus dur de toute la compétition. En plus, c'était un match de demi-finale – et la demi-finale, c'est ce qu'il y a de plus compliqué, psychologiquement, tellement les enjeux sont élevés. Personne ne veut jamais perdre un match. Mais en demi-finale ! Perdre en demi-finale, c'est pire que perdre en finale.

Je sais combien les Anglais ont mal vécu leur défaite contre le Portugal. Surtout qu'il s'agissait d'une conclusion sur tirs au but. J'ai regardé évoluer les Anglais pendant toute la Coupe du Monde. Je ne pouvais pas faire autrement, puisque j'avais des amis dans leur équipe – c'est normal, après neuf années passées dans un club anglais. Bref, cela m'intéressait beaucoup de voir comment ils allaient s'en sortir. Ce fut étrange. Leur sélection était fantastique – mon ex-coéquipier Ashley Cole, plus Steven Gerrard, Wayne

Rooney, John Terry et Frank Lampard – , mais ils n'arrivaient pas à jouer. Les joueurs ne semblaient pas travailler ensemble, ne formaient pas une équipe. Ils ne comprenaient pas ce qu'ils devaient faire. Et les choses ne se sont pas améliorées par la suite, puisque qu'ils ne participent pas à l'Euro 2008. C'est un véritable gâchis, ces individualités d'exception incapables de fonctionner comme un groupe. En Grande-Bretagne, je le sais, certains médias ont réagi en affirmant que les Portugais aimaient jouer la provocation. Sauf que nous ne les avons pas laissé faire. Tout ce que je puis dire à ce sujet, c'est que le Portugal s'est bagarré dur – au bon sens du terme. En face, nous nous allions devoir nous bagarrer aussi et nous le savions.

Car ce fut bel et bien une bataille. À la trente-troisième minute, Thierry se fait faucher dans la surface de réparation par Ricardo Carvalho. Le penalty est tiré par Zizou – une frappe au ras du sol sur la gauche. Ricardo plonge du bon côté... mais sans pouvoir arrêter la balle. La suite du match allait être tendue. Les Portugais ont continué d'attaquer. Mais nous avions nous aussi des occasions de but. Nous étions également très forts en défense. Cela nous a permis de conserver notre avance. Aucune des deux équipes n'a développé un football particulièrement inspiré ni élégant, mais notre détermination était forte, et à la fin nous étions en route pour une nouvelle victoire en Coupe du Monde. Pour les joueurs ayant déjà vécu cette expérience huit ans plus tôt, c'était grandiose ; et pour ceux qui ne l'avaient encore pas vécue, c'était tout simplement indicible. Et puis Zizou jouait là son dernier match...

La clef de tout, dans ce genre de circonstances, c'est de garder la tête froide. Il ne faut pas se laisser emporter par son imagination, et surtout ne pas se jouer le match dans la tête avant l'heure, car c'est le meilleur moyen d'arriver sur le terrain physiquement et mentalement vidé. Raymond Domenech avait parfaitement compris cela. Il s'est assuré que nous ne changions rien aux habitudes acquises depuis le début de la compétition. Et nous avons préparé notre finale comme les matchs précédents. Une seule différence, il nous faudrait quitter nos quartiers la veille. Pour le reste, pas de changement, même entraînement, mêmes échauffements, mêmes exercices de relaxation. La veille du match comme le jour J, nous avons commencé par aller marcher. Nous avons déjeuné, puis fait la sieste. Bref, ni plus ni moins que le régime auquel nous étions accoutumés. Le coach nous parlait de sa façon habituelle. Nous avons visionné des vidéos des Italiens, analysé leur jeu en détail – comme avant le match contre la Suisse. L'entraîneur n'a pas eu besoin de nous motiver à coups de discours chargés d'émotion, ni de nous dire que nous vivions un moment historique. Quel intérêt ? Ce genre de propos nous aurait rendus nerveux. Et puis, si tu n'es pas motivé et plein d'énergie au moment de jouer une finale de Coupe du Monde, mieux vaut changer de boulot...

Donc, nous étions bien préparés et en bonne forme, tant physiquement que psychologiquement, quand nous nous sommes présentés ce soir-là sur la pelouse du Stade olympique de Berlin, devant une foule de 70 000 spectateurs. Je n'éprouvais pas du tout la même chose qu'en 1998 au Stade de France. Cette fois, je me sentais beaucoup plus impliqué, plus concerné par tout ce qui s'était passé avant, et par ce qui allait arriver. En 1998, je n'étais quasiment pas descendu sur le terrain avant la finale ; et lors de la finale, j'étais resté sur le banc presque jusqu'à la fin. Cette fois, j'avais joué tous les matchs. En outre, j'étais un des piliers de l'équipe. J'appartenais à la « vieille garde » ! Quand ont retenti les hymnes, j'ai regardé les fans amassés sur les gradins. Le stade était constellé de drapeaux des deux pays. Quelle émotion ! Ce fut un moment merveilleux, dont je savais que le souvenir me resterait en mémoire, comme un trésor, jusqu'à la fin de mes jours.

Dès la mise en jeu, j'ai chassé toute émotion et employé mon énergie à me concentrer sur le boulot à accomplir. Dans la première minute de jeu, Titi s'est durement cogné la tête contre l'épaule de Cannavaro. Il avait l'air sonné, ce n'était pas un bon début. J'étais inquiet. Quel terrible choc psychologique, si nous avions perdu Titi si tôt dans le match ! Mais il s'est relevé. Et six minutes plus tard, l'arbitre nous concédait un penalty : Marco Materazzi, qui allait se trouver impliqué dans plusieurs incidents au cours de ce match, avait fauché Florent Malouda. Zizou s'est avancé. Il a fait sa petite course habituelle. Et il a frappé un insolent tir lobé que jamais un autre footballeur n'aurait eu le cran de tenter dans une compétition de cette importance, où les occasions de but sont rares. Jamais nous n'aurions imaginé qu'il tirerait un ballon aussi audacieux. Une feinte pareille ! Surtout que la balle n'était pas tombée bien loin de la ligne de but ! On pouvait dire que Zidane avait confiance en lui ! Il avait cette force mentale. En un sens, ce penalty, c'était du Zizou tout craché.

Nous menions toujours 1-0, dix minutes plus tard, quand Marco Materazzi a repris de la tête un tir de corner d'Andrea Pirlo, et envoyé la balle dans nos filets. Égalisation. J'ai particulièrement mal vécu ce but, car j'étais censé marquer Marco. Mais il était trop tard pour se lamenter. Je n'avais pas le temps, de toute façon, car tout se passait très vite. Mais par la suite, après la défaite, j'y ai pensé et repensé sans cesse, tellement je m'en voulais.

Au début de la deuxième mi-temps, tout semblait aller comme nous le souhaitions. Nous dominions les Italiens. Soudain, alors que le jeu avait repris depuis dix minutes, j'ai ressenti une douleur musculaire dans les deux chevilles. Je venais de faire une passe après un dribble. La douleur était si forte que j'ai dû m'arrêter. Je n'arrivais même plus à marcher, encore moins à courir. J'essayais pourtant. J'ai compris que j'allais devoir sortir. Quelqu'un allait me remplacer sur le terrain. J'étais déçu, amer. J'avais l'impression d'abandonner mon équipe à son sort. Alors que j'avais tant de choses à faire pour elle ! Mais je n'avais pas le choix. Un match de cette importance, tu ne le joues pas si tu n'es pas à cent pour cent. J'ai assisté à la fin de cette finale sur le banc de touche, un sac de glace sur la jambe. Ce fut dur, beaucoup plus que d'être sur le terrain.

Dès le début des prolongations, tout le monde a compris que nos adversaires allaient attendre les tirs au but. Ils faisaient des merveilles en défense, alors qu'ils étaient épuisés. Ils n'essayaient même pas d'aller marquer – ils avaient pris cette décision, à mon avis. C'était la seule chose à faire s'ils voulaient gagner, défendre comme des dingues et mettre tous leurs espoirs dans les tirs au but. Nous, au contraire, nous faisions tout pour leur mettre la pression. David Trezeguet avait pris la place de Franck Ribéry qui avait donné jusqu'à ses dernières forces. Quelques minutes plus tard, Sylvain Wiltord venait remplacer Thierry Henry blessé. Une paire de jambes toutes fraîches ! Voilà sur quoi nous fondions tous nos espoirs pour la poignée de minutes qu'il nous restait à jouer.

L'incident s'est produit dix minutes avant la fin des prolongations, alors que chacun était à cran, et que toutes les réserves d'énergie étaient vides – cet incident, personne ne devait l'oublier. L'immense majorité des fans et des joueurs n'ont pas vu Zizou perdre son sang-froid et donner à Materazzi ce coup de tête en pleine poitrine. Moi non plus, de mon banc, je n'ai pas vu la scène. Même les arbitres ne l'ont pas vue ! Cependant, elle ne pouvait échapper à l'équipe italienne dont certains membres sont devenus littéralement fous. Ils en ont tout de suite appelé à l'arbitre. Le fait est que Materazzi, à ce moment-là, gisait sur la pelouse, l'air de souffrir mille morts. Pendant une fraction de seconde, on a vu Zizou porter la main à son bras, comme pour ôter son brassard de capitaine. Il a interrompu son geste, mais il savait au fond de lui que ce n'était plus qu'une question de secondes ; dès que l'un des hommes en noir aurait compris ce qui s'était passé, il devrait quitter le terrain. Les télévisions, qui d'abord n'avaient pas diffusé l'incident, l'ont révélé sur plein écran à la planète entière. Sur le banc, nous étions sonnés. Nous n'arrivions pas à en croire nos yeux. C'était incompréhensible. Ce geste ressemblait si peu à Zidane... Pour moi, l'explication tient à l'importance de l'enjeu : la pression, le stress, la fatigue, certaines paroles qui ont pu être prononcées pendant le match, le fait que Zizou jouait son dernier match... Tous ces facteurs ont fatalement contribué à cet instant de folie.

Zizou a quitté le terrain et gagné le vestiaire sans un mot pour personne. De toute façon, nous arrivions à la séance de tirs au but. Nous n'avions pas le temps d'analyser l'ampleur de la catastrophe causée par cette expulsion. Le temps file, tu entres pratiquement dans une autre dimension puisqu'il faut dresser la liste des buteurs.

Notre liste ne compterait ni Henry, ni Ribéry, ni moi-même... ni Zizou. Cinq footballeurs courageux ont été désignés. Le résultat de cette finale se jouerait donc à la roulette russe. Ce n'est jamais une bonne chose, dans un match de cette importance. Mais bien obligé de l'accepter.

On en était à 1-1 dans les tirs au but. De nouveau Marco Materazzi a reçu pour tâche de sauver cette finale. Il s'en est acquitté avec assurance, il a marqué son but. Vient le tour de David Trezeguet de tirer pour la France. Trezeguet a l'habitude de marquer des buts et des penalties pour la Juventus. En plus, il a les jambes fraîches, et cela compte en pareil cas. Rien ne permettait de croire qu'il n'arriverait pas à égaliser. Est-ce le destin qui l'a trahi ? A-t-il manqué de chance ? Appelle ça comme tu veux. Comme Zizou un peu plus tôt, David a frappé la barre transversale – mais pas du bon côté, hélas ! Dans ce genre de circonstance, le sang se glace dans vos veines. Vous n'en croyez pas vos yeux – non, vous n'y croyez pas, alors même que la scène passe et repasse sur les écrans. Dix centimètres, voilà tout ce qui nous séparait de la victoire. Mais tant de batailles ont été gagnées ou perdues à quelques centimètres près. Aujourd'hui, ça me fait encore mal d'y penser.

Tous les autres tirs sont allés dans les filets, du côté français comme du côté italien. Puis Fabio Grosso a offert à son camp un 5-3 irrattrapable. Pour l'équipe de France, tout était fini. La plupart d'entre nous pleuraient. David était effondré. J'ai essayé de le réconforter : il avait eu le courage d'y aller. Ça demande du cran. Et nous savons tous très bien que les résultats des penalties se jouent sur un coup de dés.

Nous attendait une cérémonie de remise des médailles particulièrement éprouvante puisque Zizou n'était pas là. Tout était déprimant. Nous n'avions une seule envie, rentrer. Nous étions abattus. L'ambiance était à la déception. À notre arrivée dans les vestiaires, Zizou était déjà parti. Nous n'avons pas reparlé de son carton rouge. Quel intérêt ? Ce qui nous tuait, c'était d'avoir perdu le match, non d'avoir perdu Zizou sur une expulsion. Nous avions le sentiment d'avoir bien joué. Mieux que les Italiens, même, la plupart du temps. En définitive, la chance n'avait pas été avec nous. Fin de l'histoire. Nous sommes rentrés à l'hôtel. Nous avons retrouvé nos femmes ou nos compagnes. Nous en avions besoin. Moi, j'ai eu toutes les peines du monde à trouver le sommeil. Je me repassais le match dans ma tête. Je me disais que nous aurions dû mieux jouer tel ou tel coup. C'était affreux, horriblement frustrant.

Le lendemain, nous avons repris l'avion pour Paris où nous étions attendus au palais de l'Élysée pour une réception avec le président Chirac. Des milliers de gens sont venus nous accueillir à l'aéroport ; cela nous a réchauffé le cœur et aidés à mettre du baume sur nos blessures. Les fans étaient formidables. Ils nous félicitaient pour notre jeu. Ils nous avaient trouvés brillants. Grâce à nous, ils étaient fiers de leur pays. Nous pouvions compter sur eux, ils étaient toujours nos supporters. Voilà qui faisait plaisir à entendre. L'épreuve avait été dure, mais leur accueil me fut bénéfique.

Cela dit, nous allions devoir nous séparer, ce n'était pas chose facile non plus. Chacun repartait de son côté. Nous ne nous étions pas quittés une seule journée depuis le 21 mai ! Presque huit semaines de rang ! Huit semaines à vivre des expériences incroyables. Dans une si bonne ambiance que nous étions ravis de nous retrouver tous les matins autour du petit déjeuner. Nous adorions partager nos repas. Passer du temps ensemble. Travailler ensemble. Nous avions vécu des moments inoubliables, et le moment de nous quitter était venue. La tristesse s'est emparée de nous.

Je disais au revoir à mon équipe pour partir à la rencontre d'un avenir incertain. Pendant toute la Coupe du Monde, j'avais attendu le verdict de la Fédération italienne sur cette affaire de corruption présumée. Une enquête avait été diligentée. Je pensais que nous serions relégués – c'était aussi l'avis de mes coéquipiers de la Juve. Par une étrange coïncidence, le verdict est tombé le 14 juillet. À la même date l'année précédente, j'avais signé avec la Juve. Nous étions relégués. Avec 30 points de handicap. La nouvelle n'était pas une surprise. Mais en plus, nous perdions notre titre. Selon moi, ça ne changeait rien. Nous étions les vainqueurs du Championnat 2005-2006. Il n'en demeurait pas moins que je me retrouvais face à un nouveau défi : chercher un club où être heureux. Je ne doutais pas de trouver un club. Mais dans le football, personne ne sait ce qui l'attend. Les garanties, pour un joueur, ça n'existe pas. Mon idée ? Entrer dans un club aussi ambitieux que la Juve ou Arsenal, afin d'y finir ma carrière.

La chance m'a souri. Des offres me sont parvenues de différents clubs, mais l'un devait tout de suite se détacher des autres, l'Inter de Milan. Les médias discutaient : allais-je partir pour le Real Madrid, ou pour Barcelone ? Même Manchester United fut cité ! Pure spéculation. Aucun de ces clubs ne m'a contacté. Seul l'Inter a immédiatement montré qu'il était prêt à signer. L'entraîneur me voulait pour de bon. Le contrat était excellent. Les footballeurs sont habitués aux conneries récurrentes du genre : « Un jour ils ne jurent que par toi, le lendemain ils t'oublient. » Rien de tel avec l'Inter. Ce club ambitieux m'offrait tout ce que je pouvais espérer. Résultat, le contrat fut signé moins de dix jours après que l'enquête eut remis ses conclusions.

À quelque temps de là, on a demandé à Thierry Henry ce qu'il aurait ressenti si j'étais revenu jouer à Arsenal – hypothèse hautement improbable. Il a répondu qu'il aurait adoré me retrouver à Highbury. Il m'aurait rendu mon brassard de capitaine avec joie. Mais puisque j'allais à l'Inter, je pourrais peut-être en profiter pour mettre une pêche à Materazzi de sa part ! Il me conseillait aussi de rester sur mes gardes si jamais les Gunners participaient à la Ligue des Champions.

Nous étions plusieurs à quitter la Juventus. Zlatan Ibrahimovic a rejoint l'Inter lui aussi. Mon grand ami Lilian Thuram est parti pour Barcelone. D'autres ont préféré rester, et jouer une saison en deuxième division : David Trezeguet, par exemple, et Gianluigi Buffon, le meilleur gardien du monde, le vainqueur de la Coupe du Monde !

Je suis donc à l'Inter de Milan désormais. Après neuf ans à Arsenal, je ne me voyais pas partir. En fin de compte je suis parti.

Je pensais rester plus longtemps à la Juve : malheureusement, il s'est passé ce qu'il s'est passé. Là, j'ai vraiment envie de m'installer, d'être bien. C'est le moment idéal pour moi, car le club vit quelques-unes des plus belles pages de son histoire.

À mon arrivée, j'ai été copieusement chambré par les joueurs italiens, mais je m'entends bien avec eux maintenant. Et non, je n'ai pas eu de problèmes avec Marco Materazzi ! Marco est en fait un type très agréable, respectueux – pas du tout le voyou raciste qu'ont dépeint les médias suite au célèbre « incident ». En réalité, cette histoire l'attriste autant que Zizou. Pour lui, tout ça a pris des proportions absurdes. Les gens ne parlent que de ça, au point d'en oublier le principal – à savoir que l'Italie a gagné la Coupe du Monde, et c'est lui, Materazzi, qui a marqué ce jour-là le seul but de son équipe.

La France est donc qualifiée pour l'Euro 2008, et j'ai le grand honneur d'être de nouveau nommé capitaine de l'équipe. Attention à ne pas s'enflammer ! Quand on regarde le tirage au sort, on pense tout de suite que la France et l'Italie vont passer assez tranquillement. C'est là l'erreur. La Roumanie s'est qualifiée sans problèmes, et se trouve au même niveau que les Pays-Bas, que nous affronterons aussi.

Au début des éliminatoires, en septembre 2006, nous avons eu un match difficile à jouer contre l'Italie au Stade de France. L'enjeu était d'importance. Il ne s'agissait pas seulement d'obtenir le maximum de points de qualification. Notre fierté aussi était en jeu. Nous avions notre revanche à prendre. Nous avions à cœur de montrer que nous étions les meilleurs, en fait – même si ça ne changeait rien au résultat, même si le trophée restait italien.

Nous avons gagné 3-1 – un résultat très satisfaisant. Mais il a fallu que José Mourinho empoisonne l'ambiance avec ses commentaires sur Claude Makelele et Lilian Thuram. Claude et Lilian avaient décidé dans un premier temps d'arrêter après la Coupe du Monde, puis ils se sont ravisés et ont repris du service. Mourinho a alors déclaré que continuer à les faire jouer en équipe de France, c'était un peu les considérer comme des esclaves. Je veux croire que l'entraîneur de Chelsea ne se rend pas compte de ce que le mot « esclave » peut avoir d'explosif, ainsi appliqué à des joueurs de couleur. Et j'espère que ce propos lui a échappé. En tout cas, il faut qu'il le sache, le mot est chargé de lourdes connotations. Dans ce contexte, c'est un mot très dur, répugnant. Mourinho parlait de deux joueurs de tout premier plan, qui ont servi leurs clubs respectifs et leur pays avec loyauté.

Pour ce qui me concerne, je continuerai aussi longtemps que mon club et mon pays voudront de moi, et aussi longtemps que le football me donnera du plaisir – c'est-à-dire, je l'espère, pendant de nombreuses années encore. Ma seule certitude : j'ai envie d'aller jusqu'à la Coupe du Monde 2010. Pour moi, ce n'est même pas un objectif, mais quelque chose de logique. Après, si je ne suis pas bon, je ne serai pas pris... mais c'est une autre histoire.

POST-SCRIPTUM

Mama Rose
Lilian Thuram
Dennis Bergkamp

Mama Rose

Que dire de Patrick, mon deuxième fils ? Comment vous donner une idée de l'enfant qu'il était ? Était-il évident qu'il ferait une grande carrière ? Je peux seulement parler de l'image qui me reste de lui quand il était enfant. Et c'est l'image d'un petit garçon toujours en train de taper dans un ballon. Honnêtement, je ne me rappelle pas l'avoir jamais vu faire autre chose. C'était son obsession. Au point que s'il n'avait pas de ballon, il en improvisait un avec ce qu'il trouvait. Pourvu que ça roule et qu'il puisse donner des coups de pied dedans ! Je me souviens qu'il lui arrivait même de jouer au foot avec des billes – faute de mieux. Aucun autre sport ne semblait l'intéresser. Ni aucun autre jeu. C'était le football, le football, le football. Toujours. Cela dit, il n'était pas content quand les autres étaient meilleurs que lui. Ça le rendait furieux. Il détestait perdre, aussi. Alors il se donnait toujours à fond. Il aurait fait n'importe quoi pour ne pas perdre.

Il était calme et réservé comme personne dans la famille. Quand il rentrait à la maison, après avoir gagné un match, il ne se vantait pas. Il n'en faisait pas toute une histoire. Ce n'était pas du tout son style. Il ne s'étendait pas sur son match. Mais on savait tout de suite si les choses s'étaient bien passées ou non. Ça se voyait dans ses yeux. Sur son visage. Nous formions une famille très unie. Patrick a toujours tout fait pour que notre vie privée soit respectée.

Il n'est pas du genre à étaler sa vie dans les médias. Il évite toujours de parler de moi et de son frère. Ça ne l'empêche pas de nous appeler souvent. Il nous demande toujours notre avis. Il est très proche de son frère, Nicko. Il lui parle beaucoup au téléphone. Il n'y a jamais eu entre eux le moindre problème. Nicko est incroyablement fier de son jeune frère. Depuis toujours. Il n'y a jamais eu de rivalité. Bien entendu, je suis fière moi aussi de tout ce que Patrick a accompli dans sa carrière, mais ce dont je suis la plus fière, c'est que mes deux fils soient restés proches de moi, et proches l'un de l'autre. Aussi que Patrick, étant donné la vie qu'il mène, soit resté honnête. Qu'il sache veiller sur lui. Être vrai. Comme il l'était déjà enfant.

Lilian Thuram

Quand j'ai rencontré Patrick, c'était un grand gars dégingandé de dix-sept ans. Il était à l'AS Cannes. J'étais à l'AS Monaco. Il m'a tout de suite fait une grande impression. Il avait une telle confiance en lui ! Je n'avais jamais vu ça avant chez quelqu'un d'aussi jeune. Clairement, il se distinguait du reste de l'équipe. Et il me frappait également à un autre titre. À ce stade de ma carrière, je m'étais mis en tête de jouer en milieu de terrain, moi aussi. Or, je tombe sur un gars de dix-sept ans qui me montre comment on joue à ce poste ! Bien entendu, il a encore fait des progrès depuis. Et sa personnalité s'est développée. Ce qu'il apporte dans un match est vraiment étonnant. Il dégage une impression de supériorité et de calme qui impose naturellement le respect. Raison pour laquelle il a été capitaine dans nombre d'équipes, dont l'équipe de France. Quand le match devient dur, ses coéquipiers savent qu'ils peuvent compter sur lui. C'est un peu comme quand un avion traverse une zone de turbulence ; les passagers se tournent vers l'hôtesse pour essayer de deviner ce qu'elle dit avec son corps. Si l'hôtesse garde son calme et son autorité, les passagers se sentent rassurés. Dans l'équipe de Patrick, c'est pareil. Il est toujours là. Il n'a jamais peur. Il ne baisse jamais les bras.

Je sais qu'il lui arrive d'avoir des ennuis avec les arbitres, mais ce n'est jamais parce qu'il s'est rendu coupable d'un mauvais tacle. Ce n'est jamais cynique. Bon, c'est un être humain. Il peut se faire expulser comme n'importe quel autre joueur. Mais par essence, Patrick n'est pas un type agressif. Ce qui se passe sur le terrain peut l'amener à oublier les règles et à céder à la frustration, mais il ne cherche jamais les ennuis, contrairement à nombre de joueurs. Simplement, il est totalement impliqué dans le match. Il veut toujours aller chercher le ballon. Et il continue jusqu'au coup de sifflet final. Son attitude, en fait, est un modèle pour toute l'équipe. D'ailleurs c'est par l'exemple qu'il mène ses joueurs, plus qu'avec des mots.

Dennis Bergkamp

Patrick et moi, nous sommes de vieilles connaissances. J'étais chez les Gunners depuis un an quand il nous a rejoints. C'était en 1996. Il a tout de suite montré combien il était courageux sur le terrain. Les autres joueurs n'ont pas mis longtemps à comprendre qu'il était excellent – la remarque s'applique aussi à Arsène Wenger, arrivé peu après. Dès lors, il ne lui restait plus qu'à aller de l'avant. Ses talents de footballeur et son implication n'ont jamais été mis en doute, mais il peut lui arriver de s'attirer des ennuis pendant les matchs. À l'extérieur, c'est tout différent. Patrick est authentiquement un type bien. Je sais que l'expression « un type bien » peut paraître un peu vague ; c'est pourtant la bonne façon de le définir. Il est attentionné avec les autres, et il ne perd jamais son calme. Quand il était capitaine d'Arsenal, si un joueur avait un problème, il savait qu'il pouvait en parler à Patrick qui l'écouterait, et même irait plaider sa cause devant le boss si nécessaire. Patrick traitait tout le monde de la même façon. À égalité. Que tu sois l'un des directeurs du club, une secrétaire ou un simple employé du staff. Je n'ai jamais rencontré personne qui dise du mal de lui.

Par la suite, je me suis rapproché de lui davantage encore, car nos femmes s'entendaient très bien. On adorait aller dîner tous les quatre. À Hampstead, par exemple, où ils vivaient. Nous passions ensemble des soirées vraiment détendues, vraiment tranquilles. Les paparazzi n'étaient pas tuyautés. Il n'y avait pas de photographes. C'était juste un dîner tout simple, entre amis. Avec ma femme, nous regrettons beaucoup ce temps-là, quand nous sortions avec Patrick et Cheryl. Le joueur me manque, comme l'ami.

Composition PCA
44400 – Rezé

Imprimé en France
par Corlet Imprimeur
Dépôt légal : juin 2008
N° d'impression : 110133
ISBN 13 : 978-2-7499-0813-1
LAF 1012